TEXTBOOKS

TSUKAMU

社会福祉を つかむ

【第3版】

稲沢公一・岩崎晋也———著

有 斐 閣
YUHIKAKU

第3版 はじめに

　本書は，社会福祉を構成する援助論と政策論の全体像を1冊で「つかむ」ことをめざした本である。類書が少ないためか，おかげさまで好評をいただき，毎年増刷をすることができた。そしてこの度，第3版を出すことができた。教科書等でご活用いただいている方への感謝の念に堪えない。

　前回の改訂版と同じく，第3版においても，社会福祉の基本的な考え方を述べた箇所は変わっていないが，近年の社会福祉法の改正等の新しい政策動向や，図表の統計データも最新のものに変更し，参考文献も一部入れ替えた。

　大きな変更は，以下の点である。

　unit 17 において，近年の政策動向，特に高齢分野の「地域包括ケア法」等の動向について追記した。unit 19 において，社会保障給付費の内訳等の説明において，新しいデータに入れ替え，国際比較の図を追加した。unit 20 において，2016年の社会福祉法改革（社会福祉法人改革）と2017年の社会福祉法改革（「我が事・丸ごと」地域共生社会改革）の内容を反映した。unit 21 において，改訂版で利用していた福祉人材に関するデータが利用できないため，新たに国勢調査等のデータを用いて分析し，書き直した。また「介護離職ゼロ」に向けた福祉人材政策や，その一環としての外国人介護人材受け入れについても追記した。unit 24 において，障害者権利条約の批准に向けて，2011年に障害者基本法が改正され，新たに「社会的障壁」という障害のとらえ方と，その除去に向けた「合理的配慮」とが明文化されるようになった。そこで，重要ポイントとして簡単な説明を加えた。

　本書の初版を出してから11年がたつ。この間，特に社会的つながりを喪失した人々によっておこされる悲惨な事件が後を絶たない。unit 0 で書いたように，社会福祉は人々に社会的な関係をつくりだすことが期待されている。社会福祉が有しているこうした意義を，一人でも多くの人に理解してもらいたいと願っている。

　　2019年9月

稲沢公一・岩崎晋也

初版 はじめに

　本書は，社会福祉をはじめて学ぶ人を想定して書かれた入門テキストである。

　通常，社会福祉のテキストは，児童・家庭福祉，高齢者福祉，障害者福祉などの分野にわかれて，それぞれを概観することが多い。というのも，対象とされる人々の特性が異なり，また，対応する法制度やサービスのシステムも相違しているからである。だが，そうした各論を集めても，「ながめる」にはなるが，「つかむ」にはならないのではないかと考え，本書では，「概論」をめざすことは避けた。

　それに代わって，本書がめざしたのは，各分野に通じる基盤を可能な限り体系的に検討しようとする「原論」である。「視点」や「枠組み」，「モデル」や「原則」，「歴史的展開」や「理念」など，社会福祉の入門書としては，やや抽象度の高いレベルで「つかむ」ことをめざしている。

　社会福祉の理論には，さまざまな分野論だけでなく，直接的な援助のあり方を検討する「援助論」や，制度や施策といった社会的なシステムのあり方を論じる「政策論」も含まれている。一般的な原論のテキストでは，社会福祉全体の定義や歴史などを含む政策論がほとんどを占めているのだが，本書では，身近なイメージからはじめるために援助論を前半におき，また，分量も増やして一通りの説明を行っているのが大きな特徴である。

　社会福祉の現場では，ほとんど「思いもかけない」という表現があてはまるほど，現実に圧倒され翻弄されることがある。それは無力さを思い知らされる手痛い瞬間でもあるのだが，同時に，「こんなこともあるのか」と，新鮮な驚きを私たちにもたらしてくれる一瞬でもある。援助論とは，そうした現場に入っていくうえで身につけるべき作法を整理しようとするものである。

　そしてまた，社会福祉の現場は，直接的にお金やモノを生みだすわけではないので，社会的に支えられなければ，またたく間に消え去っていくもろさを抱え込んでいる。政策論とは，そうしたもろい現場を社会的に支える効率的な仕組みについて，さまざまな考え方や立場が絡み合い，必ずしも正論が通用するとも限らない状況のなかで，落とし所を粘り強く探ろうとする議論の蓄積であ

【構成図】

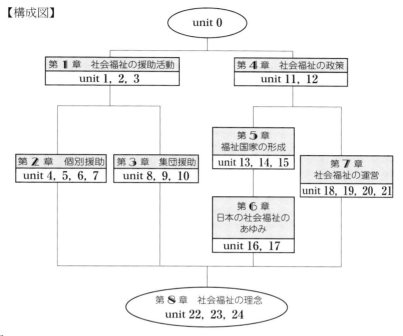

る。

　このように，本書は，一方で，現場でのふるまい方を多角的に検討し，またもう一方で，現場を支える社会的なシステムに関する議論へと参加することによって，「社会福祉をつかむ」ことをめざしたものであり，現時点で筆者たちが拠って立つ足場をできるだけかみくだいて示したものである。

　社会福祉の広大な世界へと歩みを進める際の一助になればと願っている。

構成と使い方

　全体の流れは【構成図】の通りで，第1〜3章が援助論である。第1章が援助原論に相当し，そこから第2章の個別援助と第3章の集団援助に分かれている。この部分は，社会福祉援助（技術・方法）論のテキストとしても使うことができる。

　第4〜7章が政策論である。第4章が社会福祉の政策，第5章が福祉国家の形成，第6章が日本の社会福祉のあゆみ，第7章が社会福祉の運営になってい

る。この部分は，社会福祉原論のテキストとしても使うことができる。

　最後の第8章では，具体的な援助のみならず，制度や政策をも方向づけるいくつかの理念を取り上げた。さらに抽象度が高くなるが，さまざまな考え方がぶつかり合い，けっして一義的には解答が決まらない渦巻きのなかに自らの思考を投じてみてほしい。そうした流動性こそが，社会福祉の魅力を今後も生みだし続けるであろうからである。

謝　辞

　怠け心が言い訳の服を着ているような2人であるため，今回もまた，外からの強力な働きかけなしには，ここまでたどり着くことはできなかった。実際，書籍編集第2部から3名もの方々に，お力添えをいただいた。鹿島則雄さんには，未熟な筆者たちを育てようという気概が感じられて頭が下がる思いであった。松井智恵子さんには，さまざまな提案でしっかり軟着陸させていただいていた。堀奈美子さんには，執筆者を書く気にさせる天与の才があると感じられた。このお三方に導かれ，何とかここまでたどり着いたといってよい。感謝しきれないことはいうまでもないのだが，やはり，ありがとうございました。

　　2008年1月

稲沢公一・岩崎晋也

著者紹介

稲沢公一（いなざわ　こういち）　　　　　　　　unit 0，第 1 章～第 3 章，第 8 章

1960 年生まれ。1997 年，東洋大学大学院社会学研究科社会福祉学専攻博士後期課程修了。博士（社会福祉学）。

現在，東洋大学ライフデザイン学部教授。

主な著作：

「ソーシャルワーク初期段階の価値をめぐる葛藤──リッチモンドの足跡をたどって」日本社会福祉学会編『対論社会福祉学 4　ソーシャルワークの思想』（中央法規出版，2012 年），

「援助の思想」岩崎晋也・岩間伸之・原田正樹編『社会福祉研究のフロンティア』（有斐閣，2014 年），

『援助者が臨床に踏みとどまるとき──福祉の場での論理思考』（誠信書房，2015 年），

『援助関係論入門──「人と人との」関係性』（有斐閣，2017 年），

「相模原障害者殺傷事件からみえること」東洋大学福祉社会開発研究センター編『つながり，支え合う福祉社会の仕組みづくり』（中央法規出版，2018 年），など。

岩崎晋也（いわさき　しんや）　　　　　　　　　　　　unit 0，第 4 章～第 7 章

1961 年生まれ。1995 年，東京都立大学大学院社会科学研究科社会福祉学専攻博士課程中退。博士（人間福祉）。

現在，法政大学現代福祉学部教授。

主な著作：

『援助するということ──社会福祉実践を支える価値規範を問う』（共著，有斐閣，2002 年），

『資料で読み解く社会福祉』（共著，有斐閣，2005 年），

『リーディングス　日本の社会福祉 1　社会福祉とはなにか──理論と展開』（編著，日本図書センター，2011 年），

『社会福祉研究のフロンティア』（共編，有斐閣，2014 年），

『福祉原理──社会はなぜ他者を援助する仕組みを作ってきたのか』（有斐閣，2018 年），など。

目　次

unit **0**　社会福祉とは ───────────────── 1
　　　──友人を助けることとの違いは何か

　　　友人を助けることを福祉活動とは呼ばない（1）　　世界の人口が
　　　100人しかいなければ福祉活動はいらない（2）　　福祉活動は聖人
　　　が行うものではない（4）　　福祉活動は社会のみんなにかかわる問
　　　題を扱う（5）　　社会福祉は人々に社会的な関係をつくりだす（6）

第 **1** 章　社会福祉の援助活動 ---------------------------------- 9

　　Introduction **1**　　10

unit **1**　対人援助とは ───────────────── 12
　　　──人を助けるとはどういうことなのか

　　　素朴なイメージから（12）　　仮の規定（13）　　援助関係（15）
　　　必要条件としての三要素（16）

unit **2**　社会福祉援助とは ──────────────── 20
　　　──社会福祉の援助活動に見られる特徴

　　　社会福祉援助の特徴（20）　　対象把握の歴史的変遷（22）

unit **3**　社会福祉援助の視点 ─────────────── 28
　　　──「生活」をとらえる枠組み

　　　「ライフ」の3つの意味（28）　　2軸による対象把握（29）　　4
　　　側面による対象把握（31）　　4つの援助モデル（34）

　　KeyWords **1**　　37

第 **2** 章　個別援助 -- 39

　　Introduction **2**　　40

unit **4**　個人モデルと環境モデル ───────────── 42
　　　──客観的な対象把握にもとづく援助モデル

個人モデル（42）　　環境モデル（46）

unit ⑤　物語モデル ——————————————————————— 51
　　　　——「語り」に注目する援助モデル

　　　援助課題（51）　　物語論的転回の背景（53）　　援助関係（55）
　　　長所と短所（58）

unit ⑥　文化モデル ——————————————————————— 60
　　　　——偏見・差別に抵抗する援助モデル

　　　当事者運動の支援（60）　　啓発活動（64）

unit ⑦　個別援助の展開過程 ———————————————————— 68
　　　　——個別援助はどのような流れで行われるのか

　　　環境モデルの展開過程（68）　　物語モデルの展開過程（72）

　　KeyWords ❷　　77

第3章　集団援助 -- 79

　　Introduction 3　　80

unit ⑧　集団援助とは ——————————————————————— 82
　　　　——集団を対象として行われる援助活動

　　　集団の特性（82）　　集団援助の意義（85）

unit ⑨　集団援助の展開過程 ———————————————————— 90
　　　　——集団援助はどのような流れで行われるのか

　　　準備期（90）　　開始期（91）　　作業期（93）　　終結期（95）

unit ⑩　セルフヘルプ・グループ ——————————————————— 98
　　　　——当事者主体で運営されているグループ

　　　セルフヘルプ・グループとは（98）　　当事者性（99）　　相互支援
　　　（100）　　変容をめざす過程（101）

　　KeyWords 3　　107

第4章　社会福祉の政策 -- 109

　　Introduction 4　　110

vii

unit 11　社会政策とは何か ——————————————— 112

——社会福祉政策は社会政策の1つである

生活を支える3つの仕組み——「家族」「市場」「社会サービス」
（112）　　社会政策——福祉の生産システムを調整する（115）
福祉レジームの3類型——国によって社会政策は異なる（117）

unit 12　社会福祉の補充性と固有性 ——————————— 121

——社会福祉と一般社会サービスの違いは何か

一般社会サービスへの補充性（121）　家族機能への補充性（123）
社会福祉の固有性（125）　　福祉的機能と社会的機能（129）

KeyWords 4　131

第5章　福祉国家の形成 ···································· 133

Introduction 5　134

unit 13　イギリスの救貧政策の展開 ————————— 136

——国家はなぜ社会福祉政策を始めたのか

なぜイギリスの社会福祉政策の歴史を学ぶのか（136）　　最初は治
安対策として始まった——エリザベス救貧法（137）　　援助の対象
者を厳格化——新救貧法（138）　　民間福祉部門の活動——慈善組
織協会・友愛組合・セツルメント（139）　　社会調査の衝撃——ブ
ースのロンドン調査とラウントリーのヨーク調査（142）　　自由主
義 VS. 貧困者救済——どう解決するか（144）

unit 14　福祉国家の基本プラン『ベヴァリッジ報告』————— 145

——福祉国家とはどんな仕組みなのか

国家はなぜ貧困者の生活水準を改善しなければならないのか（145）
ウェッブ夫妻によるナショナル・ミニマムの提唱（146）　　『ベヴ
ァリッジ報告』におけるナショナル・ミニマムの具体化（147）
3つの方法——社会保険・国民扶助・任意保険（148）　　3つの前
提——児童手当・包括的な保健医療サービス・完全雇用（150）
『ベヴァリッジ報告』の意義と限界（152）

unit 15　福祉国家はどこへ行くのか ————————— 154

——福祉国家の危機とその対応

viii

福祉国家の危機とは何か（154）　　福祉国家に対する批判（155）
コミュニティ・ケア——福祉サービスの地方分権化（157）　　福祉
多元主義——民間営利部門の福祉への参入（158）　　ワークフェア
——労働市場への復帰を支援する（160）　　21世紀の福祉国家
（162）

KeyWords 5　　164

第6章　日本の社会福祉のあゆみ---165

Introduction 6　　166

unit 16　戦前の社会福祉 ——————————————————————————168
——慈善事業から社会事業へ

戦前の社会福祉を理解するポイント（168）　　慈善事業の時代——
明治初期から日露戦争まで（169）　　感化救済事業の時代——日露
戦争から第一次世界大戦まで（170）　　社会事業の時代——第一次
世界大戦から日中戦争まで（171）　　戦時厚生事業の時代——日中
戦争から太平洋戦争終結まで（173）　　植民地・占領地の社会事業
（176）

unit 17　戦後の社会福祉 ——————————————————————————177
——急速な少子高齢化と福祉制度改革

戦後の社会福祉を理解するポイント（177）　　占領期の社会福祉
（1945〜52年）（179）　　高度経済成長期の社会福祉（1952〜73年）
（181）　　福祉制度の見直し期（1973〜89年）（183）　　福祉制度
改革期（1989年〜現在）（185）

KeyWords 6　　189

第7章　社会福祉の運営--191

Introduction 7　　192

unit 18　社会福祉の対象 ——————————————————————————194
——社会的必要性（ニーズ）とは何か

なぜ援助対象を限定しなければならないのか（194）　　援助対象は
特定の人なのか，特定の問題なのか（195）　　社会福祉の発展と援

ix

助対象の変化（196）　社会福祉における対象のとらえ方——社会
的必要性（ニーズ）（197）　社会的必要性（ニーズ）把握の基本
視点（200）

unit ⓳　社会福祉の行財政 ——————————— 203
——どのように再分配政策を行うのか

資源の種類による再分配パターン（203）　税と社会保険による財
源調達（204）　政府による再分配の現状（207）　現物給付と現
金給付（208）　資源の供給管理——割り当て（212）

unit ⓴　社会福祉の供給体制 ——————————— 214
——国・地方自治体・民間団体の役割

社会福祉サービスの基本理念（214）　　社会福祉法の適用範囲
（216）　国と地方公共団体の役割（219）　近年の地方分権化の
動向（219）　社会福祉サービスを供給する仕組み（223）　社会
福祉法人の役割——特殊な民間団体（224）

unit ㉑　福祉のマンパワー政策 ——————————— 229
——サービスの担い手の質と量を高める

福祉のマンパワーの現状（229）　　福祉のマンパワー政策（232）
社会福祉にかかわる資格制度（235）

KeyWords **7**　241

第**8**章　社会福祉の理念 ································· 243

Introduction **8**　244

unit ㉒　ノーマライゼーション ——————————— 246
——あたりまえの生活環境を実現しようとする理念

コミュニティ・ケア（247）　ノーマライゼーション（248）

unit ㉓　クオリティ・オブ・ライフ ——————————— 254
——1人ひとりの満足感を高めようとする理念

狭義のリハビリテーション（255）　自立生活思想（256）　機会
平等（257）　QOLの向上（258）　アドボカシー（260）

unit **24** **エンパワメント** ———————————————————— 263
　　　　——終わりなき対話を生みだし続ける理念

　　　　運動理念から援助理念へ（263）　　4つの活動レベル（264）　　パ
　　　　ートナーシップ（266）　　エンパワメントの逆説（267）　　「終わ
　　　　りなき対話」に向けて（269）

　　　KeyWords **8**　　　273

　確認問題解答　　275
　事 項 索 引　　281
　人 名 索 引　　287

重要ポイント一覧

ラポール　17

ソーシャルワーク　25

インフォームド・コンセント　44

社会構成主義　57

間接援助　63

特徴的な集団援助　88

スーパービジョン　97

福祉レジーム　118

「社会保障」と「社会政策」　120

選別主義と普遍主義　149

「第三の道」政策　161

応能負担と応益負担　211

ユニバーサル・デザイン　253

福祉権運動　261

社会的障壁と合理的な配慮　271

コラム一覧

専門性をめぐって　33

「聞く」と「聴く」　73

ヘルパー–セラピー原則と援助嗜癖　102

社会的排除──社会福祉の役割　128

近代的な社会福祉の誕生──慈善組織協会の果たした役割　141

社会福祉の精神（エートス）──ある慈善事業家のこと　175

日本はなぜ高経済成長低福祉国でいられたのか　184

社会的必要性（ニーズ）の権利性について　199

福祉サービス利用者の権利を守る仕組み　226

専門職と官僚の違い　238

混乱したメッセージ　269

本書のコピー，スキャン，デジタル化等の無断複製は著作権法上での例外を除き禁じられています。本書を代行業者等の第三者に依頼してスキャンやデジタル化することは，たとえ個人や家庭内での利用でも著作権法違反です。

unit ⓪

社会福祉とは
——友人を助けることとの違いは何か

▣ 友人を助けることを福祉活動とは呼ばない

　福祉とはどういうことだろう。福祉といえば，「困っている人を助けてあげること」という漠然としたイメージをもっている人が多いのではないだろうか。もちろん，間違っているというわけではないのだが，もう少し絞り込んでみよう。

　たとえば，「お金がなくて，昨日から何も食べていない」という友人がいたとする。その友人にランチをごちそうしてあげたとすれば，それは「困っている人を助けてあげた」ことになるが，それであなたが福祉活動をしたとは思わないだろう。でもそのランチ代を，空腹な友人のためでなく，ずっとまともな食事がとれていない難民の子どもたちのために寄付したとすれば，福祉につながる何かをしたと思うのではないだろうか。

　この違いは，どこからくるのだろう。

　まず考えられるのは，問題の深刻さの違いである。友人は，たまたま昨日からお金に困っていただけだが，難民の子どもたちは，住まいや家族を失い，不衛生で，食事も手に入らない状況が続いているなど，問題の深刻さがまったく違う。問題が深刻であればあるほど，福祉に対する必要性も高まるといえる。

　しかし，問題の深刻さを測るものさしは人によって異なり，何が福祉で何が福祉でないのかを決める絶対的な基準にはならない。たとえば，一人住まいの高齢者を定期的に訪問する小学生のボランティア活動は，十分福祉につながる活動といえるが，高齢者にとっての深刻な問題を解決するための活動というわけではなく，高齢者の生活を豊かにするための活動というべきである。

では何が違うのだろう。その違いとは，あなたと友人とはもともと友人同士としての関係を結んでいたが，難民の子どもたちとは直接的な関係がなかったということである。同じく，小学生は，訪問する以前には，その高齢者と直接的な関係はなかったのである。

友人にランチをごちそうしてあげたのは，この前ノートを借りたお返しだったかもしれないし，その友人ともっと仲良くなりたいためかもしれない。あるいは，その友人の事情を考えてかわいそうだと思ったからかもしれないし，いろいろなしがらみで断れなかっただけかもしれない。いずれにしても，相手がまったく見知らぬ人ではなく，友人だから助けてあげたのである。援助を受ける人にとっては，援助が必要になる前に，困ったときは助け合うような関係を，取り結んでいたからこそ助けてもらえたといえるのである。

このように援助をするかしないかが，相手とのもともとの関係によって決まる場合，人は「関係にもとづく援助」を行っているということができる。ここでの関係は，援助が必要となる以前の段階で，いわば自然発生的に取り結ばれているものであり，友人関係のみならず，家族関係や近隣関係，恋愛関係などもこれに該当する。

こうした「関係にもとづく援助」は，私たちの社会を支える基本的な行為といえる。それはお金やモノの提供や交換にとどまらず，何かを手伝ったり，気遣ったりするなどといった関係を支えるすべての行為を含んでいる。そのため，難民の子どもたちのように，何ら直接的な関係のない人に対して援助することは，いわば特殊な援助であるということになる。福祉活動とは「関係にもとづく援助」とは異なる特殊な援助の1つなのである。

🔲 世界の人口が100人しかいなければ福祉活動はいらない

では，なぜ福祉活動といった特殊な援助が必要になるのだろうか。

そのことを理解するために，逆に「関係にもとづく援助」だけで十分に成り立つ社会を想像してみよう。たとえば世界の人口が100人しかいなくて，みんなが交流できる範囲に住んでいたとしたら，福祉活動は必要なくなる。というのも，100人が交流可能な範囲に住んでいれば，ほとんどの人同士が顔なじみとなり，援助が必要となるのに先立って，自然発生的な関係が取り結ばれてし

まうため,「関係にもとづく援助」以外の援助が不要となるからである。

　しかし, 現実の世界は, 100人どころか, とても関係を取り結びえないほどの人口を抱えている。「関係にもとづく援助」で十分に生活を維持できる人もたしかにいるが, そうした関係そのものを奪われて孤立している人もけっして少なくはない。難民の子どもたちは, 民族や宗教の違いによる内戦や, 自然災害により, 単に住むところを失っただけでなく, 友人関係や近隣関係, なかには親子関係すら失い,「関係にもとづく援助」をほとんど受けられない子どもたちなのである。

　もし, 社会に「関係にもとづく援助」しかなければ, 関係そのものを失った人は, 援助を必要としていても何ら援助を受けられない。特に子どものように日常的に援助を受けなければならない者は生きていくことすら難しくなってしまう。ここに, この社会が福祉活動を必要とする第1の理由がある。関係を失った人は, 難民の子どもに限らない。ひきこもっている青年, ホームレス, 孤独な高齢者, そして何らかの差別を受けている人。こうした人々は, 他者との関係を失ったり, 拒絶されたりしており, 自ら他者との関係を新たにつくったり, 関係を強める力が奪われている。こうした人々への支援こそが, 福祉活動の重要な役割といえるのである。

　では, すでに何らかの関係を有している人は, 福祉活動を必要としないのだろうか。

　たしかに家族関係や友人関係など何らかの関係を有していれば, その「関係にもとづく援助」を受けられるかもしれない。しかし, いくら親友であっても, 際限なく借金ができるわけではないように,「関係にもとづく援助」にも限界がある。たとえば, 認知症の高齢者や重度の障害をもつ人のなかには, 24時間の見守りや援助を必要とする人もいる。家族関係は, もっとも強い関係であるとはいえ, こうした援助を家族だけに担わせることは, 身体的, 精神的, 経済的にも大きな負担を強いることになり, 家族自身の健康や生活をも壊してしまう危険性が高い。

　援助に疲れた家族が, 援助を必要とする高齢者や障害者を殺害したり無理心中する事件がときおり報道されるが, こうした事件は「関係にもとづく援助」の限界を示しているといえるのである。家族の代わりに, ホームヘルパーが援

助したり，デイサービスで日中のケアを受けたりすることは，福祉が「関係に
もとづく援助」を補う役割を担っていることを示している。

　つまり「関係にもとづく援助」を受けられない場合には，その「替わり」に
援助したり，受けられても限界がある場合には，それを「補う」援助をするこ
とが，福祉活動の役割であって，福祉活動という特殊な援助の必要性を示して
いるのである。

🔳 福祉活動は聖人が行うものではない

　「関係にもとづく援助」の「替わり」や「補う」ために，福祉活動が必要だ
としても，なぜ，直接関係のない他人を援助しなければならないのだろうか。

　たしかに，福祉活動を行わなければならないという義務は，個人としての誰
にもない。難民の子どものために，寄付をしてもよいし，しなくてもよい。寄
付をしたからといって，難民の子どもに直接感謝されることはないし，逆に寄
付しなかったとしても，誰からも責められることはない。ではなぜ寄付をする
人がいるのだろう。同じお金なら，友人にごちそうして関係を深めたほうがい
いとも考えられる。

　福祉のもともとの言葉の意味は，「幸せ」という意味である。英語で福祉の
ことを welfare というが，この語源も「うまくいっている状態」，つまり「幸
せ」を意味している。ただし，同じく幸せを意味する「幸福」が個人的・私的
なニュアンスを強くもち，場合によっては，他人の不幸のうえにさえ成り立ち
うるのに対して，福祉は，単なる私的な幸福ではなく，一定の範囲（社会とか
地域とか家族とか）にいる誰もが必要とする幸福という意味が含まれている。す
なわち，自分にとってだけではなく，他の人々にも共通する「幸せ」のために
何かをするという意味合いが，福祉という言葉には込められているのである。

　そういう意味では，福祉を実現するための活動である「福祉活動」は，おせ
っかいともいえるような側面も含まれている。「幸福」の形はみんな違うと考
えて，見知らぬ他者のことなど放っておけばよいのに，その状態を放置するこ
とは，福祉（他者にも共通する幸せの状態）ではないとして手をさしのべるので
ある。この放っておけないという思いで手をさしのべることが福祉活動の出発
点なのである。

そして，こうした放っておけないという気持ちを引きだすのに大きな影響を与えたのが宗教であった。歴史的に，福祉は，宗教的な実践としてスタートした。現在でも，宗教団体は重要な福祉の担い手である。

　では福祉は，そうした宗教における信仰，あるいは特定の宗教によらなくても人間としての倫理観から，他者を放っておけない人が行うことなのだろうか。たしかに，ノーベル平和賞を受けたマザー・テレサは，キリスト教の信仰にもとづいて，誰からも必要とされていないと感じながら死を待つ人に，あなたは1人ではないと，献身的に手をさしのべ続けた偉大な人である。また，難民の子どもたちのために寄付をしようと思った人のなかには，そうした宗教上の信仰や人間としての倫理観にもとづいて寄付をする人もいるかもしれない。福祉活動をこうした聖人や善人の行いととらえることは，福祉活動の典型的なイメージの1つでもある。そのため，たとえばボランティアをしたり，社会福祉の仕事をしている人は，何か普通の人（俗人）が行わないような特別なことをしていると思われることもある。

　だが，福祉活動をこのように理解することは，福祉活動を個人の心構えの問題に閉じ込めてしまい，福祉の重要な側面を見逃してしまうことにつながりかねない。先にふれたように，幸福が私的・個人的な幸せを求めるものであるのにくらべて，福祉は，他者にも共通する幸せの実現を追求するものである。福祉活動が扱う問題は，援助する人と援助される人だけにかかわる問題でなく，社会全体のみんなにかかわる問題なのである。

🔲 福祉活動は社会のみんなにかかわる問題を扱う

　ここでは，福祉を「関係にもとづく援助」とは異なる特殊な援助であると位置づけてきた。この特殊という意味は，「関係にもとづく援助」のように私たちの人間関係に一般的に見られる援助ではないという意味であり，特別な聖人や善人といった限定された人だけが行うという意味ではない。

　難民の子どもたちの問題は，特別な聖人や善人ほどの強い信仰や倫理観をもっていない私たちにとってみれば，自分の生活のすべてを犠牲にしてまで援助することはしないだろう。だからといって，この問題をまったく放っておいてよいとも思えないのではないだろうか。

このように感じることがあるのは，難民の子どもの問題だけではない。親の虐待により心身に傷を抱えている子どもたち。級友からいじめられて自殺をしようとしたり，ひきこもっている若者たち。一緒に外出してくれる人がいなくてずっと自宅ですごす障害者たち。生活のために2つも3つも仕事をこなしながら子育てをしているシングルマザーたち。日本で慣れない生活に苦しんでいる外国からの難民の人々。ずっと話す相手のいない一人暮らしの高齢者の人々。そして，あなたの街の公園や河原にいるホームレスの人たち。

これらの人々が抱える問題は，いずれも自分の力だけで解決することが困難であり，また他者との関係そのものが薄く，「関係にもとづく援助」もほとんど期待できない場合が多い。そうした状況において，もし誰からの援助もなく放置されるとしたら，それはその当事者にとって悲惨であるにとどまらず，そんな社会に住むすべての人を不安にさせる。人と人とのつながりが弱まり，同じ社会で生活しているのに，簡単に排除され，忘れ去られる社会では，いつ誰が「負け組」として排除されてもおかしくない。まさにみんなに共通する幸せの状態——福祉からもっともかけ離れた社会といえよう。

私たちが，福祉にかかわる問題に関心をもつのは，単に自分の信仰や倫理観からだけではない。その問題が，私たちの社会のあり方にかかわる，みんなの問題だからこそ何らかの手を打たなければならないのである。

言い換えれば，福祉活動は，援助する人とされる人との二者関係にとどまらない社会性を有しているといえる。福祉活動を行うかどうかを決めるのは，個人的な関係ではなく，問題を抱えた人が社会の一員として，援助を社会的に必要としているかどうかという判断にかかっている。福祉活動は，公共性のある，社会に開かれた行為なのである。そのため，福祉活動がボランティア活動などの個人の行為を超えて，社会的な事業に発展することも多い。このように，個々人の福祉活動から，民間や政府によって制度化された社会福祉事業までを総称する場合に「社会福祉」と呼ぶのである。

🔲 社会福祉は人々に社会的な関係をつくりだす

社会福祉の援助は，「関係にもとづく援助」の「替わり」や「補う」ために必要とされていると先に述べた。このことを言い換えれば，社会福祉は，援助

を必要としている人の社会的な関係を取り戻したりつくりだしたりする機能を有しているということでもある。

　私たちは，家庭，学校，職場，サークル，地域などといった社会的な関係のなかで，あたりまえのように，互いが互いを支え合っていると感じながら生活している。しかし，社会福祉を必要としている人の多くは，こうした社会的なつながりを奪われている。社会とのつながりが奪われること，すなわち，社会的排除は，社会的な存在価値の否定であり，人間としての尊厳を見えなくしてしまうことをも意味している。

　社会福祉の援助には，単に困難な生活状況を改善するだけでなく，社会とのつながりを取り戻すという意味も含まれている。たとえば，毎日自宅ですごしている障害者を援助することは，単に食事をしたり，着替えたりといった日常生活上の困難を減らすことだけではない。介助を受けることによって，その人は，友人と買い物に行ったり，サッカーの応援に行ったり，働きに出たりといった，社会とのつながりを取り戻すこともできるようになる。

　あるいは，もっと直接的にいえば，援助をする人と援助を利用する人との間でも，人間的な関係が深まっていく。それは，援助を行ううえで取り結ばれる，いわば人工的な関係であるため，いわゆる友人関係などの自然発生的な関係とは少し異なる。とはいえ，実際の対人関係であることも事実であるから，援助者との関係が社会的な関係をつくっていくうえでの練習台になったり，手がかりになったりすることもある。

　社会福祉の直接的な援助には，このように，「関係にもとづく援助」の「替わり」や「補う」だけでなく，社会的な関係を取り戻したり，別につなげていったり，新たにつくりだしたりするような側面も含まれている。

　社会福祉とは，社会的な問題を扱っているだけでなく，社会的な関係を修復したりつくりだしたりといった，社会的な営為でもあり，だからこそ，「社会福祉」と呼び習わされているのである。

　本書は，社会福祉をつかむうえで，大きく2つのテーマを論じている。1つは，社会的な関係を取り戻したりつくりだしたりする直接的な援助活動についてである。もう1つは，社会的な事業としての社会福祉事業や制度の原理・歴

史・現状についてである。そのうえで，最後に，社会福祉の理念を整理することにしたい。社会福祉が扱う問題は，ただ単にきれいごとを振りかざせばすむようなものではなく，終わりなき対話や尽きることない反省にもとづいて，試行錯誤を繰り返すしかないという現実に気づいてもらえればと願っている。

第 **1** 章

社会福祉の援助活動

1 対人援助とは

2 社会福祉援助とは

3 社会福祉援助の視点

第1章

社会福祉の援助活動

2
3
4
5
6
7
8

この章の位置づけ

　電車で席をゆずることも人を助けることであれば，外科手術によって患部を切除することもまた人を助けることである。だが，いずれも社会福祉援助とはみなされていない。第1章のテーマは，さまざまな人助けや援助活動のなかで，私たちはどういった活動を社会福祉の援助活動ととらえてきたのかということを確認することである。

　もちろん，その特徴の1つは，先に見てきたように（→unit 0），「関係にもとづく援助」とはいえないということであったのだが，ここでのキーワードは「生活」である。生活上のさまざまな支障や困難を改善することが社会福祉には期待されている。

　とはいえ，生活という言葉の意味するところは，あまりにも広く曖昧になっている。そこで，生活をどのような視点からとらえようとしてきたのかという歴史的な変遷を概観したうえで，生活をとらえる社会福祉独自の枠組みを提示することにしたい。

この章で学ぶこと

unit 1　社会福祉に限らず，一般的にいって，人を助けるという行為にはどのようなことが含まれているのかを検討し，「対象」「関係」「方法」といった3つの要素を確認する。

unit 2　すべての対人援助のなかで，社会福祉援助に見られる特徴は何かを検討しながら，社会福祉独自の対象を把握する視点が歴史的に変遷していった様子を整理する。

unit 3　社会福祉援助の対象把握を「個人‐環境」「主観‐客観」という2本の軸で4つの側面に分類し，それぞれに含まれる内容を見ていく。

Introduction 1

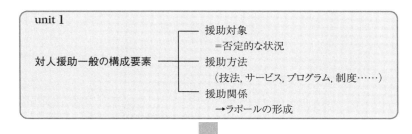

unit 1

対人援助一般の構成要素 ─┬─ 援助対象
　　　　　　　　　　　　　　＝否定的な状況
　　　　　　　　　　　├─ 援助方法
　　　　　　　　　　　　　　（技法, サービス, プログラム, 制度……）
　　　　　　　　　　　└─ 援助関係
　　　　　　　　　　　　　　→ラポールの形成

unit 2

社会福祉の援助対象　＝　「日常生活を営むうえで生じる支障」
　　　　　　　　　　　　　　↓
　　　　　　　　　　　生活をとらえる視点
　　　　　　　　　　　　{ 「個人」か「環境」か
　　　　　　　　　　　　{ 「客観的に」か「主観性重視」か

unit 3

社会福祉援助の視点
- 客観的に個人的な
- 客観的に環境的な
- 主観性を重視して個人的な
- 主観性を重視して環境的な

側面をとらえようとする視点のそれぞれを適宜柔軟に採用する<u>包括的な視点</u>

unit **1**

対人援助とは
──人を助けるとはどういうことなのか

素朴なイメージから

　対人援助とは，人を助けることとは，どういうことなのだろう。

　これらは，日常的な言葉であるだけに，とても曖昧で，かえって厳密に定義することはむずかしい。しかし，「対人援助」という言葉には，「対人 - 援助」，あるいは，「人を - 助ける」といった2つの側面が含まれている。そのため，少なくとも，対人援助とは，「他者」に対する何らかの働きかけ，すなわち他者への直接的な行為であることがわかる。

　では，他者に対するどのような行為が援助なのであろうか。素朴なイメージを手がかりに考えてみよう。

　たとえば，誰かが路上で転んだ場面に遭遇し，その人に対して何かを行うような場合を思い浮かべてみる。もちろん，厳密にいえば，転んだ人への対応すべてが援助と呼ばれるわけではなく，たとえば，見て見ぬふりをして通り過ぎることもあれば，財布をかすめとるなどといったことも考えられる。

　だが，ここではとりあえず，そういう場面に遭遇すれば，自分がどのような対応をとるだろうかということを素朴に思い浮かべてみる。目の前で人が転ぶ。それを目の当たりにすると，まず，私たちは，とまどい驚きながらも，何とかしなければならないと焦る。だが，では，何をすればいいのかと考え始めると，より詳細な状況設定をしなければならないことに気づく。より具体的な状況をいくつか想定したうえで，それぞれに応じて改善策を検討しなければならないのである。

　たとえば，あまり深刻なケガなどがないようであれば，念のために一応声を

かけてみたり，落ちたものや散らばったものを拾い集めたりするなどといった
ことが思い浮かぶ。あるいは，痛みが強そうであれば，起きあがる際に手や肩
を貸したり，ゆっくりできそうな場所に移したりといった対応をとることも考
えられる。もちろん，出血がひどかったり，意識を失っているような場合には，
すぐさま救急車を手配することになる。

　いずれにしても，こうした素朴なイメージを手がかりに考えてみると，まず
第1に，援助というものは，何とかしなければならないという思いから始まる
ということがわかる。そうした思いは，目の前で生じている状況に対して，そ
れを「よくない状況」としてとらえることによって生まれる。すなわち，あた
りまえのことであるが，援助とは，誰かが困っている，あるいは，ある人が望
ましくない状況におかれていると認められたときに生じるものなのである。

　また，第2に，そうした誰かの困っていることに対する具体的な対応は，状
況に応じて変化するということもわかる。逆にいえば，どういう状況なのかが
わからなければ，どのように対応すればよいのかを決めることはできないとい
うことでもある。

　さらに，第3として，たしかに一方では，肩を貸したり傷の手当てをしたり
といった他者への直接的な働きかけも行うが，もう一方では，散らばった持ち
物を拾い集めるとか救急車を呼ぶなど，倒れている本人そのものではなく，そ
の人のおかれている「状況」を変えようとすることもまた援助には含まれてい
るのがわかる。

　冒頭では，他者に対する直接的な働きかけと規定することから始めたのだが，
このように，素朴なイメージを手がかりに考えると，対人援助とは，誰かが困
った状況あるいは望ましくない状況におかれている場合に，その人に直接働き
かけることも含めて，その人のおかれている状況を変えようとすることである
ということになる。つまり，対人援助には，誰かが困った状況におかれている
こと，および，その状況を変えることといった2つの側面が含まれているので
ある。

仮 の 規 定

　対人援助を成り立たせている要素の1つは，誰かが困った状況におかれてい

ることであった。ここで、「困っている」という表現を「よくない」「望ましくない」といった表現に置き換えてみると、困っている状況とは、「否定的な状況」であるということになる。誰かが困っているとは、その人が否定的な（よくない）状況におかれているということだからである。

また、対人援助を構成するもう1つの要素は、否定的な状況を変えるための実際的な対応であった。状況を変えるということは、その状況のもつ否定的な（悪い）ものを肯定的な（善い）ものにするという意味で、文字どおり「改善すること」であるといえる。

ただし、否定的な現状と肯定的な目標とは、あくまでも相対的な位置づけにあって、目標が非常に高ければ、いかなる現状も、それに対して否定的にならざるをえないし、逆に、現状があまりにもひどい場合には、現実的に設定された目標自体も、一般的な望ましさの水準を大きく下回ることがある。いずれにしても、ここでは、望ましさをめぐる相対的な格差にもとづいて、現状を少しでもよりよい状況へと改善していくことが求められているのである。

改善に向けた具体的な方策としては、多様な技法や各種プログラムの活用、施設やサービスの利用、制度の活用や資源の開発、ネットワークづくりや社会的な運動などといったことをあげることができる。こうした多岐にわたる項目を表現するためには、援助技術といった言葉も用いられているが、やや対物的なニュアンスも強いため、以下では、**援助方法**と呼ぶことにする。

このように、対人援助とは、ある人が否定的な（よくない、望ましくない）状況におかれていることに対し、何らかの方法を用いて、それを肯定的な（よりよい、より望ましい）状況へと改善する行為であるといえる。そのことは、たとえば、席をゆずる、荷物をもつ、お金を貸すなどの日常的な行為であっても、あるいは、知識や情報を提供する、制度やサービスを活用する、病気やケガを治療するといった専門的な行為であっても共通している。

ただし、必ずしも、状況の改善という結果が確認できるとは限らず、努力の甲斐なく求めていた結果が得られないことも少なくはないため、ここでは、結果だけではなく、改善をめざす過程全体を援助として位置づけることにしたい。

したがって、対人援助を仮に規定すると、「ある人のおかれている否定的な状況の改善をめざす過程である」ということになる。

援助関係

　援助とは，状況の改善をめざす行為である。なぜ改善をめざさなければならないのかといえば，目の前の状況が否定的な（よくない）ものと認められるからである。だが，ここで，ある状況を否定的なものとしてとらえる際に，援助にかかわる人々の間で，いわば「食い違い」が生じることもある。

　ある状況を否定的なものとしてとらえるのは，通常，その状況におかれている本人である。本人が自らの状況を否定的にとらえて（痛いとかつらいとか），それを別の人に訴え，あるいは示し，訴えられたり示された人がその状況をやはり否定的なものととらえることによって，状況の改善に向けた実際的な援助行為が始まる。つまり，援助とは，もともと，ある状況におかれている人とその状況を改善しようとする人との間で，何らかの否定性（よくないということ）が共通に認識されることによって成立するのである。

　しかし，このことは，両者が1つの状況をいつも同じようによくないととらえることを意味しているわけではない。たとえば，自覚症状もなく，本人は何ら否定的にとらえていなくとも，検査などによって改善すべき病状などが発見されることはある。その際には，治療を受けることになったとしても，患者としては，釈然としないものを感じるであろうと想像できる。あるいは，逆に，本人がいかにつらさを訴えようとも，援助する側でその原因や病状がつかめないと，どのように援助すればいいのかがわからないときもある。

　このように，ある状況や状態に対して，援助をする人（**援助者**）と援助を求める人（**クライエント**）との間で，とらえ方に食い違いが生じることは，けっして少なくない。そして，クライエントの意向と援助者の判断とのこうした食い違いを埋めて援助を成立させようとする過程で，両者の関係のあり方が大きな問題として前面に出てくることもある。

　食い違いへの対処について，一方には，クライエントは素人で何もわかっていないのだから，専門家である援助者の指示に従っていればよいという考え方がある。またもう一方には，援助を受けるクライエントこそがお客さまであって，援助者は，お客さまに奉仕するのが仕事なのだから，その意向にただ従うべきであるという考え方も成り立つ。もちろん，これらはあえて極端に述べただけであって，実際には，その場に応じて，対話を重ねながら関係のあり方が

模索されている。

　だが，援助者とクライエントとの関係のあり方は，ある状況をどのようにとらえるのかといった問題だけでなく，その状況の改善をどのように行うのか，すなわち，援助者がどういう援助方法を選択するのか，あるいは，クライエントが受け入れるのかといったこととも密接に絡んでいる。とりわけ，両者の間に良好な信頼関係（**ラポール**）が成り立っているかどうかは，援助そのもののあり方を大きく左右する要因でもある。

　援助を受けるクライエントからすれば，信頼関係が成り立っていない援助者からの提案やアドバイスは受け入れにくいものである。逆に，信頼できると思える人からもらえば，本来何の効果もない偽薬でも，一定の有効性をもつようになるという実験結果（偽薬効果）もあるほど，信頼関係の有無は，**援助目標**である改善結果にも大きな影響を及ぼしているのである。

　また，先にもふれたように（→unit 0），社会福祉などの専門的な援助は，そもそも「関係にもとづく援助」ではなく，逆に，援助をきっかけとして，関係をつくりだしていかなければならないという特徴を有している。専門的な援助においては，いかにして白紙の状態から良好な信頼関係を築いていくのかといったことが重視されているのである。

　対人援助を外側から検討してみれば，先にも整理したように，ある人が否定的な状況におかれていることと，何らかの方法によってその状況を改善することとの2つの要素から成り立っているように見える。しかし，その内側においては，ある状況をどのようにとらえるのかということについても，あるいは，その何らかの方法の有効性についても，援助者とクライエントとの間で，どの程度良好な信頼関係が成り立っているのかによって，大きな影響を受けているのであって，このように，対人援助には，援助する者と援助される者との関係のあり方，すなわち，**援助関係**という要素もまた必ず含まれているといえるのである。

必要条件としての三要素

　こうして，まず，「対人援助」という言葉を「対人－援助」に分節して，「他者に対する何らかの直接的な行為」と規定することから始めた。次に，どのよ

> ### 重要ポイント
>
> **ラ ポ ー ル**
>
> "ラポール（rapport）"とは，フランス語で「関係」（英語の"relation"）を表す
> 日常用語であるが，対人援助に関する文脈で用いられるときは，単なる関係ではな
> く「良好な信頼関係」，すなわち，援助者とクライエントとの間に相互信頼，相互
> 理解が深められ，お互いに「心が通じあっている」と思えるような関係を意味する。
>
> こうしたラポールをつくっていくことが援助関係の基本となるのだが，**バイステ
> ック**（F. P. Biestek）は，そのために必要とされる原則を7つに整理している（→
> **文献紹介**）。簡単に列挙すると，①クライエントを個人ととらえること，②クライ
> エントの感情表現を大切にすること，③援助者は自分の感情を自覚して吟味するこ
> と，④受け止めること，⑤クライエントを一方的に非難しないこと，⑥クライエン
> トの自己決定を促して尊重すること，⑦秘密を保持して信頼感を醸成すること，で
> ある。
>
> また，こうした原則にもとづきながらも，援助関係のあり方には，さまざまなも
> のが考えられる。社会福祉援助の変遷からいっても，友人としての思いやりを重視
> した時期もあれば，専門職としての知識や技能をもったうえで関係を取り結ぼうと
> した時期もあった。現在では，クライエントとともに課題改善の方途を模索するパー
> トナーシップという位置づけが主流となっているが，はたして援助者とクライエ
> ントは対等な関係を結ぶことができるのだろうかという疑義を提起する人々も少な
> くはない。
>
> 実際の現場では，どれか1つの関係性だけで問題が片づくことはあまりなく，友
> 人のようなパートナーとしての立場が求められることもあれば，ある意味権威的な
> 専門職としての立場が必要になることもある。いずれの関係においてもラポールが
> 基本となることはたしかなのだが，結局，クライエントの個性やおかれている状況，
> さらには経過などを勘案し，きめ細やかで幅広い関係をたえず模索し続ける柔軟な
> 姿勢が不可欠となる。

うな行為なのかということについて，素朴なイメージを手がかりにしながら考
察し，対人援助には，誰かが困った状況におかれていること，および，その状
況を変えることといった2つの要素が含まれていることを明らかにした。さら
に，言葉を少し改めて，対人援助とは，「ある人のおかれている否定的な状況
の改善をめざす過程である」と仮に規定した。

だが，対人援助を成り立たせている2つの要素，すなわち，ある人が否定的

な状況におかれていることと，何らかの方法によってその状況を改善することは，いずれも，援助する者とされる者との関係のあり方によって大きく影響されているのであった。

　ただし，援助関係の影響力は，外側からはたしかに見えにくいので，そのことをふまえてカッコ内に入れて規定しなおすと，対人援助とは，「ある人のおかれている否定的な状況の改善を（その人との関係にもとづいて）めざす過程である」ということになる。

　そのうえで，再び言葉の整理をしておくと，ある人のおかれている否定的な状況とは，端的に，「問題状況」であるともいえるのであるが，それを援助によって改善しようとする限りにおいて，そうした状況は，援助という行為が働きかける対象となるため，**援助対象**と呼ぶことができる。すなわち，ある問題状況は，援助の発動によって，援助対象としてとらえなおされることになるのである。

　また，援助対象の改善に向けては，さまざまな援助方法が活用され，さらに，こうした対象の把握や方法の採用および受け入れ，あるいは援助全体の有効性にまで影響を与えているのが援助関係なのであった。

　このように，対人援助には，少なくとも３つの要素が含まれていることになり，これをふまえて，別に表現すれば，「対人援助とは，『関係』にもとづいて，何らかの『方法』を活用し，『対象』の改善をめざす過程である」ということになる。

　これらの３つの要素は，対人援助が成立する際には必ず含まれる必要条件であって，１つとして欠くことはできない。ただし，もちろん，十分条件というわけではない。すなわち，この３つの要素だけで援助が成立するというわけではなく，たとえば，何らかのサービスや制度を活用することは，たしかに援助方法の１つであるが，サービスや制度そのものは援助方法から独立している。あるいは，サービス提供機関の運営管理なども，直接的な対人援助の方法に含めることはやはりできない。つまり，援助が成り立つなら，３つの要素は必ず含まれているが，けっして３つの要素だけで成り立っているわけではないのである。

　さらにまた，実際の援助活動では，援助対象の把握にもとづいて，最終的な

図1-1 対人援助を構成する要素

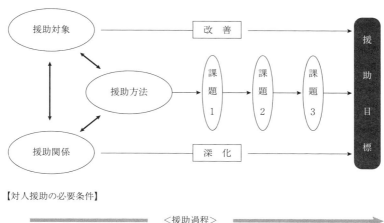

ゴールである援助目標が設定され，そうした目標を実現するために，より具体的で詳細な**援助課題**が決められるし，あるいは，課題の達成に向けても，何らかの方法として自覚されていないような，いわば「方法以前」的な対応がとられることも少なくはない。

このように，対人援助を構成する要素は，見方や考え方によって，限りなく増やすこともできる（図1-1）。そのため，包括的にとらえようとすればするほど，援助活動を記述説明することができなくなってしまう。そこで，以下では，本来無数の要素から成り立っている実際の援助活動に対して，とりあえず，最低限の必要条件である援助対象・援助方法・援助関係の3つの要素だけを取り出し，それらを組み合わせて，社会福祉援助のあり方を見ていくことにする。

確認問題
- □ *Check 1* 専門的な援助では，特に良好な援助関係が必要とされる理由を説明しなさい。
- □ *Check 2* 「対象」「関係」「方法」が対人援助の十分条件ではない理由を説明しなさい。

第1章

社会福祉の援助活動

2
3
4
5
6
7
8

unit

2

社会福祉援助とは
——社会福祉の援助活動に見られる特徴

🔲 社会福祉援助の特徴

対人援助一般に対する**社会福祉援助**の特徴とは何だろうか。

先に，対人援助には，必要条件として，少なくとも援助対象，援助関係，援助方法の3つの要素が抽出できることを確認した。したがって，社会福祉援助活動の特徴についても，3つの要素のそれぞれにおいて記述することができるのだが，ここでは，出発点として，援助対象を取り上げることにする。というのも，対人援助一般に含まれる各種の援助活動は，それぞれに限定的な援助対象を提示したうえで，活動領域を定めているからである。

たとえば，医師は，患者の健康や生命を守るための援助活動を行っており，あるいは，弁護士は，依頼者の法的権利を守るための援助活動を行っていると社会的にも認められている。では，社会福祉の援助活動に見られる特徴はどのようなものであろうか。

社会福祉援助の特徴については，2つの角度から検討することができる。1つは，実際にどういう問題状況を援助対象として位置づけているのかということを見てみることである。具体的には，現行法において，援助対象がどのように明文化されているのかをふまえて確認することができる。また，もう1つは，援助対象をどのような視点から把握しようとしてきたのかということを歴史的な変遷に沿って見ていくことである。

法的な位置づけについて見てみると，社会福祉に関連する法律は，児童や高齢者など領域を限定したものまで含めると膨大になるのだが，2つの例で確認しておく。まず，社会福祉を目的とする事業の全分野における共通的基本事項

20

を定めるための法律である**社会福祉法**では，第3条（福祉サービスの基本的理念）に，福祉サービスの内容として，「福祉サービスの利用者が心身ともに健やかに育成され，又はその有する能力に応じ自立した日常生活を営むことができるように支援するもの」と規定されている。すなわち，心身ともに健やかに育成されることと，能力に応じて自立した日常生活を営むことが目標として位置づけられているのである。

このことを改善すべき問題状況という逆の視点から位置づけなおせば，福祉サービスは，心身ともに健やかに育成されることが困難な状況，あるいは，能力に応じて自立した日常生活が営めない状況を援助対象としているということになる。

また，社会福祉士および介護福祉士の資格を定めて，その業務の適正をはかろうとする**社会福祉士及び介護福祉士法**では，第2条（定義）において，社会福祉士の相談援助活動，すなわち，社会福祉援助活動の対象は「身体上若しくは精神上の障害があること又は環境上の理由により日常生活を営むのに支障がある者の福祉に関する」ものであると明文化されている。すなわち，ここでも日常生活を営むのに支障がある状況を援助対象に位置づけているのである。

このように，現行法における社会福祉援助とは，「日常生活」を1つのキーワードとしながら，（自立した）日常生活を営むうえで生じるさまざまな支障や困難を改善するための援助活動とされている。したがって，対人援助一般に対して，社会福祉援助は，日常生活上で生じるさまざまな問題状況を援助対象とし，その改善をめざすものであるという特徴をもっていることになるのである。

とはいえ，日常生活もまた非常に曖昧な言葉であり，そこにおいて改善されるべき問題といっても，漠然としている。そこで，日常生活を訳語に含む英語の "life" を分析検討することで，生活の多様な側面を整理しておきたいのだが（→unit 3），その前に，ここでは，先にあげた第2の視点として，社会福祉援助が援助対象をどのような視点から把握しようとしてきたのかということについて，やや抽象的になってしまうが，アメリカの**ソーシャルワーク**論の歴史的な変遷に沿って概観しておきたい。

🔲 対象把握の歴史的変遷

🔲 **友愛訪問とリッチモンド**　　社会福祉援助活動の源流の1つは，19世紀の中頃からアメリカの**慈善組織協会**で行われていた**友愛訪問**である（→unit 13）。友愛訪問とは，貧困家庭を直接訪問して，調査や生活指導を行うものであり，慈善組織協会は，そうした訪問調査にもとづいて，慈善団体間の連絡・調整などを行っていた。

のちに「ケースワークの母」と呼ばれるようになる**リッチモンド**（M. E. Richmond）は，1889年，慈善組織協会に就職し，友愛訪問員たちの活動が系統立っていない実状を目の当たりにして，体系的な訓練や，その際に指針となる手引き書の必要性を痛感した。そして，1917年に，彼女は主著である『**社会的診断論**』を出版する。そこでは，慈善組織協会の援助活動から得られた豊富な事例にもとづきながら，専門的援助活動としてのケースワークが「社会的証拠の収集」→「比較・推論」→「社会的診断」といった一連の過程として体系化されたのであった。

また，1922年には，『**ソーシャル・ケース・ワークとは何か**』を刊行しているが，そのなかで，彼女は，長年にわたる理論化の結晶として，ソーシャル・ケース・ワークを「人間と社会環境との間を個別に，意識的に調整することをとおしてパーソナリティを発達させる諸過程」と定義づけている。

ここで彼女は，社会福祉の援助活動が「人間」と「社会環境」を両方とも視野に収めることが必要であると明言したのであった。すなわち，社会福祉の援助活動は，その出発点において，「**人**」と「**環境**」といった2つの側面を視野に収めることで，固有の視点を確保しようとしてきたのである。

しかし，当時の彼女が人と社会環境との関係を理論的に把握していたとはいいがたい。というのも，社会環境がどのように個人に影響を与えるのかといったことを明らかにする社会学は，当時，まだ体系立って確立されてはいなかったからである。したがって，たとえリッチモンドは望まなかったとしても，社会福祉の援助論には，人と環境といった2つの極が残されることになり，のちの理論家や実践家たちは，人と環境との二元論の間で揺れ動くことになるのである。

🔲 **精神分析理論と診断主義**　　リッチモンドが人と環境の両方を視野に収め

ようとしたころ，社会環境については，どのように個人に影響を与えるのかといったことが不明なままであった。ところがもう一方の「人」については，無意識の領域に注目して精神内界を分析する**フロイト**（S. Freud）の**精神分析理論**が体系化されつつあり，1920 年代になると，精神科領域で活動していたソーシャルワーカーたちを中心として社会福祉援助理論にも取り入れられて，「人」の精神内界に注目する傾向が主流となっていった。リッチモンドが残していった 2 つの極のうち，「社会環境」は視野からはずされ，「個人」だけが対象把握の領域として残されたのである。

　だが，個人にのみ注目し，さらには，無意識の領域を含む精神内界を対象とするのであれば，医師による精神分析と何ら変わるところがなく，社会福祉援助に固有の視点を打ちだしていくことができない。また，さまざまな要因が複雑に絡み合った貧困問題などに対しては，心理的な援助だけで改善にいたることもないため，取り扱う問題を限定してしまうことにもなりがちであった。

　そこで，精神分析理論の強い影響を受けながらも，しかし，何とか社会福祉援助の独自性を確立しようとして，**診断主義（心理社会的アプローチ）**と呼ばれる学派が生まれてきた。そこでは，1940 年代以降，精神分析理論を取り入れながらも，社会的・環境的な側面にも注意を払い，さらには，**状況 - のなかの - 人間**という概念にもとづいて，社会福祉独自の視点から，人を状況のなかで包括的に把握しようとしたのである。

　しかし，こうした努力にもかかわらず，診断主義では，そもそもの理論的支柱が個人の内面を把握しようとする精神分析理論であったため，結局は，問題原因を個人の心理的な側面に求める傾向を弱めることができず，環境的側面の軽視という問題を乗り越えることはできなかった。

　□　**システム概念とライフモデル**　　個人と環境との両方を視野に収めながら理論化を進めていくことは，予想以上に困難な作業であった。というのも，1 つには，環境的な側面に含まれる要素が多すぎて，問題原因を特定することができないからであり，もう 1 つには，すべてを視野に収めようとすると，結局は経験的な直観に頼らざるをえなくなり，理論として定式化することができなくなってしまうからである。

　そんななか，**システム**という概念に注目が集まってきた。システムとは，

「相互作用しあう要素の複合体」を意味するが，1960年代も終わりになると，こうしたシステム概念を導入しながら社会福祉援助の理論化を進めていく試みも見られるようになった。それによって，リッチモンドが視野に収めようとしていた人と環境は，1つのシステムとしてとらえられ，両者が互いに交互作用しあうことに焦点があてられて，社会福祉援助において達成されるべき目標は，「人と環境との最善の交互作用」とされ，個人の成長・発達が環境の改善によって促進されることが再び重視された。

　こうした方向の延長線上に位置するのが**ライフモデル**である。1970年代から提唱されてきたライフモデルでは，人と環境とが交互に作用する局面において発生する生活上の問題について，生活上の変化や環境の圧力，不適切な対人過程といった3つの領域が相互に影響しあって生じるストレスが原因であると規定され，そうした交互作用面の具体的な全体状況を把握するための**アセスメント**（事前評価）の重要性が強調されることになったのである。

　このように，リッチモンドがはからずも残してしまった「人」と「環境」との二元論は，システム概念などを取り入れながら，結果的には，包括的なアセスメントを志向する援助モデルとして結実していったのである。

　□ **客観化批判とナラティブ・アプローチ**　　だが，人と環境とを包括的なアセスメントによって，いわば第三者的に把握しようとする傾向に対しては，批判的な意見も出されるようになってきた。

　まず，1つめは，ライフモデルなどが基礎概念と位置づけている「交互作用」とは，どのように把握あるいは記述されるのかといった問題である。たしかに，人も環境も総合的に把握し記述することは，アセスメント項目を増やせば可能となる。だが，人と環境それぞれについてのアセスメントは可能だとしても，両者が交互作用していることをどのように記述するのかは不明瞭なままである。人と環境との交互作用として，本人と家族や友人あるいは援助者などとの対人関係などを思い浮かべることはできるが，そうした対人関係だけに尽きるのであれば，わざわざ交互作用などという概念をもちだす意義はどこにあるのかと問われなければならない。

　また，2つめとしては，客観化の弊害があげられる。人と環境とを包括的に把握しようとすれば，アセスメント項目が増加し，さらには，たとえば日本の

重要ポイント

ソーシャルワーク

ソーシャルワーク（social work）とは，社会福祉の領域で行われている援助活動の総称を英語で表記したものであり，本書で用いている「社会福祉援助（活動）」と内容的には，同義であるといってよい。本文でもふれているように，アメリカでの前身は，慈善組織協会でのボランティアによる友愛訪問であったが，その後，専門的な活動として認められていくにしたがって，ソーシャルワークという言葉が用いられ，そうした活動を担う専門家をソーシャルワーカーと呼ぶようになった。

その転換期は，リッチモンドが主著を刊行した1917年ごろにある。その年，社会福祉関係者が一堂に会する「全米慈善矯正会議」が「全米ソーシャルワーク会議」へと名称を変更した。このことは，社会福祉の援助活動が慈善にもとづく素人的な活動から，専門職による専門的な活動として広く認められたことを示している。

そして，こうした流れのなかで，領域別職能団体が次々とつくられた。1918年には，全米病院ソーシャルワーカー協会が発足（1934年には，全米医療ソーシャルワーカー協会に名称変更）したが，当時は，全米の300病院に850名のソーシャルワーカーが配置されていた。翌1919年には，学校ソーシャルワーカー協会，1926年には，全米精神医療ソーシャルワーカー協会が設立されている。こうした領域別の団体は，1955年に合併し，現在では，全米ソーシャルワーカー協会に一本化されている。

ちなみに，ソーシャルワークは，援助の対象者に応じて区別されることがある。個人や家族を対象とする場合には**ケースワーク**（個別援助），集団を対象とする場合には**グループワーク**（集団援助）（→unit 8），広く地域住民を対象とする場合には**コミュニティワーク**（地域援助）などとも呼ばれる。リッチモンドがその「母」として，体系化を進め基礎を築いたのは，個人や家族を対象とするケースワークだったのである。

介護保険における**要介護認定**のアセスメントのように，それぞれの項目が自立から全面介助にいたるまで何段階かに数値化されていく。それによって，対象把握の客観性が高まるのはたしかであるが，もう一方で，客観化が進展すればするほど，クライエント独自のとらえ方，すなわち，現実に対する本人の主観的な受け取り方がないがしろにされていくのではないかという疑念が生じてきた。

これら2つの問題点は，いずれも相互に関連しあっている。というのも，人

図 2-1　援助対象把握の歴史的変遷

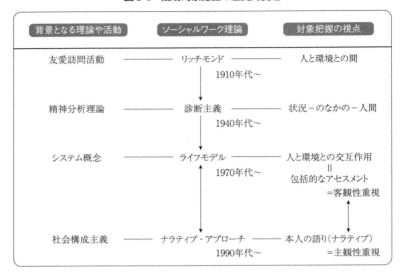

と環境との交互作用とは，そもそも物理的あるいは客観的な関係のあり方ではなく，本人の環境に対する受け取り方や意味づけ方といった主観性の領域においてこそ見いだされるのではないかといった考え方が登場してきたからである。こうして，2つの批判が重ねあわされ，客観性重視への批判的な立場となって，本人の主観的なとらえ方をもっと尊重すべきだという主張が提起されてきた。主観性の重視とは，具体的にいえば，クライエントの語る言葉をとおして，クライエント独自のとらえ方を読み取ろうとする姿勢であり，こうした立場を**ナラティブ・アプローチ**という（→unit 5）。

この立場は，もともと社会構成主義（→unit 5〔重要ポイント〕）の考え方から生まれてきたものであるが，1人ひとりが生きてきた人生や日々の暮らしなどを，その人独自の言葉で織り上げられた物語（ナラティブ）として位置づけ，人はそれぞれ固有の物語，すなわち主観的なとらえ方にもとづいて生きており，それらは，クライエントにとってかけがえのない大切な物語であって，最大限に尊重されるべきであると主張するものである。

もちろん，客観性の高いアセスメントの有効性や意義を否定するわけではな

いのだが，しかし，客観的にとらえられた現実だけをクライエントが生きているわけではないと主張し，社会福祉援助理論がリッチモンド以来把握しようとしてきた人と環境との二元論とは異なる観点から，新たな問題を提起しているのである。

このように，アメリカのソーシャルワーク理論における援助対象を把握する視点については，長年にわたって社会福祉援助の独自性が追求されてきた（図2-1）。

まず，リッチモンドは，「人も環境も」視野に収めることを提唱したのであるが，両者の関係を理論化しなかったため，結果的には，「人か環境か」といった二元論が残された。その後，精神分析理論の強い影響で「人」へと傾斜し，診断主義が何とか独自性を回復しようと試みたものの，結局は，システム概念が導入され，ライフモデルによって，「人も環境も」包括的に把握しようとするアセスメントが重視されるようになった。しかし，対象把握が客観化の傾向を強めるにつれて，本人の主観的なとらえ方である物語をもっと尊重すべきだと主張するナラティブ・アプローチの立場が提起されてきたのであった。

確認問題

☐ *Check 1* リッチモンドの定義による社会福祉援助の特徴を説明しなさい。
☐ *Check 2* 「客観性重視」だけでは，どうしていけないのか理由を説明しなさい。

第 1 章

社会福祉の援助活動

2
3
4
5
6
7
8

unit 3

社会福祉援助の視点
——「生活」をとらえる枠組み

「ライフ」の 3 つの意味

　社会福祉援助は，現行法において，日常生活を営むうえで生じるさまざまな支障や困難を改善するための援助活動として位置づけられていた（→unit 2）。すなわち，社会福祉援助は，日常生活上で生じるさまざまな問題状況を援助対象とし，その改善をめざすという特徴をもっているのであった。

　とはいえ，日常生活という言葉は，あまりにも曖昧であるため，「生活」を示す英語の「ライフ（life）」がもつ 3 つの側面について，整理しておきたい。もちろん，ライフもまた非常に多義的な言葉なのだが，**QOL**（Quality of Life）（→unit 23）などで重視されている「ライフ」の意味は，大きく 3 つに分けることができる。

　1 つは，「生命」「生命力」「生存」であり，人が生きているというもっとも根本的な現象をさし示している。この意味でのライフを重視するのは，医療分野など，人の生命に直接関与する援助活動である。そこでは，生命を維持し成長させている身体的・知的・精神的な機能や能力なども同様に重視されることになる。生活とは，あたりまえのことであるが，人が生きていてこそ成り立つことなのである。

　2 つめは，「生活」を直接意味する「日々の営み」「暮らしぶり」「日常生活」などであり，ある時期の具体的な生活の様式をさしている。この意味での「ライフ」は，マクロ的には政治や経済などの社会構造全般を含み，ミクロ的には，ある人が間接的に所有したり所属するものとしての仕事や収入，住居や衛生状態，さらには，利用可能な各種制度・機関，施設やサービスなどを含んでいる。

28

3つめは、「人生」「生涯」「生き方」などであり、日々の生活が通時的に蓄積されて1つのまとまりをなしているものである。上述の生命にまつわる機能や能力、あるいは、日々の暮らしを支える収入や住居などがある程度客観的に測定・評価可能であるのに対して、この意味でのライフは、あくまでも本人の主観的なとらえ方や意味づけの仕方にもとづいている。すなわち、人生とは、客観的に存在している何らかのモノではなく、ある人が自分を主語として語る物語（ライフ・ストーリー）として存在しているのであって、先にふれ（→unit 2）後でも取り上げる（→unit 5）ナラティブ・アプローチが重視している側面でもある。

　このように社会福祉援助が対象としている「日常生活」は、それを訳語に含む「ライフ」の語義から、まず、本人の生命活動およびそれを支えている各種の機能や能力にもとづいて成立しており、さらにまた、日常生活の時間の経過にともなう積み重ねは、本人が語る「物語」として存在していることがわかるのである。すなわち、日々刻々の生活状況は、本人の生命活動に支えられ、本人の物語として蓄積されているのだといえる。

　そこで次に、こうした「生命」「生活」「人生」の関連も含めて、先に見てきた対象把握のいくつかの視点を1つの枠組みでとらえてみよう。

2軸による対象把握

　ここでは、社会福祉援助における対象把握の視点を分類整理するために、対立する2つの概念を両端にもつ軸を2本設定し、それらを直交させて4つの領野からなる枠組みをつくりあげる。

　□　「個人－環境」の軸　　社会福祉援助の対象把握を整理する軸の1つを構成する項目は、リッチモンド以来議論が繰り返されてきた「個人」と「環境」である。

　「個人的」であるとは、あらためて規定しなおせば、ある人に帰属している何かを示している。すなわち、環境を変えてもその人が保持しているような特性であって、その人がもつ能力や、これまでの経験、それらにもとづく人生観やライフスタイルなどが含まれる。いずれも、本人に帰属しているため、変化したり失われることはあっても、他者に譲渡することはできない。

これに対して,「環境的」であるとは,ある人に直接帰属しているのではなく,その人を取り巻いていたり,その人が所有している何かを示している。そのためそれらは,他者と共有したり交換したり,場合によっては譲渡したり奪われたりすることのできるものをさす。

□ 「主観−客観」の軸　　また,もう1つの軸を構成する項目は,近年のアセスメント重視の傾向とナラティブ・アプローチとの対立から浮き彫りにされてきた「主観」と「客観」である。

「主観的」とは,現実に対するクライエント本人のとらえ方や受け取り方を指し示しており,それらは,物語(ナラティブ)を通じて表明されるものであるが,人によって微妙にあるいは大きく相違する。ただし,1人ひとり異なる個人の物語といっても,家族や身近な人々からの影響を通じて,社会的あるいは文化的に構成されており,より一般的な「常識」や「通念」とも重なることが多い。そのため,どこからどこまでが社会的に構成された物語であり,どこからは個人的な物語なのかを明確に分けることは事実上不可能であるともいえる。

これに対して,「客観的」であるとは,第三者によってとらえられた現実のありようを意味している。第三者をより一般化すれば,「誰にとっても」そのように受け取られるということをさすことになり,数値化や尺度化を可能にする。逆にいえば,数値化や尺度化できる現実の一側面を「客観的」と呼んでいるのである。

こうした「主観−客観」の軸が必要となるのは,客観的に把握されたことと主観的なとらえ方とが必ずしも連動しているわけではないからである。たとえば,ある施設の居室の広さは,誰にとっても(客観的に)同一であるが,それを広いと思って喜ぶ人もいれば,狭いと感じて落胆する人もいる。あるいは,身体機能に同様の障害を抱えることになっても,前向きにその後の人生を見つめなおそうとする人もいれば,もはやすべてが失われたと悲嘆にくれる人もいる。

実際の援助活動においては,障害の等級や要介護度,各種制度利用の要件や居住空間の広さなどのように客観的に明示されるべき事項はけっして少なくはない。と同時に,客観的にとらえられた状態に対して,本人やあるいは家族が

図3-1　2軸による社会福祉の対象把握

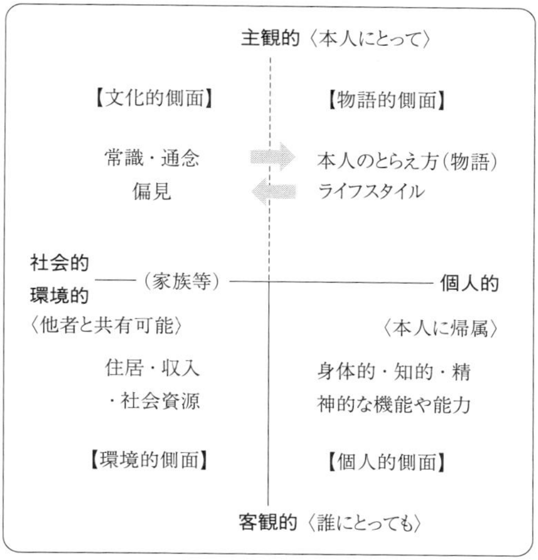

主観的〈本人にとって〉

【文化的側面】　　　　　　　【物語的側面】

常識・通念　　　　　　　本人のとらえ方(物語)
偏見　　　　　　　　　　ライフスタイル

社会的
環境的　　──（家族等）──　　個人的
〈他者と共有可能〉　　　　　　〈本人に帰属〉

住居・収入　　　　　　　身体的・知的・精
・社会資源　　　　　　　神的な機能や能力

【環境的側面】　　　　　　　【個人的側面】

客観的〈誰にとっても〉

どのように受け取っているのかということもまた看過できないことである。実際には，主観か客観かのどちらか一方といったとらえ方ではなく，客観的に把握する力量を有しながらも，本人たちの主観的なとらえ方を尊重する姿勢が必要となる。

4側面による対象把握

　これら「個人‐環境」の軸と，「主観‐客観」の軸は，相互に独立していると考えられるので，直交させることができる。それによって，把握すべき対象を4つの側面に分節してみると，図3-1のようになる。
　それぞれの象限に仮の名称を付してあるが，まず，右下の**個人的側面**は，本人に帰属しているもののなかで，客観的に把握することが可能な身体的・知的・精神的な機能や能力，および，それらを組み合わせた家事遂行能力や経験にもとづく職業能力といった複合的な能力などが配置される。医療における対象把握は，基本的に，この個人的側面に限定されることが多い。医療が対象とする疾病や病理は，個人に帰属していると同時に客観的に把握されるものだか

らである。と同時に，先ほどの「ライフ」の語義でいえば，1つめの「生命」「生命力」「生存」がここにあてはまる。

また，左下の**環境的側面**には，本人が所有していたり，本人を取り巻くもののなかで，客観的に把握することが可能な多様なものが含まれる。「ライフ」の語義でいえば，2つめの「日々の営み」「暮らしぶり」「日常生活」が該当し，自然環境や住居といった物理的なものをはじめ，収入や資産などの経済資源，各種サービスや制度などの社会資源などを含んでいる。家族や親族，友人や近隣関係者などについては，直接的な介護や金銭などを提供してくれるという点では，環境的側面に含めることも可能であるが，本人の主観的なとらえ方にも大きな影響を及ぼすということから，後述する文化的側面と重なるところに位置づけてある。

さらに，右上の**物語的側面**には，客観的に測定したり評価することが困難な本人の現実に対するとらえ方や受け取り方，あるいは意味づけ方などを基本として，価値観や人生観，生きがいやライフスタイル，あるいは，これまでの経験が蓄積されてきたものとしてのいわゆる「人生」や今後に向けての将来像などを位置づけることができる。もちろん，「ライフ」の語義としては，「人生」「生涯」「生き方」に対応している。それらが言葉で表現されると物語（ナラティブ）の形式をとる。物語とは，複数の出来事を結びつけて説明する形式であり，どのように結びつけるかということが「話の筋（プロット）」を構成する。過去の想起，現状の解釈，未来の展望などは，すべて物語の形式で言語化されることになる。

そして，左上の**文化的側面**は，客観的に測定することが困難な物語のなかでも，一定の範囲（家族や仲間，地域や社会など）で流通し共有されている物語をさし，常識や通念，あるいは偏見などが含まれる。時期的な流動性をも考慮すれば，流行などもここに位置づけられる。この側面については，QOL に関するライフの語義には対応するものがない（ただし，"life" には世間や実社会の意味もある）。しかし，社会的な通念が個々人の物語に大きな影響を及ぼしていることを考慮すれば，けっして看過することのできない側面であるといえる。

このようにあげられた4つの側面は，もともと援助対象となる1人のクライエントのおかれている状況を4つの視点から把握しようとしたものであり，あ

コラム

専門性をめぐって

本文で「社会福祉援助とは，生活問題の改善をめざす活動である」（以下 A）と規定した。だが，ときには，この規定を逆転させることも必要なのではないかと思うことがある。すなわち，「生活問題の改善をめざす活動のことを，社会福祉援助と呼んでいる」（以下 B）というわけである。A は，社会福祉援助とは何かを追求する立場であり，B は，生活問題の改善はどのように行われるかということを追求する立場である。つまり，A は，援助者側から，「（私は）何をするのか」と問うているのに対して，B は，生活問題を抱えたクライエントの側から「（あなたは）どうしてくれるのか」と問うていることになる。

援助者からの問いに答えを求めようとすれば，「○○をすること」として，○○をできるだけ限定的に明示することが望ましい。そのため，こうした問いは，社会福祉の援助活動を「スペシフィック（領域特定的）」な方向へと差し向ける。領域や方法を限定することによって，その活動の専門性を明確にすることができるからである。

これに対して，クライエントからの問いには，まったく反対の答え，つまり，使えるものを総動員して少しでも問題を改善しようとすることが求められる。そのため，この問いは，社会福祉の援助活動を「ジェネリック（包括的）」な方向に拡げていく。問題の改善を優先するために，限定が取り払われて，専門性などは後回しにされるからである。

社会福祉援助を多少なりとも講じる者の 1 人として，専門性の確立は急務であると感じている。だからこそ，本書でも A を採用して説明を進めたのであった。だが同時に，クライエントとかかわることのある者の 1 人として，専門性などにこだわっている場合ではないと思うこともある。冷静でスマートな援助にもちろん憧れるのだが，取り澄ましていられるほど甘くはない。おそらく，なりふりかまわぬ状況のなかで，かつ，冷静さを失わないきわどい姿勢が，できるかどうかはわからないが，最後の最後に必要とされるのだろう。

くまでも便宜的なものにすぎない。クライエントは 4 つの側面すべてを分節することなく日々の暮らしを営んでいるのであって，実際，それぞれの側面を切り離すことは不可能である。なかでも，先にふれたように，他者と共有されている常識的なものの見方とある人特有のものの見方との間に線引きをすることは，いっそう困難である。そのため，図 3-1 では，文化的側面と物語的側面と

の間の軸を点線にし，相互に影響しあっていることを強調してある。

🔲 4つの援助モデル

以上，社会福祉の援助活動における対象把握をめぐって，歴史的な変遷をふまえながら，2軸を直交させた4つの視点からなる枠組みを整理し，それぞれに「個人」「環境」「物語」「文化」といった名称をつけておいた。また，そのうち前の3者は，QOLに関するライフの語義である「生命」「生活」「人生」と重なりあっているのであった。

ただし，繰り返すが，クライエントの生活は，「個人」「環境」「物語」「文化」の4つの側面が分かちがたく連関しあってこそ成り立っており，実際の社会福祉援助の場面では，すべてを視野に収めながら，かつ，状況に応じて焦点づけを行い，優先順位を決めていくといった柔軟な姿勢が必要となる。

たとえば，疾病や身体障害を抱えている人に対しては，医学的な治療や機能回復訓練などによって身体的な能力を集中的に高める援助（個人的側面）がまず優先され，一段落したところで，住宅改造や年金受給などを検討し（環境的側面），同時並行的に障害受容に向けた物語の書き換えに立ち会ったり（物語的側面），障害があっても暮らしやすい街づくりのための啓発活動（文化的側面）も求められることになる。

あるいは，ホームレスの人々には，まず住む場所の確保や生活保護申請などの支援を優先させ（環境的側面），病気の治療や職業訓練なども行いながら（個人的側面），本人の望む将来像を聞き取っていき（物語的側面），この社会がホームレスの人々とどのように接していくのかを考えていくこと（文化的側面）も必要である。

こうした包括的な視点をもつことは，一方で，課題の不明瞭さや過程の非効率性をもたらす危険性もある。しかし，人は，もともと曖昧でけっして効率的とはいえないような生活をこそ生きているのであって，生活上の問題と向き合う社会福祉援助活動では，ほかの援助活動のようにクライエントの生活を1つの側面だけに限定して把握するわけにはいかないのである。

このように，実際に行われている援助は，たしかに1つの側面だけに対象を限定するものではないのだが，とはいえ，次章で見ていくように，理論的には，

それぞれの側面のみを援助対象として焦点づけた援助のあり方を記述することができる。逆に，援助対象をそれぞれの側面に限定してみれば，援助のあり方の違いも浮き彫りになってくるのである。

そこで，それぞれ4つの側面に焦点をあてた援助のあり方を援助モデルとして記述していくことにする。ただし，ここでいうモデルとは，よい模範や参照すべきお手本といった意味ではなく，いわば典型的標準的なあり方といったものである。

次章で取り上げる援助モデルは，「個人」「環境」「物語」「文化」といった4つの対象領域それぞれに焦点を合わせたものであるため，以下では，それぞれそのまま「個人モデル」（→unit 4），「環境モデル」（→unit 4），「物語モデル」（→unit 5），「文化モデル」（→unit 6）と呼ぶことにする。

本来の援助は，数え切れない無数の構成要素から成り立っているが，以下の援助モデルでは，援助における最低限の必要条件として抽出した援助対象，援助関係，援助方法の組み合わせとして説明することにし，また，実際に用いられる多種多様な援助方法を簡潔に整理することも容易ではないため，とりあえず，援助方法が用いられる際に援助者側から発せられる基本的なメッセージに絞って提示することにする。

確 認 問 題 ────────────────●─●

□ *Check 1* 「ライフ」のもつ3つの側面それぞれの特徴を整理しなさい。
□ *Check 2* 社会福祉援助が包括的な視点をもたなければならない理由を説明しなさい。

●─●────────────────────

文 献 案 内 ────────────────●─●

□ ロジャーズ，C. R. ［2001］『ロジャーズ選集』上・下（伊東博・村山正治監訳）誠信書房。

サブタイトルには，「カウンセラーなら一度は読んでおきたい厳選33論文」と記されているが，なかでも，第16論文「セラピーによるパーソナリティ変化の必要にして十分な条件」（上265-85頁）は，援助という行為を原理的に考えるう

えで必読。

□ **土居健郎［1992］『新訂 方法としての面接』医学書院。**

面接（interview）とは，互いに（inter）眺め（view）ながら，相手のことをわかろうとすることであるとしながら，逆に「わからない」という実感を大切にする面接の進め方が丁寧に説かれている。

□ **リッチモンド，M. E.［1991］『ソーシャル・ケース・ワークとは何か』（小松源助訳）中央法規出版。**

「ケースワークの母」リッチモンドによる定義づけを収めた書。なぜこのように定義づけられたのか，そして，このように定義づけることのもつ意味などが確認できる。

□ **バイステック，F. P.［2006］『ケースワークの原則』新訳改訂版（尾崎新・福田俊子・原田和幸訳）誠信書房。**

原題は，*The Casework Relationship*（ケースワーク関係）であり，よりよい援助関係を形成するために援助者が留意すべき7原則を解説している。

□ **岡村重夫［1983］『社会福祉原論』全国社会福祉協議会。**

社会福祉援助の固有性は，社会関係の主体的側面に視点をすえて，社会関係の困難を生活困難として把握することにあると明確に規定した名著。

KeyWords 1

- [ ] 援助方法　14
- [ ] 援助者　15
- [ ] クライエント　15
- [ ] ラポール　16
- [ ] 援助目標　16
- [ ] 援助関係　16
- [ ] バイステック　17
- [ ] 援助対象　18
- [ ] 援助課題　19
- [ ] 社会福祉援助　20
- [ ] 社会福祉法　21
- [ ] 社会福祉士及び介護福祉士法　21
- [ ] ソーシャルワーク　21
- [ ] 慈善組織協会　22
- [ ] 友愛訪問　22
- [ ] リッチモンド　22
- [ ] 『社会的診断論』　22
- [ ] 『ソーシャル・ケース・ワークとは何か』　22

- [ ] 「人」と「環境」　22
- [ ] フロイト　23
- [ ] 精神分析理論　23
- [ ] 診断主義（心理社会的アプローチ）　23
- [ ] 状況－のなかの－人間　23
- [ ] システム　23
- [ ] ライフモデル　24
- [ ] アセスメント　24
- [ ] ケースワーク　25
- [ ] グループワーク　25
- [ ] コミュニティワーク　25
- [ ] 要介護認定　25
- [ ] ナラティブ・アプローチ　26
- [ ] QOL　28
- [ ] 個人的側面　31
- [ ] 環境的側面　32
- [ ] 物語的側面　32
- [ ] 文化的側面　32

第 2 章

個 別 援 助

4　個人モデルと環境モデル

5　物語モデル

6　文化モデル

7　個別援助の展開過程

この章の位置づけ

　社会福祉援助のなかでも，援助者がクライエントに直接働きかけて援助活動を行うことを直接援助と呼び，直接クライエントに働きかけるのではなく，社会福祉の援助活動が円滑に効率よく行われるように，さまざまな角度からの条件整備を間接的に行うことを間接援助（→unit 6〔重要ポイント〕）と呼んでいる。さらに，直接援助は，対象者が個人か小集団かによっても区別されており（→unit 2〔重要ポイント〕），クライエントが個人や家族である場合は個別援助，小集団である場合は集団援助（→第3章）と呼ばれている。

　本章で取り上げる個別援助は，援助者がクライエントの抱える生活上の問題に対して個別に対応する援助活動であり，クライエントは，問題を抱えた本人であることもあれば，ともに生活し問題を共有している家族であることもある。また，どのような問題を援助対象に設定するのかによって，援助の実際が大きく異なるので，ここでは，4つの援助モデルに分類して概説する。

この章で学ぶこと

unit 4　本人に帰属している個人的な側面に焦点をあてる個人モデルと，本人を取り巻く環境的な側面に対象を設定する環境モデルについて，それぞれの特徴を説明する。

unit 5　クライエントの語りに注目するようになった物語論的転回について，その背景や意義を整理し，物語モデルの特徴を浮き彫りにする。

unit 6　社会的な物語である偏見の書き換えをめざす文化モデルについて，その特徴を説明し，一例として社会に向けた啓発活動を取り上げて検討する。

Introduction 2

unit 7　個別援助の展開過程をめぐって，環境モデルについては，フローチャートを概観し，物語モデルについては，書き換えのメカニズムを説明する。

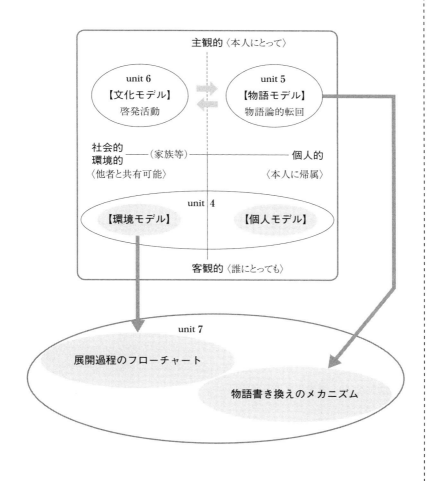

unit 4

個人モデルと環境モデル
──客観的な対象把握にもとづく援助モデル

個人モデル

援助対象　社会福祉援助における**個人モデル**とは，図 3-1（→unit 3）において，右下に位置づけられた生活の個人的側面を援助対象として設定する援助モデルである。

個人的側面は，先にもふれたように，本人に帰属しており，客観的な把握の可能な身体的・知的・精神的な機能や能力，および，それらの複合的な能力などが配置されている。すなわち，個人モデルとは，そうした機能が不全状態に陥ったり，能力の発現に支障が生じた際に，個人的な側面に援助対象を位置づける援助モデルなのである。

実際には，主として医療がこの個人的側面を援助対象としている。逆にいえば，客観的に把握できて，ある人に帰属している問題状況を対象として，医療は，改善（治療）しようとするのである。そのため，この援助モデルは，**医療（医学）モデル**と呼ぶこともできる。ただし，たしかに社会福祉の援助活動は，個人的側面に直接働きかけることはほとんどないのだが，かといって，まったく視野に収めることなく援助することもまたできないため，あくまでも社会福祉援助活動の 1 モデルとして位置づけて，他のモデルともそろえるために，ここでは，個人モデルと呼ぶことにする。

援助関係　このモデルでのクライエントとは，まず，本人に直接帰属する何らかの問題を抱えた存在であるということになる。すなわち，病気やケガ，あるいは障害などのように，本人に帰属する機能や能力などに支障をきたしているわけである。

42

そのうえで，本人が援助に同意する，あるいは援助を要請するということは，抱えている問題に対して，自力での改善が困難であるということを示している。したがって，ともすれば，クライエントは無力な存在ということになり，裏返せば，援助者が主導的に改善への道筋を提示すべきだという考え方にもつながりやすい。すなわち，「解決する援助者−解決してもらうクライエント」といった関係，あるいは，いわゆる「援助する主体」と「援助される客体」といった主客関係になりやすいのである。

ただし，個人モデルであれば，必ず主客関係になってしまうというわけではない。**インフォームド・コンセント**（十分な説明にもとづく同意）の重視など，問題状況の把握や考えられる改善方法について，十分な時間をかけ，クライエントの意思や主体性を最大限に尊重しようと努めることはできる。

それにまた，主客関係がすべて必ずしも悪いというわけでもない。混乱状態に陥って途方に暮れているときや，何らかの事情で冷静な判断ができないようなときには，落ち着くまで援助者主導で一定の道筋に乗せることが必要になることもあるからである。あるいは，「お任せします」と口にするクライエントは，ただ単に主体性を放棄しているのではなく，専門家を信頼しているともいえる。

いずれにしても，個人モデルにおける援助者−クライエントの二者関係は，「援助する側−される側」といったいわゆる主客関係になりやすいことはたしかであって，もちろん，主客関係が望ましい場合も少なくないにせよ，同時に，クライエントの主体性をないがしろにしてしまう危険性も高いことに留意すべきである。

　□　**基本的メッセージ**　　援助活動とは，個別具体的な援助方法を活用していく1つの過程であるが，活用される方法は多岐にわたっており，その詳細を記述する余裕もない。そのため，ここでは，援助の過程を展開させていく際に，援助者からクライエントへと伝えられる基本的なメッセージについて，確認しておくことにする。

個人モデルでは，援助者とクライエントの二者関係において，疾患や障害といった改善すべき援助対象，すなわち，否定的な問題状況がクライエント本人に直接帰属させられているのであった。ということは，端的に，クライエントとは，否定的な何かを抱えた存在であり，自らを変化（改善）させなければな

> **重要ポイント**
>
> **インフォームド・コンセント**
>
> 　人は，何かのモノ，たとえば，洋服とか家電製品とかを買う際に，必ずそれがどういうモノであるのか，その大きさが自分に合っているのか，どういう機能を有しているのかなどを確認してから買う。インフォームド・コンセントとは，対人サービスの利用や購入においても，こうした手続きを踏むべきだという考えにもとづいて，サービス内容の十分な説明を受け（インフォームド），理解し納得したうえで同意する（コンセント）ことをいう。
>
> 　したがって，本来であれば，あらゆる対人サービスに求められる手続きであるが，とりわけ，深刻な影響を残すおそれのある医療行為においては，厳密な手続きが必要とされている。アメリカでは医療過誤裁判への防衛策として，1970年代から重視され，日本でも，1990年に日本医師会がこれを「説明と同意」と訳して，重視する立場を示したことによって一般に広まった。1997年の医療法改正では，医療者は適切な説明を行って，医療を受ける者の理解を得るよう努力する義務が明記されることになった。
>
> 　医療行為においては，少なくとも次の点について，わかりやすい言葉での十分な説明が行われなければならないとされている。①病名や症状，②治療の内容，③治療のリスクや起こりうる副作用，④治療の成功率，⑤治療に必要な検査の目的および内容，⑥考えられる別の治療法，⑦治療を受けなかった場合に予想される結果，である。
>
> 　インフォームド・コンセントは，自分に関することは自分で決めるという自己決定の原理にもとづいているのだが，同時に，患者に十分な理解力や判断力があり，説明するのに十分な時間的余裕があるという前提で成り立っている。そのため，実際には，意思の疎通が困難な患者に対するとき，あるいは，救急医療場面など，原則論が安直には通用しない状況も少なくない。だが，自己決定の尊重は対人援助の重要原理の1つでもあるため，どのような場合でも，クライエントの意思を汲み取る努力を怠ることは許されないのである。

　らない存在であることになる。したがって，そうしたクライエントに向けられる基本的なメッセージは，クライエント本人について，今の状況を否定すること，すなわち，「現状否定」ということになる。

　というのも，もしクライエントの今の状況（現状）を肯定してしまえば，改善に向けた援助活動は必要なくなってしまうからである。そのため，援助者か

らのメッセージは，たとえば，「このままでは悪化する」「放っておけば取り返しがつかなくなる」などといった現状を否定するものであり，その派生態として，努力を要請する「がんばれ」というメッセージも伝えられる。

いずれも，援助過程を強力に展開させるための動力であり，こうした現状否定的なメッセージがクライエントによって内面化されれば，「病識ができた」とか「動機づけが高まった」と評価されることになる。

先にも確認したように（→unit 1），いかなる援助にも何らかの状況を否定的にとらえるまなざしがともなうものである。個人モデルでは，そのまなざしが直接的にクライエント本人へと向けられることが最大の特徴なのである。

□ **長所と短所**　個人モデルでは，そもそも客観性を追求する傾向が強く，問題の所在も限られているため，さまざまな技術進歩にも支えられて，問題の所在確認が強力に行われ，それにもとづいて明確な目標設定がなされる。援助目標の設定が明確であればあるほど，その目標が達成できたかどうかの効果測定も容易になる。効果測定が容易であれば，結果を蓄積することによって，状況別のマニュアル化を進めることも可能で，結果として，高度な専門性を確立することができる。目標を明示できるということは，援助者にとっても達成感や手応えがより明確に得られることを意味している。

このように，個人モデルには，客観的な根拠にもとづく明確な目標設定によって得られるいくつかの長所が存在するのだが，それは裏を返せばそのまま短所になる。

まず，目標設定が明確であるということは，もちろん，その達成も明示されるが，同時に，失敗も隠しようがない。効果測定が容易であるということは，たとえば，援助者による援助効果の違いもまた明らかにすることができるということである。

だが，より大きな問題は，クライエントの側で発生する。個人モデルとは，何よりも否定的なメッセージが直接クライエント本人に向けられるものであったが，問題状況が改善されれば，否定的なメッセージも解消される。だが，個人的な側面を変えられない場合，すなわち，もし否定的な状況の改善が見込めない場合や，実際に改善できなかった場合には，クライエントに否定的なメッセージが残されるだけということになる。

改善や回復が見込める人にとっては，強力な動力をもつ非常に有効な援助モデルであることはまちがいない。だが，その強力さが逆に，改善の見込めない人を現状否定的なメッセージで傷つけてしまうことにもなる。本人の改善が見込めない場合には，環境を変えることについて検討してみなければならない。

環境モデル

□ **援助対象**　**環境モデル**とは，図3-1（→unit 3）の左下におかれた生活の環境的側面を援助対象として設定する援助モデルである。

環境的側面とは，本人が所有していたり，本人を取り巻いていて他者と共有できるものであって，客観的に把握することが可能な多くのものを含めることができる。その内容は，まさに多種多様であり，風土などとも呼ばれる自然環境や住居などの物理的なものをはじめ，収入や資産などの経済的（金銭的）な資源，各種サービスや法制度といった社会的な資源，さらには，家族や親族，友人や近隣関係者といった直接的なケアや経済的支援を提供してくれる人的資源までもが含まれている。

したがって，環境モデルとは，こうした多彩な環境のなかで，さまざまなものを活用しながら成り立っている日常生活上で支障が生じた場合に発動する援助モデルであるということができる。

実際には，主として，社会福祉のさまざまな制度やサービスがこの側面での問題や困難に対応しようとしてつくられてきた。現行の社会福祉援助活動がこの側面に注目してきたことはたしかである。したがって，先の個人モデルが医療モデルとも呼べるのと同様に，ここでの環境モデルを端的に福祉モデルと呼ぶこともできないわけではない。だが，やはり，社会福祉の援助活動をできるだけ広く描きだすために，以下でも環境モデルと呼ぶことにする。環境モデルとは，客観的に把握できる環境的な側面に焦点をあてて，状況の改善をめざす援助モデルなのである。

□ **援助関係**　　個人モデルでは，改善すべき対象がクライエント本人に帰属させられていたため，援助者とクライエントとが「援助する側−される側」といった主客関係になりやすいのであった。しかし，環境モデルでは，改善すべき問題状況は，クライエント本人ではなく，クライエントを取り巻く環境に

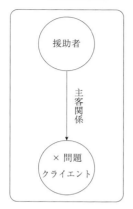

図4-1 個人モデルにおける援助関係

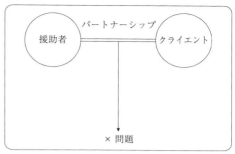

図4-2 環境モデルにおける援助関係

位置づけられている。そのため，援助関係は，援助者とクライエントとの二者関係だけに閉じてしまうのではなく，外に向かって開かれている。このことによって，援助者とクライエントとが対等な立場で「ともに」「一緒に」改善をめざすことも容易になる。

　もちろん，個人モデルであっても，援助者とクライエントとが協力しあって，ともに改善に向けた努力を重ねることはできる。だが，図4-1のように，クライエント本人に問題が帰属させられているため，どうしても，問題からの距離の差にもとづいて，援助関係が不均衡な関係に陥りがちなのであった。それにくらべると，図4-2のように，環境モデルでは，問題が援助関係の外に位置づけられているため，援助者とクライエントとの問題からの距離の差が縮小され，もちろんまったく等しくなるわけではないが，より協働的な関係性を結びやすくなっている。

　対等な関係として**パートナーシップ**をとらえることができるならば，環境モデルでは，問題状況からの距離を近似させることによって，パートナーシップを実現することが容易となる。問題状況の改善に向けた選択肢が豊富な場合には，クライエントの主体性や選択を尊重することもできる。逆にいえば，選択肢を増やしていく努力が援助者側に求められているということになる。援助者

による専門的な判断とクライエントの意向とを自由に交換しあい，両者がともに問題状況の改善を模索しながらも，クライエントが主導的に自分の生活イメージを描いていけるようなあり方が理想となる。

□ **基本的メッセージ**　個人モデルでは，否定的な問題状況がクライエント本人に直接帰属させられていたために，クライエント本人についての現状否定が基本的なメッセージとなっていた。それに対して，環境モデルでは，少なくとも，クライエント本人の現状を否定する必要がない。否定されるべきは，クライエントを取り巻く環境であって，改善に向けた努力や我慢をクライエント本人に強いる必要はない。

したがって，クライエント本人に対するメッセージとしては，「そのままでいい」「無理をしなくてもいい」「誰も責めないし，嘲笑もしない」といった現状肯定が中心となる。環境モデルでは，クライエントが自分を変えるべく「がんばる」必要はないのである。

たとえば，車イスを利用している人が電車に乗って出かけたいと思うのに，車イスでの利用ができない駅しかなかったという場合を想定すると，個人モデルにもとづく援助では，極論すると，改善すべきは本人に残された機能や能力だけであるから，実際にはありえないにせよ，手の力で電車までたどり着くことが要請されることになる。それに対して，環境モデルでは，本人は現状のままでかまわないとするのであって，車イスで利用できないような駅の構造（＝環境）を変えるべきだと考えるのである。

状況を否定的にとらえるまなざしが，個人モデルとは違って，クライエント本人ではなく，環境に向けられるため，本人の現状は受け入れられ，それはそれとしてありのままに認められて，肯定的なメッセージが本人に伝えられていくことになる。

□ **長所と短所**　環境モデルでは，援助にともなう否定的なまなざしが直接クライエントには向かず，環境の側に向けられるのであった。そのため，このモデルでの最大の長所は，クライエントを傷つけないことになる。クライエント自身に変わらなければならないといったプレッシャーを与えることがない。したがって，この援助モデルでは，クライエント本人について変わる見込みがなかったり，変えることが困難な場合にも対応することができることになる。

また，環境の改善に向けては，援助者とクライエントとがパートナーシップにもとづいてともに方策を検討することもできるし，選択肢が十分にあれば，クライエントの主体性も尊重され，意向を反映させることができるのであった。

　このように，環境モデルにもとづくと，何よりクライエントにとって優しい援助を提供することができる。だが，短所もまた少なくはない。

　まず，個人モデルとは異なり，環境が広範囲に及ぶため，どこに焦点をあてるべきかが不明瞭になりがちである。そのため，目標設定が困難であることも多い。また，目標を決める際に不可欠なクライエントの意向についても，本人自身が曖昧であったり，決めかねていたり，変更が繰り返されたりすることもあって，決定までに時間のかかることも多い。

　さらに，環境とは，そもそも他者と共有可能なものであるから，環境を変えることには，他者の利害が絡み，とりわけ家族や身近な人たちの意向と対立することも少なくない。たとえば，本人が退院や退所を強く希望していても，家族には受け入れる余地や余力がない場合などである。本人が望めば何でも実現できるわけではなく，利害の絡む他者たちとの調整に手間取ることが多い。

　このことは，視野を拡げれば，環境モデルが政治の問題ともつながっているということでもある。街のバリアを除去するためにかかる費用は，多くの場合税金でまかなわれるからである。あるいは，駅にエレベーターを設置すれば，いずれそのコストは，運賃にはね返ることになるかもしれない。

　物理的な環境を実際に変えようとすれば，住宅改造から街のバリアフリー化にいたるまで，経済的な負担が発生する。そのため，関係する人々の意向を調整するのにも時間や手間がかかることになる。個人モデルにくらべると，援助の効果も曖昧で効率もよくない場合が多く，援助者に徒労感や無力感をもたらす危険性も高くなる。クライエントにとっては，たしかに優しい援助モデルであるが，援助者にとっては，とても手間のかかるモデルである。だが，だからこそ手間を惜しむことなくクライエントをどれほど大切にするのかが問われているのである。

確認問題

- □ *Check 1* 個人モデルが発する基本的なメッセージの特徴を説明しなさい。
- □ *Check 2* 個人モデルと比較して，環境モデルの長所を説明しなさい。

unit ⑤

物語モデル
—— 「語り」に注目する援助モデル

援 助 課 題

物語モデルとは，図 3-1（→unit 3）の右上に位置する生活の物語的側面を援助対象に設定する援助モデルである。

「物語（ナラティブ）」とは，前にもふれたように（→unit 3），いくつかの出来事（エピソード）を「話の筋（プロット）」によって結びつける形式であって，ある出来事を別の出来事からの緩やかな因果関係で説明するものである。こうした物語を重視する立場は，ナラティブ・アプローチとも呼ばれているのだが，ここでは，個人モデルや環境モデル，あるいは，次にふれる文化モデル（→unit 6）とも並置するために，物語モデルと呼ぶことにする。

たとえば，ある学生が授業を休み，翌週，教員から「どうして先週休んだのか？」と問われて「体調がすぐれなかったから」と答えた場合，学生は，授業を休んだという出来事を体調不良という出来事によって理由づけ，説明しているわけである。この例は，非常に短期的で素朴な物語であるが，人は，自らの人生を振り返る際に，あるいは，今を解釈し，未来を展望する際にも，物語の形式を採用し，ただ単に脈絡のない出来事の羅列としての人生ではなく，「○○があったから，××になって，それによって，現在がこうなっており，だからこそ，おそらく将来的には，△△になるだろう」といった時間の流れとして物語化することによって，自らの人生を見通している。

さらにまた，人は，それぞれに「好き嫌い」を有するが，それらをたとえば「○○だから××が好き（あるいは嫌い）」「△△が好きだから□□を選ぶ（選ばない）」などのように，ある程度の因果関係にもとづく物語として表すことが

51

ある。そうした好き嫌いがものの見方や現実の受け取り方，生き方として原則化されていくと，価値観や世界観，ライフスタイルといった大きな枠組みとして構成されることにもなる。

このように，物語とは，過去から現在，そして未来にいたる時間の流れのなかで自分をとらえていくうえで，あるいはまた，自分独自の好き嫌いを原則化した枠組みを構築する際にも，必ず用いられる緩やかな因果関係を言語化したものなのである。

では，こうした物語的な側面を援助の対象とするということはどういうことなのだろうか。すなわち，物語がどのような状況におかれると，援助が必要となるのだろうか。

端的にいえば，現実をとらえる物語と，現実そのものとが乖離している場合ということになる。ただし，物語がその人の人生を表し，また，現実のとらえ方をも表すことから，それぞれに対応させて整理すると，具体的には2つの問題状況をあげることができる。

1つは，人生を形づくる物語が機能不全に陥った場合である。これについては，従来，**障害受容**（中途障害の場合）とか**自己受容**（震災や事故，家族との死別離別など）とも呼ばれてきた問題設定が含まれている。突発的で予想もしなかった出来事に直面して，これまでの物語の筋では，説明がまったくできなくなってしまった場合である。

たとえば，事故などによって，人生の半ばで突然障害を抱えることになった場合，医療による治療やリハビリ訓練を最大限に行って個人的な側面の維持回復をめざし，また，住宅の改築や年金の受給，ホームヘルプサービスの派遣などによって環境的な側面を整えていったとしても，なおかつ本人は，「どうしてこんなことになったのか」と問い続け，また，「これからどうすればいいのか」と問うてみるものの，しかし，その答え（理由・展望）を既存の物語が教えてくれることはないといった状況に投げ込まれてしまう。

ここでは，障害を抱えることになったという現実を受け入れたうえで，既存の物語を書き換えていくことが求められているのである。それは，絶望的ともいえるほどに困難な課題であって，だからこそ，そこには一定の援助が必要とされるのである。

また，もう1つの具体的な問題状況は，上述の「障害受容」や「自己受容」と同一の問題構造であって，結局は現実と物語との乖離といえるのだが，人生観や世界観といった枠組みが現実に合わなくなっている場合である。

これにはさまざまな場合があり，たとえば，「男は強くあるべき」という物語にもとづいていた男性が，自分の弱々しい面に目を向けずに，無理に虚勢を張り続けたりする場合，あるいは，「母親は自分を愛してくれている」という物語に必死でしがみつこうとして，たとえ虐待を受けても母を責めずに自分を責めてしまう場合などをあげることができる。

物語モデルが援助対象とするこれらの問題状況は，いずれも程度の差はあれ，人が生きている物語と現実とのズレを示しており，とりわけ障害受容のように，両者のズレが生活に支障をきたすほどになると援助が必要とされるのである。

物語論的転回の背景

物語モデルにおける援助関係のあり方を見ていく前に，物語への注目，あるいは，物語的側面を援助対象に設定するにいたる背景について確認しておきたい。

個人モデルや環境モデルにもとづく援助では，本人に帰属しているか他者と共有可能かの違いはあっても，いずれも第三者によって客観的に把握することのできる何かを援助の対象に設定していた。これに対して，物語モデルは，物語に注目することで，本人独自のとらえ方である主観性を視野に収めようとしているのであった。このように，援助対象を客観的に把握可能な何かから主観性へと移行させることを**物語論的転回**と呼ぶ。すなわち，援助の焦点を客観的な状況把握から1人ひとりの物語へと移すことである。

これによって，援助関係のあり方が劇的に変化するのであるが，その前に，では，こうした物語論的転回が行われる背景には，どういう事態があったのだろうか。

主観性とは，ここでは，本人独自の受け取り方をさしている。それは，たとえ同じものを見ても，人によって，あるいは，同じ人でも状況に応じて受け取り方が異なることを意味している。たとえば，刺身を見たときに，おいしそうだと思う人もいれば，気味が悪いと思う人もいる。また，同じ人でも，空腹時

と満腹時とでは受け取り方が異なるだろう。さらに，テストで80点をとってきたとき，すごいねとほめられたときの80点と，どうして100点とれないんだと怒られたときの80点とでは，まったく意味合いが違ってくる。すなわち，周囲の人の受け取り方に応じても変わってくるのである。

　ところが，客観性とは，誰が見ても，すなわち第三者が見ても，同じに見えることを前提として成立する。6畳の部屋というのは，たとえ，その部屋を狭いと思う人がいても，広いと思う人がいても，客観的には，そうした人それぞれの受け取り方とは別に，誰にとっても6畳という同じ広さであって，それ以上のものでもそれ以下のものでもないということになる。

　そのため，現実は客観的にとらえることができると考える立場からすれば，同一のものに対しては，誰がどのような状態で見ようとも，本来，同じように受け取られるはずであり，もし，それが違って受け取られるとすれば，それは，何かがまちがっているからだということになる。すなわち，1つのものに対する受け取り方は本来1つなのだというわけである。

　このとき，その「本来唯一であるはずの受け取り方」とは，「本当の」あるいは「正しい」受け取り方，すなわち，「正解」であり，ほかの受け取り方は，すべて「偽りの」「誤った」受け取り方にすぎないことになる。そして，現実に対するとらえ方に「正解」などというものが存在するとすれば，それ以外の受け取り方やとらえ方をする人は，誤りを正されることになる。すなわち，学校教育を例にとるまでもなく，正解は，それ以外のすべての受け取り方や意味づけをする人間に対してその変更を要求するのである。1＋1＝2のみが〇なのであって，1＋1＝1や1＋1＝10は，×として修正が求められるのである。

　このように客観性にもとづいて現実をとらえようとすれば，必ず誰が見ても同じに見える「正解」の存在が前提とされることになり，ひとたび正解が与えられると，正解以外の見方やとらえ方は変更を余儀なくされ，人は，正解に対して自分なりの受け取り方やとらえ方（主観性）を従属させなければならない。ここから，客観性にもとづく正解とは，人間に対して従属を強制する力，すなわち権力の別名だということがわかる。

　さらに，人は，客観性がもつ「従属を強制する力」を利用することができる。すなわち，自らを正解を知る者と位置づけることによって，知らない者たちを

従わせることができる。教師と生徒の関係のように、正解を知らぬ者（生徒）は、正解を知る者（教師）の言葉に従うよりほかにない。

このように、現実に対するとらえ方において、客観性を優位におけば、正解を知る者と知らぬ者との間に権力関係が成立する。古くは聖職者（神の言葉を知る者）と信徒の関係、その後は、科学者（科学的真理を知る者）と大衆、専門家（各領域の正解を知る者）と素人などである。そして、専門家のなかには、当然、専門的援助者も含まれることになる。客観性にもとづけば、専門家としての援助者は、クライエントに対して、自らを正解の近くに位置づけ、権力的な位置に立つことになる。

客観性は、正解を知る者と知らぬ者との間に、こうした権力関係を生みだす。こうした事態を是正しようとして、物語論的転回が唱えられるようになったのである。

援助関係

援助が対象とする問題状況を客観的にとらえようとすれば、その状況については、専門性を身につけた援助者のほうがよく知っていることになり、あまりわかっていないクライエントは、援助者の言葉に従うほかないことになる。ここには、たしかに権力関係が生じているのであるが、ただし、権力的であるからただちに避けるべきであるということはない。というのも、クライエントは、援助者に専門性を求めてもいるのであって、逆に、何も知らず、何もできない人のところへ援助を求めてくるわけもないからである。

問題なのは、こうした権力的な関係が固定してしまうかどうか、柔軟に変更できる道筋が確保されているかどうかなのである。そして、物語論的転回とは、まさに、客観性にもとづく権力関係を転倒させる道筋を提示するものなのである。

物語論的転回は、客観的であることを批判したり、正解の存在を否定するわけではない。ただ、クライエントのおかれている問題状況に対するクライエント独自の主観的なとらえ方に焦点を合わせて重視しようとしているだけなのである。たしかに、客観性を重視すれば、正解を知らないクライエントの語る物語は、あやふやで誤ったものとして軽視されることになる。しかし、各人が生

図 5-1 物語論的転回による主 - 従関係の逆転

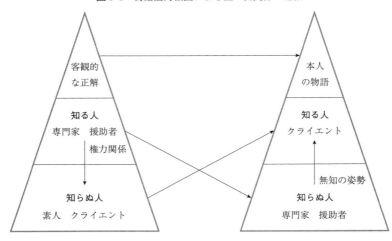

きている物語は，たとえそれがあやふやで混乱していても，その人にとっては何よりもかけがえのない大切な物語であって，それを正しい理論や正解などと称して他人が否定したり，無理矢理変えようとしたりするのはおかしいのではないかという反省が物語論的転回を呼び起こしたのであった。

物語論的転回によって，正解の追求が物語の尊重に取って代わられる。そのため，これまでの正解を知る者（援助者）- 知らぬ者（クライエント）の関係がまったく逆転し，物語を知る者（クライエント本人）- 聞かせてもらう者（援助者）という関係が生まれる。物語モデルにおいては，あくまでもクライエントの物語が尊重されるため，その物語の作者であるクライエントが主であり，聴く側に立つ援助者は，あくまでも従の立場に立たされることになる。すなわち，客観性にもとづく援助モデルでの主 - 従関係がここでは逆転するのである（図5-1）。

クライエントの物語を尊重することによって，クライエントに話を聞かせてもらうことを**無知の姿勢**（not-knowing position）と呼ぶ。もちろん，これは，援助者が何も知らないことを示しているのではない。"knowing" という言葉には，「知ったかぶりをする」「知らないくせに知っているように振る舞う」といったニュアンスが含まれているように，ただ知らない姿勢をとるのではなく，

> ### 重要ポイント
>
> **社会構成主義**
>
> 社会構成主義とは，個々人の物語（ナラティブ）が社会的に構成されているという考え方のことであり，本文で取り上げた物語論的転回を推進した思想の1つである。もともと物語をつくっている言葉や文法自体が，歴史社会的につくりあげられているものなので，特に目新しい考え方には見えないかもしれない。だが，あらためて物語が社会的に構成されるという特徴に焦点を合わせてみると，そこには，語り手を取り巻く対人関係の網の目で作動しているさまざまな力のあり方が浮かび上がってくる。
>
> 本文中でも例としてあげたが，たとえば，ある学生がゼミを休み，翌週，担当教員から「どうして先週休んだのか？」と問われて「体調がすぐれなかったから」と答えたとする。だが，同じゼミの友人に聞かれたときには，「実は，前の夜飲み過ぎて……」と答えるかもしれないし，また，違う友人には，半ば愚痴のように「あのゼミつまらないから」と話すかもしれない。
>
> つまり，この学生は，教員に受け入れてもらえる回答として体調不良を選び，友人にウケるのは，二日酔いやゼミ批判だと思ったのであって，ここには，体調不良と答えさせる教員からの社会的な圧力があり，二日酔いやゼミ批判をおもしろいと思ってくれる友人との親密な関係性があって，さまざまな物語を語りうるなかで，ある1つの物語を選ばせる力がその場その場で社会的あるいは対人関係的に働いているといえるのである。
>
> このように，社会構成主義において，物語とは，真空状態のなかで事実を明らかにするようなものではなく，常識や通念といった社会的な規範，あるいは，ある個人を取り巻く対人関係で働く微細な力関係などを背景にしながらその都度構成されるものと考えられている。だからこそ，もし，差別・抑圧的な物語が語られているとすれば，その背後で作動している社会的な自明性（偏見）をあらためて浮き彫りにし，その解体や書き換えを試みるべきであるとも考えるのである（→unit 6）。

知ったかぶりをやめること，すなわち，あらかじめ用意された何らかの理論でクライエントの物語をとらえたり言い換えたりするのではなく，クライエントの物語の独自性を最大限に尊重することなのである。

物語モデルにおいて，援助者は，あくまでもクライエント独自のとらえ方による主観的な物語を知らない地点から関係をつくっていく。したがって，「私は知らないのでもっと教えて下さい」という基本的メッセージを送ることによ

って，「教えてもらう立場」に立たなければならないのである。

　こうしたメッセージを伝えながら，物語の書き換えをどのように促していくのかといった過程については，のちに（→unit 7）あらためて取り上げることにして，物語モデルの長所と短所を確認しておきたい。

🔲 長所と短所

　そもそも，援助を受けることさえ，これまでの「自力で生活してきた自分」という物語の書き換えを要求するし，個人的側面の変化も環境の変化も最終的には物語の書き換えにつながるものである。すなわち，物語の書き換えが生じない援助などというものは存在しない。

　したがって，長所といえるかどうかは別として，少なくとも，物語的側面の変化を視野に収めることは，あらゆる援助活動に求められる基本的な視点であるということができる。この視点をおろそかにすれば，クライエントの主観性（意向や要望など）をないがしろにした援助者本位の援助になってしまう危険性も高くなるのであって，物語的側面をしっかり見据えながら援助活動を展開することが求められている。

　短所としては，実際的な問題として，まず，援助者の主導性が発揮されにくく，どのように物語が書き換えられていくのかを予想できないことも多い。また，一歩引き下がった立場（無知の姿勢）では，物語の書き換えに途方もなく時間がかかることも少なくない。そして，日本では，物語の書き換えだけが実際の援助場面で期待されていることは非常に少なく，個人的側面の維持回復や環境的側面の改善といった客観的な（誰にも見える）成果を追求する過程で，物語の書き換えが形のうえでは補助的に行われているのが実状なのである。

　さらに，もう1つには，あたりまえのことであるが，すべての現実が物語の形式に収まるわけではないということを忘れるわけにはいかない。言語的な能力に制限があるために語ることがむずかしいクライエントも少なくない。だが，それ以前に，もともと物語どころか言葉にすらならない何かが現実の基盤をつくりあげているのであって，誰であっても語ることのできない何か，本人でさえけっして言葉にできない何かが現実を支えているともいえる。いわば物語の「手前」にこそ広大な領域が語られぬままに存在しているのである。

そのため，逆説的ではあるが，物語モデルには，物語を聴きながら，にもかかわらず，語られたことだけがすべてではなく，物語に回収できない何かが存在しているということを見失わない姿勢が必要とされているのである。

確認問題
- □ *Check 1* 物語の書き換えが必要とされる状況について説明しなさい。
- □ *Check 2* 「無知の姿勢」とはどのようなことをいうのか説明しなさい。

unit **6**

文化モデル
——偏見・差別に抵抗する援助モデル

当事者運動の支援

援助課題　**文化モデル**とは，図 3-1（→unit 3）の左上に位置する生活の文化的側面を援助対象に設定する援助モデルである。

すなわち，ある社会や文化において，ある事柄がどのような物語でとらえられているのかということを明らかにし，その問題点を探ることから始まる援助である。社会的な物語とは，その社会のメンバーの多くが漠然とながら共通してもっているイメージを言語化したもので，常識とか通念などとも呼ばれている。

たとえば，「障害者とは，働いて自立することのできないかわいそうな人である」とか，「子どもは，老いた親の面倒をみるものである」などといった物語は，もちろん，時代や世代によって，あるいは，地域や性別などによっても受け取り方が大きく異なるのであるが，一定の社会や文化のなかで流通している物語の 1 つであるとはいえる。

こうした社会的な物語が援助対象として位置づけられるのは，社会で語られているある物語に対して，語られている当の本人たちが違和感や嫌悪感を覚えるときである。社会的に，たとえ「障害者とは，自立できないかわいそうな人」として語られているとしても，当の本人たちにとって，そうした物語は受け入れがたいものである。

語られている本人たちにとって受け入れがたい社会的な物語は，偏見と呼ばれ，また，偏見にもとづく差別も実際に起きている。そのため，文化モデルは，この unit 6 でのちほど見ていく啓発活動のように，偏見や差別の解消を直接

めざす援助活動であるとともに，異議申し立てを行う**当事者運動**（→unit 10）を支援する際に採用される援助モデルであり，社会的な物語や偏見を書き換えることをめざす活動全般を意味しているのである。

　□　**援助関係**　　社会的な物語とはいっても，社会なるものが語るわけではない。それは，1人ひとりの物語の共通項のようなものであり，もちろん個人差があって，お互い微妙にずれているのであるが，つまるところは，一定の社会のなかで，多くの人たちが受け入れている多数派の物語なのである。そのため，語られるときには，実際口にされるかどうかは別としても，「フツウは」「世間は」「一般には」といった言葉がかぶせられたり，「あたりまえの」「自明の」こととされている。

　したがって，社会的な物語は，まず，援助者自身によって語られているはずである。もともと，フツウの感覚は，援助者を含む多くの人々のなかにこそある。したがって，援助者は，まず，自分がどのような物語を「あたりまえ」「当然」と思っているのかということに気づかなければならない。そのうえで，語られている本人たちが自分についての物語をどのように受け取っているのかということを聞き取っていくことが必要になってくる。

　さらに，文化モデルが展開されるためには，「フツウの物語＝援助者の物語」と「クライエント本人の物語」との食い違いや落差を目の当たりにして，そこから，援助者がクライエントの物語を受け止め，クライエントと援助者とが物語を共有化するのでなければならない。たとえば，車イスを利用している人が電車やバスに乗れないのはおかしいといった物語を「私たち（クライエントと援助者）の物語」としてとらえなおし，足の不自由な人は家や施設にいればいいなどといった物語を不当なものとして位置づけていくことが必要になる。

　このように，文化モデルにおける援助者とクライエントは，物語を共有する関係を結び，かつ，不当な社会の物語に対して，ともに改善をめざしていく同志という立場をとる。援助者は，自分の物語を通じて社会的な物語の不当性に気づき，自分の物語が変化していく過程を自覚することになる。そして，クライエントの物語を受け入れ，かつて自分も語っていた「フツウの物語」の変容を求めていく。ここで援助者は，物語モデルと同様に，教えてもらう立場をとるのであるが，書き換えられるべきはクライエントの物語ではなく，あくまで

も社会的に流布している物語なのである。

□ **基本的メッセージ**　　文化モデルの基本的メッセージは，2つの方向に向けて発せられる。1つは，クライエントに対してであり，そこでのメッセージは，「あなたの物語をもっと語ってほしい」というものになる。先にもふれたように，文化モデルは，一般的なフツウの物語と語られる本人の物語との落差が露呈する地点から始められる。

ただし，フツウの物語は，あたりまえに広く語られているため，あえて耳を傾ける必要もないほどなのだが，逆に，語られる側（クライエント）の声は，あまりにも小さいことが多い。実際，社会的に弱い立場へと位置づけられてきた人々こそが語られる側に位置づけられ，そうした人たちの願いや思いを表明する声は片隅に追いやられることが多かった。そこで，文化モデルでは，語られる側の声を丹念に聞き取るために，まずは，本人たちに語ってもらうことを基本的なメッセージとしているのである。

また，援助者は，クライエント1人ひとりと向き合って，その語りに耳を傾けることだけでなく，クライエントが多くの人々の前で語ることのできる場を準備することも大きな役目として担っている。語りの場としての**セルフヘルプ・グループ**（→unit 10）への支援はもちろんのこと，当事者やクライエント本人を主役とする交流会やシンポジウム，講演会などの企画・運営に携わることも求められる。

そして，もう1つのメッセージは，社会に向けた対外的なものであり，一言でいえば，「本人たちの物語に耳を傾けてほしい」というメッセージである。もともと声の小さな当事者の物語を聞き取るだけでなく，それを「私たちの物語」として共有化し，さらには，そうした物語を整理して，適切な機会にその声を外に向けて少しでも拡げていくことが必要になる。すなわち，本人の声を聞き取るだけでなく，それを増幅し，広く社会に伝えていくことが使命として位置づけられているのである。

□ **長所と短所**　　文化モデルでは，クライエントの物語を最大限に尊重するため，クライエントを傷つけることがない。それどころか，援助者自身がクライエントの物語を受け入れて「私たちの物語」として位置づけるため，物語を1つにするという本来の意味での共感が可能になり，また，援助者自身が自

> **重要ポイント**
>
> **間接援助**
>
> 本書では，クライエント個人や家族，あるいは，小集団に対して働きかける直接援助活動しか取り上げられなかったのだが，社会福祉援助には，地域福祉や政策立案などにもかかわって，社会福祉を取り巻く条件の整備を行う援助活動，すなわち間接援助活動もまた含まれており，通常は，以下のように整理されている。
>
> ①地域援助：地域住民が自分たちの生活問題を自覚し，その解決や改善をはかろうとすることに対して，側面的に援助することであり，住民主体を基本原則として，住民自身が地域における社会資源の開発・利用・調整といった活動に参画していくことを推進する過程から成り立っている。
>
> ②社会福祉調査：実態把握にもとづいて，福祉ニーズを明らかにし，政策や制度の評価・策定に役立つ資料を収集することであり，アンケート調査はもちろんのこと，聞き取り調査や観察なども含めて，地域における生活状況を記述する。
>
> ③社会福祉運営管理：社会福祉施設や機関・団体などの運営管理をさし，具体的には，経理や人事といった組織構成を整備することや組織の目標設定およびその達成に向けた効率的な運営を行うことなどが含まれる。
>
> ④社会活動法：社会政策の改革，および，福祉サービスの開発や改善に向けた活動を支援することで，住民一般を組織化したり，当事者組織や専門職組織などを統合して活動を展開する。この unit 6 の啓発活動にも関係している。
>
> ⑤社会福祉計画法：国や自治体といった一定の範囲における集合的ニーズの把握にもとづいて，サービス供給体制の整備計画を立てていくことであり，広く地域住民の参画を促しながら地域福祉計画を作成していく過程が重視されている。

分の物語の変容を自覚することもできる。

ただし，社会的に自明視されているような物語は，偏見や差別も含めて，実際には，世代単位での非常に緩慢な変容しか見込めない。また，社会的な物語を書き換えていくための方法論がよくわかっているとはいえない。とはいえ，方法論の曖昧さは，一概に短所であるというわけでもない。というのも，もし社会的な物語の書き換えをスムーズに行う方法が明らかになれば，権力をもつ人々によって大衆操作が行われる危険性も高くなるからである。

いずれにしても，社会的な常識や偏見が一挙に書き換わるなどということは考えられないので，地道な活動が求められることになる。そこで次に，文化モ

デルの一例として，一般の人々を対象に，ものの見方やとらえ方，とりわけ偏見の解消を促す啓発活動を取り上げることにする。

🔲 啓 発 活 動

□ **啓発活動とは**　　啓発活動とは，辞書的にいうと，これまで知らなかったことに対して知識をもってもらうことをめざす活動であり，何らかの情報についての**広報活動**をその基盤としている。とはいえ，人が何かについて知っているとしても，その理解の仕方が偏っていたり，非常に狭いとらえ方になっている場合がある。そのため，啓発活動は，広報活動よりもさらに広い内容を含み，ただ情報を広く伝えるだけにとどまらず，その情報についてのとらえ方や理解の仕方を場合によっては修正したり，あるいは，もっと深めてもらうことをもめざしている。

　啓発活動には，まず第1に，あることについて，まったくあるいはほとんど知らない人に向けて，一定の知識や情報をわかりやすく提供する教育的な広報活動，また第2に，あることについて，一定の知識をもち，理解の仕方もとりわけ偏っているわけではないけれど，さらにその知識を拡げ，理解を深めてもらうために，その人の自己学習をサポートする活動，さらには第3に，あることについて，本人は知っていると思っているのだけれど，それが偏っていたり，間違っている場合に，それらを修正していく偏見の除去の3つの活動が含まれている。

　ただし，実際には，啓発的な活動がこれら3つのどれに分類されるのかを厳密に確定することは困難で，それぞれ少しずつあるいは大きく重なりあっている。たとえば，知識の提供が偏見の軽減につながり，また，偏見が除去されることによって，自己学習の意欲が増大することにもなるからである。3つの活動はそれぞれ相互に密接なつながりをもっているといえる。

　とはいえ，3つめにあげた偏見の除去こそが啓発活動の根本であると位置づけてよい。というのも，そもそも啓発活動とは，多くの人々が偏見をいだくような事柄に対してこそ行われるからであり，そういう意味では，広報活動や自己学習サポート活動も偏見の形成をあらかじめ防いだり，継続的に修正していく機会をつくりだす活動と位置づけなおすこともできる。

ちなみに，この啓発活動は，本章のテーマである個別援助の枠組みには必ずしも収まっておらず，従前より間接援助に分類されてきた**ソーシャル・アクション（社会活動法）**に近いといえる。だが，1つには，図3–1（→unit 3）で分類した文化的側面に焦点をあてた文化モデルの1つであること，またもう1つには，どういうメッセージや情報を広めていくべきかを検討する際には，当事者1人ひとりと関係性を深めながらじっくり話を聴くことも必要であり，その延長線上にこそ，聞き取られたメッセージを対外的に広める活動が位置づけられるので，本書では，個別援助の章に収めている。

□ **偏見と差別**　　啓発活動が目標としているのは，人々がいだく偏見である。偏見とは，これまた辞書的にいえば，偏った見方ということになるが，不当に単純化された見方をさしている。

そもそも，人間のもっている記憶量や情報処理能力は無限ではない。しかし，現実世界には，無限の情報が含まれている。そのため，人は，生きていくうえで必要な情報だけを選択的に処理することで，限界ある能力でも対応可能となるようさまざまな工夫をしている。そうした工夫のうちもっとも有力なのが，言葉を介して，似ているものをひとまとまりにしてしまう**カテゴリー化**である。すべての言葉はこのカテゴリー化の作用を担っている。たとえば，「リンゴ」という言葉は，赤くて光沢のある皮に包まれた球に近い形状の果物をさし，それにあてはまるモノはすべてリンゴというカテゴリーに入れられる。

カテゴリー化は，1つひとつの個物がもつ個別性を無視してひとまとまりにくくってしまうことであるから，個別性を単純化して隠す過程であるともいえる。さらに，一旦あるカテゴリーに入れられてしまえば，そこに属するものに対して，画一的にある属性を貼りつけることができる。たとえば，ある個人が有する特定の属性（たとえば障害があるなど）によって，その個人は，何らかのカテゴリー（「障害者」）にあてはめられ，そのカテゴリーにあてはまる人々の属性は，単純化されてしまう（「障害者とはかわいそうな人である」）。カテゴリーの属性が単純化されることで，個々人がもつ多彩で豊かな個別性が隠され，一面的で狭い見方，すなわち偏見が生みだされるのである。

そして，偏見による否定的なイメージにもとづいて，心理的なマイナス感情（たとえば嫌悪感）が生じたり，実際的な態度（たとえば忌避）がとられたり，あ

るいは具体的な行動（たとえば排除）が発生する場合は，差別と呼ばれること
になる。偏見は差別を引き起こす基盤であるといえる。

　差別を生みだす偏見は，たとえば，ほかの個性をまったく無視して障害を抱
えていることだけに焦点をあてるなど，非常に一面的な狭いとらえ方であり，
かつ，障害者とはかわいそうな人だといった一方的な決めつけのように硬直化
している。逆にいえば，偏見の除去・軽減をめざす啓発活動は，狭く硬直化し
たとらえ方を，まずは，幅広く多面的なとらえ方に，また，現実やほかの人々
の意見に応じて柔軟に変化するとらえ方に変えていくことなのである。

　□　**偏見の書き換え**　　偏見は，差別を生み，直接的に人々を傷つける。だ
が，偏見をなくすことは非常に困難である。というのも，1つの狭いとらえ方
に固執するほうが楽だからである。現実は無限であり，すべての情報を処理す
ることはできないのだが，できるだけ少ない情報にもとづいて，その処理方法
を決めておけば手間もかからない。

　そういう意味では，偏見とは，手間のかからない楽な見方であるともいえる。
もちろん，偏見によって狭い見方をしてしまえば，その分現実の豊かさを味わ
うことはできない。したがって，偏見を取り除けるかどうかは，偏見をもって
いる人が，その偏見によって隠されてしまう現実の豊かさのもつ魅力に気づく
ことができるかどうかにかかっている。

　だが，いずれにしても，ある人の偏見を別の人が無理矢理取り除くことはで
きない。それは，物語モデル（→unit 5）でもふれたように，ある人の物語を別
の人が書き換えることはできないのと同じである。偏見もまた，本人によって
変えられていくしかない。物語モデルと文化モデルの違いは，書き換わるべき
物語をクライエントがもっているのか，あるいは，クライエントを取り巻く周
囲の人々がもっているのかの違いである。

　クライエントを取り巻く人々のとらえ方（偏見）を変えていくために，まず
は，広報活動による情報提供があげられるのであるが，言葉を通じた概念的な
理解では，実感がともなわないという限界がある。それに対して，クライエン
トに接してもらって，カテゴリーの下に埋もれた個性的な姿を直接感じてもら
うことができれば，一面的で狭いとらえ方を捨て去る大きなきっかけとなる。
そのため，啓発活動では，クライエントと接触できる場としてのイベントを企

画・運営したり,ボランティア活動への参加を呼びかけることが重要なこととして位置づけられている。

　そして,おそらく,啓発活動が対象とする範囲は,このように,直接1人ひとりに接してもらえるような場を設定し,そこへの参加を呼びかけることまでである。あとは,直接ふれあった人たちが自らの経験をふまえて,これまでの見方やとらえ方を少しずつ変えていくのを期待するしかない。

　もちろん,本来であれば,伝えたいことや理解してもらいたいことは数多くあり,少なくとも,継続的なかかわりのなかで少しずつ学んでいってほしいとも,さらには,自分の体験から得られた言葉を身近な人々に発信してほしいとも願うのだが,しかし,いくら狭く硬いとらえ方であったとしても,他人が正論を振りかざして書き換えることはできない。啓発活動とは,もともと非常に禁欲的な活動にとどまらざるをえないのである。

　こうした啓発活動を含む文化モデルの援助は,厳選した最小限の情報やメッセージだけをじっくり時間をかけて繰り返し伝えながら,これまでの偏見に少しでも揺さぶりをかけていく地道な活動である。そこには,他人の物語を書き換えることなどできないという謙虚さの自覚と,しかし,だからといってあきらめたり投げだすわけにもいかないという粘り強さとが求められているのである。

確認問題

- [ ] *Check 1*　「常識」と「偏見」との違いについて説明しなさい。
- [ ] *Check 2*　「啓発活動」が禁欲的であるべき理由を説明しなさい。

unit 7

個別援助の展開過程
——個別援助はどのような流れで行われるのか

　ここでは，個別的な援助が実際どのように提供されていくのか，その過程を整理しておくことにする。ただし，先にも見てきたように，2軸で分けられた4側面のどこに焦点を合わせるのかによって，関係のあり方や基本的なメッセージなども異なってくるのであった。展開過程についても同様であり，そのためここでは，社会福祉援助の中心的な特徴を表している環境モデル（→unit 4）と，コミュニケーションの成立にともなって発生する物語モデル（→unit 5）とを取り上げる。

🔲 環境モデルの展開過程

　環境モデルとは，生活の環境的側面を援助対象とし，経済的（金銭的）資源をはじめ，各種サービスや制度などの社会的資源や家族や近隣関係者といった人的資源などを活用しながら，日常生活上で生じた問題状況を改善しようとするものであり，実際の社会福祉援助活動が中心的に採用している援助モデルである。

　その展開過程のフローチャート（流れ図）を作成してみると図 7–1 のようになる。

　このフローチャートでは，まず，開始段階から終結段階までを大きく 4 段階にまとめ，各段階ごとの共同作業として取り組まれる主要事項が示されている。また，援助過程が①から④へと直線的に進められるだけでなく，④のモニタリングによる評価結果によっては，再び①のアセスメントに戻り，再点検やフィードバックにもとづいて循環的に進行していくプロセスとして示されている。

図7-1 環境モデルにおける展開過程のフローチャート

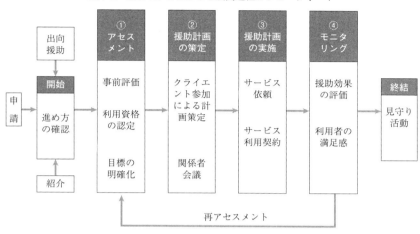

　この展開過程は、それぞれの状況に応じて個別に進めていくものなので、固定的にとらえてはならないのだが、展開していくうえでの主要な留意点を整理してみると、以下のようになる。

　□ **開始段階**　援助活動が開始される経路としては、3つの形態、すなわち「申請」（クライエントが自ら自発的に援助を求めてくる場合）、「紹介」（クライエントが他者から紹介または依頼されて援助を求めてくる場合）、「出向援助（**アウトリーチ**）」（ソーシャルワーカーのほうから出向いて積極的にクライエントに援助の手をさしのべていく場合）がある。

　とはいえ、最終的には、クライエントによるサービス利用の申し立てにもとづいて、社会福祉援助は開始される。クライエントの意向の尊重が出発点になっているのである。ただし、実際には、各種サービスに関する情報が行き渡っていなかったり、申請などの手続きが煩雑であったりすることも少なくない。そのため、情報提供や手続きの代行などによって、サービス利用を促進し、利用の過程を支援することが必要となる。

　申し立てを受け付ける際には、問題解決に向けた本人の姿勢や、主訴と要求などを確認すると同時に、援助活動を進めていくうえでのクライエントの権利、ワーカーの権限などをお互いに確認し、アセスメント以下の手順を行っていく

ことの同意を得ることになる。

□ **アセスメント（事前評価）**　アセスメントを行うことへの同意が得られたら，生活ニーズの評価を行う。アセスメント票については，各機関や施設などによって異なり，クライエント本人に関する生育歴や身体的・知的・精神的な機能や能力といった個人的な側面を中心に評価が行われる場合もあれば，家族構成や職業，収入や住宅状況といった生活環境的な側面についての情報収集が行われることもある。

このように，ニーズを客観的に把握するとともに，クライエントや家族による状況のとらえ方やサービス利用に対する意向にも配慮して，クライエントがおかれている状況や抱えている問題の個別化を進めていかなければならない。と同時に，マイナス面だけでなく，問題解決に向けて利用できる社会資源，クライエントの長所や能力，意欲などのプラス面についても確認しておくことが必要である。

また，社会福祉援助には，生活保護法や年金制度，介護保険法や障害者総合支援法，各種手当などさまざまな制度によってサービス利用の資格要件が定められているものも多い。年齢や所得に制限がかかっていたり，要介護度や障害程度区分といった心身の状態に応じて利用可能なサービスが異なることもある。そのため，アセスメントの段階で必要な情報を収集確認し，利用資格の要件に合致していることを認定することが必要となる。

そのうえで目標の明確化を行う。具体的にあげると，クライエントは確認された問題に対して，自分自身で短期的および長期的にどのように取り組んでいきたいと考えているのか，また，問題解決のために何が必要と考え，サービス提供機関に何を求めているか，もしくは期待しているか，さらには，援助者は，確認された問題に対して，どのような目標をもち，その実現のために，機関が何を提供できると考えているか，もしくは提供すべきであると考えているのかなどといったことを明らかにし，お互いに確認しあうのである。

□ **援助計画の策定**　利用資格が認定されれば，次に，実行可能な目標およびその実現に向けたサービス提供のプログラムについて，その内容や実施方法，期間などを含む**援助計画**の作成に取りかかる。その際には，サービスの提供によってもたらされると予想される成果や費用を明確にすることも重要であ

る。

　また，公的機関や民間サービスのみならず，近隣の人々やボランティアなどによるインフォーマルなサービスの活用も検討するが，他機関や施設などのかかわりが予想される場合には，可能な限り担当者に働きかけて，関係者会議を開催することが望ましい。関係者会議には，クライエント本人や家族の参加も積極的に推進し，最終的な計画の決定については本人や家族の意向を組み入れて，同意を得なければならない。

　さらに，援助計画は，一度作成すればそれですむものではない。ニーズの把握が不正確である場合や，状態やニーズそのものが変化することも少なくないので，一定の期間をおいて定期的に，あるいは，状態の変化に対応して，作成しなおすことが必要となる。

　□　**援助計画の実施**　　介護サービスをはじめとして，近年の福祉改革によって，サービス提供機関や事業所，さらにはサービスの内容や利用頻度などを，クライエントが自由に選択できるようになってきた。そのため，提供機関に関しては，パンフレットやウェブサイトなどの自己 PR だけでなく，これまでに利用した人々による評価をも蓄積して，クライエントの選択に役立つ情報の提供が求められるようになってきている。

　こうした情報を参照しながら，クライエントとともに援助提供機関を選択し，計画内容や提供機関について，クライエント本人や家族の同意が得られれば，提供機関にサービスの実施を依頼する。サービスの依頼には，クライエントがワーカーの支援を受けながら直接行う方法と，ワーカーが代行する場合とがある。いずれの場合にも，提供されるサービス内容を本人や家族がよく理解できるように説明することが必要であり，最終的には，クライエントの意向を尊重しながら，提供機関と利用契約を取り交わすことになる。

　□　**モニタリング（経過評価）**　　援助が開始されると，計画や契約どおりにサービスが提供されているかどうか，もしくは，何らかのトラブルが発生していないかどうか，あるいは，提供された援助が期待された効果をあげているのかどうかについての点検や評価が行われる。

　ただし，高齢者の日常生活動作の変化などを除くと，援助による直接的な効果を測定することは困難であり，また，児童や障害者など，短期間では効果を

確認することのできない分野領域も多い。そのため，クライエント本人がサービス提供に満足しているかどうかといった観点からの評価が重視されたり，あるいは，提供されている援助によって，生活の質がどの程度に保たれているのかということを客観的に評価することも必要となる。

なお，サービス開始後に利用者の状況が変化したり，新たにニーズが発生した場合には，再アセスメントのうえ，計画を修正して再度実施するといった柔軟な対応が必要となる。

□ **終結段階**　当初の課題が達成され，これ以上継続する必要がないと判断される場合には，クライエントの意向をふまえて終結となる。とはいえ，援助終結後も一定期間は見守り活動（アフターケア）を行うこと，また，得られた成果を維持していくために，必要に応じてフォローアップすることなどについて，クライエントの了承を得ておいたほうがよい。

実際の援助活動は，こうした展開過程に沿って短時間で応急対応的に進められる場合もあれば，クライエントが納得できるよう時間をかけて進められるなど，あくまでもクライエントや状況に応じて柔軟にペースを加減しつつ進められていくものである。

ただし，このフローチャートは，具体的なサービスを活用しながら環境的側面を改善していく過程にもとづいており，すべての個別援助にあてはまるというわけではない。そこで次に，物語に焦点をあてる物語モデルについても見ておくことにする。

🏠 物語モデルの展開過程

あらかじめ述べておくと，物語モデルの展開過程については，環境モデルとは異なり，こうすればこうなるといったフローチャートやマニュアルを明示することはできない。もちろん，書き換えに向けた方向性を示すことは可能だが，実際的な問題として，物語の書き換えをワーカーが主導的に進めていくことは困難で，どのように書き換わっていくのかは，多くの場合予想できない。そのため，書き換え支援については，「寄り添う」とか「立ち会う」などの控え目な表現を用いることが多い。

以下では，複数の出来事を緩やかな因果関係で結ぶ形式である物語が，なぜ

> ### コラム
>
> #### 「聞く」と「聴く」
>
> 「聞」の字は，門の中に耳が収まっている。門は，閉じてなかに隠すものを意味し，転じて，よくわからないことの意もある。そのため，「聞く」は，よくわからないことや門の向こうの隔たったことなどが耳に届いてくることを意味する。すなわち，何ら意図していなくても，向こうから音が勝手に耳に入ってきて，聞こえてしまうといったイメージである。実際，「聞こえる」といった受動性を含む動詞としても用いられる。
>
> それに対して，「聴」の字は，漢和辞典によると，耳偏に，「直」と同じく「まっすぐ」を意味する部分から成り立っており，まっすぐに耳を向けることが原意となる。そこから，まともに耳を向ける，耳を音のほうに傾ける，意識を集中して耳を澄ます，などといった能動的に音を感じ取ろうとする姿勢を強調する際に用いられる。したがって，面接場面などで，クライエントの語りに耳を傾ける場合は，「聴く」の字をあてたほうがよい。
>
> また，一生懸命に聴こうとすることを**傾聴**，さらには，積極的傾聴ともいう。積極的傾聴では，ただ聴くだけでなく，語られたことの裏にあるクライエントの気持ちや感情を無条件に受け止め，クライエントの立場に立ったとしたらどのように考えるだろうかと推察する共感的な理解が必要とされる。
>
> ちなみに，英語では，「聞く」が "hear" に，「聴く」が "listen" にあたる。"listen" は，意識を集中したりやめたりできるので進行形が可能であるが，動詞の "hear" を進行形にすることはできず，"hearing" は，名詞として聴覚や聞き取りを意味する。
>
> なお，冗談としてであるが，「聴」の字を分解すると，耳と十と四と心に分かれるようにも見える。そのため，「聴く」というのは，「十四（たくさん）の心で耳を傾けること」であるなどともいわれる。それぐらいに集中して聴こうする姿勢が伝わってこそ，クライエントは，その重い口を少しずつ開き，自らを語ってくれるのだといえる。

書き換わりりうるのかということについて，物語が抱える2つの特徴から説明する。

物語がもつ1つめの特徴は，**保守的整合性**である。物語とは，ある出来事と別の出来事とを緩やかな因果関係でつなぐものであったから，そこには，一定の整合性が成り立っている。つまり，矛盾することなく，何らかの筋立てに乗

って，その因果関係が多くの人にも納得のできるものであるような物語が望ましいということである。

もちろん，実際の生活や人生にはあまりにも多くの出来事が複雑に影響しあい絡みあっていて，そもそも単純な因果関係で説明することなどできない。しかし，何の説明もできないままに日々を過ごし，人生としての流れを実感することもまた，人にはできない。だからこそ，人は物語を必要とし，何とか整合性を保とうと努力する。

そのため，物語は，一度つくられると非常に変化しにくい保守性をもつ。障害受容をはじめとする問題状況で見たように（→unit 5），一度つくられた筋書きや整合性は，現実に合わなくなった場合でも，それ自体なかなか変化しようとはしない。しかも，ある人の物語は，一旦できてしまうと，ほかの人が別のものを押しつけたり，あるいは，無理矢理書き換えたりなどということができない。したがって，物語を書き換える援助は，けっして容易ではない。

だが，物語には，もう1つの特徴がある。それが**相互主体的構成**である。

物語とは，誰かが聞いてくれて初めて物語として成立する。「語る－聞く」という関係を思い浮かべると，どちらかといえば，語るほうが自由に主体的に語り，聞くほうは，受動的に聞かされているといったイメージが浮かびがちである。もちろん，そうした関係も少なくはないのだが，もう一方で，目の前に人がいるのに，その人がまったく話を聞いてくれていないとわかっていながら語り続けることは，ほとんど不可能である。すなわち，人は，聞いてくれる人がいると思うから語ることができるのであって，まったく聞く耳をもたない人に向かって語り続けることはできない。

つまり，「語る－聞く」の関係性においては，たしかに一方で，「能動的に語る主体」と「受動的に聞かされている客体」といった関係もあるのだが，もう一方には，「積極的に聞き取ってくれる主体」に応じて，ようやく重い口を開き「語りだす主体」も存在するのであって，そこでは，受動的な「聞く」が能動的・積極的な「聴く」姿勢になって，「聴く－語る」の関係性が成り立ち，「聴く主体」と「語る主体」との間で，物語が相互主体的に構成されているのである。

とはいえ，物語は，相互主体の間で，自由に構成されるわけではない。人は，

理解できるような物語しか聴き取れないし，聴き取れそうだと思う人の言葉しか聞かない。逆にいえば，人は，聴き取ってくれるような物語しか語れないし，聴き取ってくれそうだと思う人にしか語らないということでもある。そのため，語り手は，聴いてもらおうとする限り，聴き手の好みを敏感に読み取り，場合によっては，迎合的に語らざるをえない。

　したがって，本来ならば，聴く側には，聴くことの権力性についての十分な自覚が求められる。しかしそうした自覚にもとづいて，逆に，聴く側が十分に広い語りの空間を用意するのであれば，すなわち，思いつくままに自由に語ってもよく，何も非難されず，何も嘲笑されない語りの空間が用意されるのであれば，クライエント本人がこれまで語ることのなかった出来事にも着目し始める可能性が生まれる。

　そして，これまでの整合的な筋からはずれた出来事に本人が気づき，それを無視したり軽視するのではなく，しっかりと受け止めるのであれば，もともと物語は整合性を保とうとする傾向をもつため，既存の筋を変更し，あらためて気づいた出来事を組み込むような筋立てに書き換えなければならないことになる。整合性を保とうとするからこそ，一旦整合性が保てなくなれば，新たな整合性を模索せざるをえなくなるのである。

　物語モデルにおける書き換えは，展開過程というほどの明確な流れにはならないのだが，あらためて整理すると，物語は整合性を追求し，整合性が保てる場合には保守的になり，変化しようとはしない。だが，相互主体的な語りを繰り返すなかで，ひとたび既存の筋からはずれた出来事に本人が注目し受け入れ始めれば，整合性を追求するという本来の特徴により，これまでの筋は変更を余儀なくされ，物語の書き換えが促されるというわけである。

　物語モデルにおいて，援助者は，クライエントが既存の筋立てにとらわれることなく，これまで見過ごしてきた多くの出来事にも焦点をあてることができるように，可能な限り「語りの空間」を拡大するという役割を担っているのである。

確 認 問 題

- □ *Check 1*　アセスメントを行う際に留意すべきポイントについて説明しなさい。
- □ *Check 2*　物語の特徴の 1 つである「相互主体的構成」について説明しなさい。

文 献 案 内

- □ ロバーツ，R. W.／R. H. ニー編 [1985]『ソーシャル・ケースワークの理論 I 』（久保紘章訳）川島書店。
  unit 2 で紹介した診断主義（心理社会的アプローチ）をはじめ，機能主義的アプローチと問題解決的アプローチの特徴について，それぞれの第一人者が簡潔に説明している。
- □ 久保紘章・副田あけみ編 [2005]『ソーシャルワークの実践モデル』川島書店。
  心理社会的アプローチからナラティブ・アプローチにいたる 12 の実践モデルについて，それぞれの発展過程や問題理解の視点，介入技法や課題などが整理されている。
- □ ケンプ，S. P.／J. K. ウィタカー／E. M. トレーシー [2000]『人 − 環境のソーシャルワーク実践』（横山穰ほか訳）川島書店。
  「環境のなかの人間」という基本概念にもとづき，これまでとかく軽視されがちだった環境アセスメントと環境介入について，実践的な指針を提示している。
- □ 野口裕二 [2002]『物語としてのケア』医学書院。
  福祉にとどまらず幅広い分野で注目を集めているナラティブ（物語，語り）について，込み入った論点や意義を整理・紹介し，新たな専門性のあり方を提示している。
- □ 小松源助 [1993]『ソーシャルワーク理論の歴史と展開』川島書店。
- □ 小松源助 [2002]『ソーシャルワーク実践理論の基礎的研究』川島書店。
  どちらも，ソーシャルワーク理論に関する地道な研究を積み重ねた論文集。リッチモンドの最初の著作についての解説から，最新理論の動向紹介までもが含まれている。

KeyWords 2

- □ 個人モデル　42
- □ 医療（医学）モデル　42
- □ インフォームド・コンセント　43
- □ 環境モデル　46
- □ パートナーシップ　47
- □ 物語モデル　51
- □ 障害受容　52
- □ 自己受容　52
- □ 物語論的転回　53
- □ 無知の姿勢　56
- □ 文化モデル　60
- □ 当事者運動　61
- □ セルフヘルプ・グループ　62
- □ 広報活動　64
- □ ソーシャル・アクション（社会活動法）　65
- □ カテゴリー化　65
- □ アウトリーチ　69
- □ 援助計画　70
- □ 傾聴　73
- □ 保守的整合性　73
- □ 相互主体的構成　74

第 **3** 章

集 団 援 助

8　集団援助とは
9　集団援助の展開過程
10　セルフヘルプ・グループ

この章の位置づけ

　社会福祉の現場では，実際に，複数の利用者を同時に対象として援助を行う場合が少なくない。そのような場合に用いられる援助方法を総称して集団援助と呼んでいる。集団援助とは，複数の個人間に働く相互作用のダイナミックスを最大限に活用することによって，参加者（メンバー）の成長（自己実現）を援助していく過程である。個別援助では，援助関係が一対一の上下関係（タテの関係）になりがちであるのに対して，メンバー間の対等性（ヨコの関係）を最大の援助資源と位置づけているところに特徴がある。

　また，近年日本でも，共通の課題や困難を抱えた人たちで運営されるセルフヘルプ・グループによる活動が盛んになり，メンバー同士の相互支援活動を通じて，独自の考え方や思想が提起され，自己物語の書き換えや社会的な通念（障害者観など）への異議申し立てなども行われている。ここでは，そうしたグループの特徴を3点に絞り，自己変容をめざすグループと社会変容を求めるグループとの活動を紹介する。

この章で学ぶこと

unit 8　集団援助が対象とする集団の特性を「メンバー間の相互作用」「目的に応じた形成」「個別性の尊重」の3点に整理し，集団援助の意義を確認する。

unit 9　集団援助の展開過程を「準備期」「開始期」「作業期」「終結期」に区分し，それぞれの段階で援助者が検討・留意すべきポイントや集団に対してとる立場を整理する。

unit 10　セルフヘルプ・グループの特徴を「当事者性」「相互支援」「変容」の3点から検討し，アルコール依存症者のグループと全身性重度身体障害者のグループを紹介する。

Introduction 3

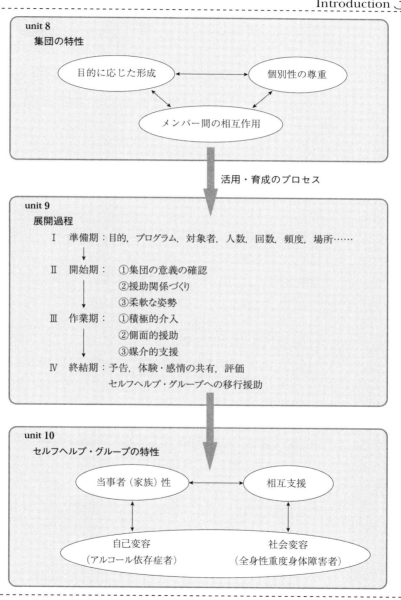

unit

8

集団援助とは
――集団を対象として行われる援助活動

▣ 集団の特性

　集団援助とは，社会福祉援助のなかでも，個人ではなく，ある集団を対象として活用される援助である。とはいえ，対象となるのは，どんな集団でもよいというわけではなく，一定の特性を備えている。そこで，まず最初に，集団援助が対象とする集団の特性を整理することから始める。

　□ **メンバー間の相互作用**　　たとえば，1つのバスに乗りあわせた乗客たちは，複数の人間から成り立っているが，集団援助の対象として想定されることはないし，集団と呼ばれることさえもない。なぜであろうか。

　というのも，集団とは，単なる人間の集まりではなく，そこに一定の相互作用が見られなければならないからである。したがって，たとえば，乗りあわせたバスがタイヤの1つを道路のくぼみにはめてしまったような場合に，乗客たちが力を合わせてバスを押すようなことになれば，乗客はバラバラの集まりではなく，力を合わせて1つの目標の達成をめざす集団ということになる。

　このことを別の言葉で表現すると，「集団とは，個人の加算的総和以上のものである」といえる。加算的総和とは，人々がバラバラにただ集められただけの状態をさしている。集団がそれ「以上のもの」であるということは，すなわち，バラバラの個人を集めただけでなく，集められた個人の間に何らかの相互作用が発生しており，それによって，集団でなければ出せない何かが生じているということを意味している。

　集団に属する個人をメンバーと呼ぶが，**メンバー間の相互作用**は，お互いに面識がある程度のものから，言葉を交わすことや意見交換をすること，相互学

習や相互援助，何らかの作業を一緒に行うことや役割分担を決めて活動をすることなど，感情的なレベルから行動的なレベルまで多岐にわたっている。

また，相互作用によって生みだされる集団特有の何かには，たとえば，ある集団に属しているという帰属感やそれにもとづく安心感，さらには，一体感というものもあり，それによって孤独感が解消されたり，居場所があるとか居心地がいいといった感じを得ることもあれば，あるいは，何かをみんなで協力してやり遂げたという達成感をメンバーに提供することなどもある。

このように，集団援助が対象とする集団では，まず第1に，メンバー間に何らかの相互作用が発生していなければならない。逆にいえば，当初は，個々バラバラに集められただけのメンバー間に，さまざまなレベルの相互作用を生みだしていくことが集団援助なのである。

　　□　**目的に応じた形成**　　以上では，まず，メンバー間に相互作用が見られることが，援助対象としての集団がもつ第1の特性であることを確認した。では，たとえば，友だちや仲間集団と呼ばれるものは，援助対象としての集団なのであろうか。

たしかに，仲間集団では，お互いに面識があり，おしゃべりをしたり，一緒に何かをして楽しんだりといった相互作用が必ず見られる。だが，単なる友だちの集まりや仲間集団は，集団援助の対象とは想定されていない。なぜであろうか。

援助の対象であるからには，援助によって，何らかの目的の実現がめざされていることになる。すなわち，援助対象としての集団は，何らかの目的に応じて形成されているのである。これが援助対象としての集団がもつ第2の特性であるといえる。

これに対して，友だちや仲間集団とは，何らかの目的に応じて形成されたのではなく，気の合うもの同士が自然と仲良くなり，一緒にすごす時間が多くなって集団化したものであるから，いわば，**自然発生的な集団**であるといえる。したがって，場合によっては，非常に濃密な相互作用が生じているとしても，集団援助が対象とする集団であるとはいえないことになる。

援助によって実現されるべき目的には，さまざまなものがあげられるし，また，目的に応じてプログラム（表8-1参照）などの活動内容も選択されること

表 8-1　集団援助のプログラム

レクリエーション	軽スポーツ（バドミントン・ソフトバレー・ダンスなど） 音楽（カラオケ・合唱・楽器演奏など） ゲーム（囲碁・将棋・トランプなど） 文芸（俳句・短歌・自分史など） 野外活動（ハイキング・キャンプ・スキーなど） その他（工芸・手芸・写真・絵画・生け花・茶道・パソコンなど）
話し合い	近況報告，スケジュール決め，テーマに沿った意見交換など
日常生活訓練	買い物，料理
社会参加・体験活動	各種施設・機関等の見学や利用，イベントへの参加，バザー，ボランティア活動など
年中行事	正月，ひな祭り，花見，節句，七夕，お盆，月見，紅葉狩り，運動会，文化祭，クリスマス，誕生日会など

になるのだが，そうした目的のなかには，逆に，仲間集団を形成することそのものも含まれる。つまり，友だちづくりや仲間集団の形成は，集団援助の目的となりうるものなのである。

　たとえば，今まで自宅にこもりがちで人づきあいの機会がほとんどなかった障害者や高齢者を集めて集団をつくっていくような場合には，まずは，その人たちが友人として親しくなれるようにし，先にもあげた集団への帰属感や居場所づくりをすることが当面の援助目標として設定される。

　このように，集団援助もまた，何らかの目的を実現するための援助活動に含まれているのであるから，その対象となる集団は，目的に応じて形成されるという特性をもっているのである。

　□　**個別性の尊重**　　援助技術の対象となる集団には，目的に応じて形成されるという特性があり，また，メンバー間には，何らかの相互作用が見られるのであった。

　とはいえ，たとえば，プロ野球のチームは，相手チームに勝つという明確な目的に応じて構成されており，また，選手の間にもチームプレイという相互作用が見られるのであるが，やはり，集団援助の対象として想定されることはない。なぜであろうか。

　集団援助といっても，もちろん，社会福祉援助のなかの1つに含まれている。そして，社会福祉援助は，最終的には，利用者個人，あるいは，援助対象とし

ての集団を構成しているメンバー個人に対して，その人の持てる能力を最大限に発揮してもらうこと，すなわち，各人が**自己実現**することをめざしている。

ところが，プロ野球のチームは，目的も相互作用も兼ね備えてはいるが，チームメンバーの自己実現をめざしているとは必ずしもいえない。もちろん，各選手が持てる力を最大限に発揮できる状態が望ましいのはたしかであるが，しかし，それも相手チームに勝つというチームの目的を達成するためなのである。つまり，プロ野球のチームでは，チームの勝利が各選手の自己実現に優先する。したがって，チームの目的のために，選手の自己実現を犠牲にすること（調子のよくない選手をメンバーからはずすなど）もありうるという冷酷さが認められている。

集団援助が対象とする集団においても，集団の形成を阻害したり，まとまりを乱したりするメンバーに対しては，何らかの働きかけが必要となるのはたしかである。しかし，プロ野球チームのように，集団の目的実現のために個人が犠牲にされることはない。すなわち，プロ野球チームでは，個人（選手）に対して全体（チーム）が優位におかれているのに対して，集団援助では，集団全体に対して個人が優位におかれているといえる。

社会福祉は，利用者各人の自己実現をめざしてそれぞれの個別性を最大限に尊重しようとする。集団援助もまた，この原則からはずれることはなく，メンバーの個別性を最大限に尊重し，1人ひとりが集団を活用しながら自己実現していけるよう援助していくことを目的としているのである。

このように，集団援助が対象とする集団では，全体に対してあくまでも各メンバーが優位におかれ，それぞれの個別性が尊重されているのである。

集団援助の意義

□ **集団援助の規定**　ここでは，先に，集団援助が対象とする集団の特性を3つに整理したのであった。1つめは，メンバー間に相互作用が見られること。2つめは，目的に応じて形成されること。3つめは，各メンバーの個別性が尊重されることであった。そこで，これらの特性をふまえて，集団援助をごく簡潔に規定してみると，次のようになる。

「集団援助とは，意図的に形成された集団を対象とし，メンバー間の相互作

用を活用しながら，各メンバーの自己実現をめざす過程である」。

定義と呼べるほど厳密なものではないが，「メンバー間の相互作用」「意図的に形成された集団」「自己実現」といった基本用語を入れ込んだ規定になっている。

□ **集団援助の独自性**　この規定のなかでも，援助が意図的であって，ある目的をもっていることや，その目的に応じて技法やプログラムなどが選択されること，さらには，最終的には援助対象者1人ひとりの自己実現がめざされていることなどは，前章で見てきた個別援助とも共通している点である。逆にいえば，メンバー間の相互作用を活用する点に集団援助の独自性があるということになる。

では，メンバー間の相互作用を活用することは，どのような機能を果たすのであろうか。

一対一の個別援助では，援助者と利用者との関係性に，程度の差はあれ，一定の不均衡が含まれる。援助者は，利用者に対して，専門的な知識や技能，あるいは，一定の権限をもっているからである。すなわち，援助者とクライエントとの関係では，とりわけ個人モデルにおいて（→unit 4），上下関係にも似た援助関係を見ることができる。

これに対して，メンバー同士は，ともに何らかの課題を抱え，援助の利用者として対等の立場に立っている。すなわち，援助者と利用者の一対一関係が**タテの関係**であるとすれば，メンバー同士は，対等な**ヨコの関係**であるといえる。そして，このヨコの関係による対等性こそは，個別援助がけっして取り込むことのできないものなのである。

逆にいえば，集団援助の独自性は，いかにヨコの関係を発生させ，活用するかにかかっている。そして，ヨコの関係において生じるのがメンバー間の相互作用と呼んできたものなのである。すなわち，集団援助は，メンバー同士の対等性にもとづく相互関係を生みだし，さらには，活用していくという機能を有しているのだといえる。

とはいえ，メンバー間の相互作用を活用する際には，いくつかの留意点も存在する。その1つは，メンバー間の相互作用については，援助者にとって思わぬ展開が起きることも多いということである。少なくとも，個人を対象とする

場合以上に，集団を援助者の意図に沿って制御することは格段に困難となる。また，メンバー間の相互作用は，必ずしもプラスのものばかりではなく，ライバル意識程度ならまだしも，感情的なしこりにもとづく嫌悪感や憎しみといったマイナスの作用が生じる場合もないわけではない。

集団を対象として援助活動を行う際に，尻込みをしてしまう人が少なくないのは，集団を制御することの困難さを多くの人が直感しているからであろう。しかし，このことは，逆にいえば，援助者が想定する以上にプラスの効果が発生することもあるということを意味している。

いずれにしても，援助者の思うとおりには必ずしもならないということが集団援助のむずかしさと醍醐味を形成しているといえる。

あるいはまた，現実的な問題として，メンバー間の相互作用があまり見られない集団援助というものも，実際には少なくない。

というのも，集団を援助対象とする場合，通常，援助者の数は，メンバーの数より少ない。集団の規模にもよるが，援助者の数は1人であることが多い。このことは，見方を変えると，少ない援助者で多くのメンバーに対応できるということを意味しており，そのため，援助者側のマンパワー不足という現実的な要請から，集団援助の名のもとで活動が行われることもけっして少なくはないのである。

だが，それは，個別援助を束ねたものにすぎず，本来の集団援助とはいえない。言葉を換えれば，集団援助が少ない人手で多くの利用者を管理するための手段となっているのである。したがって，たとえ，人手不足という現実的な事情によって集団援助が行われるとしても，可能な限りメンバー間の相互作用を生みだすように心がけることによって，集団援助のもつ独自性を最大限に活用しなければならないのである。

□ **集団援助の対象領域**　　前章で見てきたように，個別援助では，客観的に把握されるクライエントの「個人的側面」と「環境的側面」，および，主観的な「物語的側面」や「文化的側面」を対象として，それぞれに援助モデルを記述することが可能であった。別の言い方をすれば，個別援助は，すべての側面を包括的に対象として把握し，状況に応じて焦点づけを行っていたのである。

これに対して，集団援助では，メンバー間の相互作用を活用することが求め

> **重要ポイント**
>
> **特徴的な集団援助**
>
> 集団援助のなかでも，特徴的な技法について紹介しておこう。
>
> ● **SST**："Social Skills Training" の略で，**社会生活技能訓練**を意味する。社会生活技能とは，社会生活における対人状況のなかで，自分の目的を達成し，相手からよい反応を引きだす技能（たとえば，誘う－断る，頼む－応じるなど）をいう。そうした技能を身につけるために，グループのなかでロールプレイやモデリングなどを組み合わせたプログラムを実施する。対人関係を苦手とする精神障害者をメンバーとして行われることが多く，「入院生活技能訓練療法」として診療報酬にも組み込まれている。
>
> ● **回想法**：昔の事物（出来事・物品）を媒介にしながら，グループ内でメンバーの過去の記憶を引きだし，それらをお互いに語りあったり，感情の表出を促し，情緒の安定や活き活きとした感情の回復をめざすプログラムである。回想を促すテーマ例として，幼少期であれば，家庭生活（食卓風景，入浴，誰と寝ていたかなど），住んでいた家，土地柄，あそび，服装，おやつなどがあげられる。主として，認知症高齢者を対象として行われることの多いプログラムである。
>
> ● **サイコドラマ（心理劇）**：演劇形式を用いた集団療法。ただし，普通の演劇とは異なり，メンバーが自分の問題を解決するために自分で何らかの役柄を演じる。また，脚本がないため，ウォーミングアップを行ったうえで，場面や役割を設定し，即興的にその場で自分が抱えている困ったことや悩みを演じることになる。それによって，心理的な葛藤を整理して洞察を深めたり，これまで気がつかなかった自他の姿を客観視する手がかりになる。ほかのメンバーによって自分の姿を演じてもらう**鏡映法**，役割を交換して同じドラマを再現し，相互の立場を比較検討したり，相手の立場や考え方を自ら知る手がかりを得る**役割交換法**などがある。

られていた。すなわち，メンバー間の相互作用によって，何かに影響を及ぼし，改善をめざすことが集団援助なのである。そして，メンバー間の相互作用がもっとも影響を及ぼすのは，先の4つの側面でいえば，メンバー1人ひとりの「物語的側面」であり，それらの共通項としてつくりあげられていく独自の「文化的側面」である。

先にもふれたように，そこには，ある集団に属しているという帰属感や一体感，孤独感の解消や自分が受け入れられている感覚のようなものもあれば，何かをみんなで協力してやり遂げたという達成感なども含まれる。あるいは，意

見の食い違いから物事を多面的に見られるようになったり、自分らしさを実感することもある。

メンバー間の相互作用そのものは、直接的に個人的な側面に含まれる身体的な機能を向上させたり、環境的な側面に属する社会資源の充実を実現するわけではない。だが、集団援助によって、知らず知らずのうちに身体が動いていたり、身体的な機能回復訓練に取り組む意欲が高まったり、あるいは、社会資源の不十分さが共通に認識されたり、さらには、偏見や差別が浮き彫りになったりする可能性はある。集団援助は、直接的にはメンバー1人ひとりの物語に何らかの影響を及ぼし、それによって間接的に個人的側面や環境的側面の改善、文化的側面への注目につながりうるような機能を有しているのである。

確 認 問 題
- [ ] *Check 1* 援助対象となる集団がもつ3つの特徴を説明しなさい。
- [ ] *Check 2* 個別援助と比較して、集団援助の独自性を説明しなさい。

unit **9**

集団援助の展開過程
——集団援助はどのような流れで行われるのか

　集団援助の独自性は，ヨコの関係，すなわち，メンバー間の相互作用をいかに活用していくかということにある。とはいえ，集められたメンバー間にすぐさま有効な相互作用が発生するとは限らない。メンバー間の相互作用を生みだしていく過程は，素朴なイメージで描けば，点から線へ，線から円へ，円から球へといったものになる。

　つまり，初めはバラバラに集められたメンバー（点）であるが，メンバー同士が知り合うことによって少しずつ相互作用（線）が発生し，役割分担なども生まれて集団としてのまとまり（円）ができてくる。さらには，そこまでめざすかどうかは状況に応じてであるが，集団が自らの意向によって，（球が転がるように）動きだすようになれば，その集団は，援助者の手を離れていくことになり，集団援助の役目は終了する。

　では，こうした素朴なイメージを浮かべながら，集団援助の展開過程を見ていくことにしよう。

準 備 期

　準備期とは，最初の集まりをもつまでの期間をさす。すなわち，集団援助の企画を立てて，メンバーを集めるまでの準備期間である。あらかじめ検討すべき主な点は以下のとおりである。

　□ **目的とプログラム**　　まずは，いったい何のために集団を形成するのかという目的を明確にしなければならない。まず初めに目的ありきであることを忘れてはならない。そのうえで目的に応じてプログラムが選択される。言葉を用

いた意見のやりとりを中心とするもの，手だけを動かす軽いものから全身を用いる活動，一定の能力が必要な作業やどこかへ出かけていくことなど，前にも見たように（→unit 8〔表8-1〕），非常に多彩である。

□　**メンバーなど**　　メンバーもまた目的に応じて決まる。たとえば，仲間づくりを目的にするのであれば，新しい利用者や孤立しがちな人々が対象となるし，何らかの趣味的な活動を取り入れるのであれば，その活動に興味や関心をもつ人が対象となり，作業能力を高めるのであれば，あらかじめ一定の作業能力をもち，向上心のある人々が対象となる。

また，人数は，援助者の数や活動のスペース，道具や機材の数，プログラムの内容などによって現実的な制限を受けるため，状況に応じて，幅をもたせながら設定する。

さらに，呼びかけ方法も，援助者の側から積極的に呼びかけ勧誘する場合もあれば，あくまで広報だけして参加を待つ場合もある。

そのうえで，回数（4回など）・頻度（月1回など）・時間（1回2時間など）・場所（会議室など）を決めておく。

□　**個別化**　　参加メンバーが決まってくると，各メンバーについての情報（生活状況・人柄・ニーズ）を確認し，援助者間で共有して，**メンバーの個別化**を行う。また，集団援助では，メンバー1人ひとりだけでなく，**集団の個別化**を行うこともある。同様の趣旨でこれまでに集団援助を行ってきた場合などには，たとえば，今回の集団は女性が多いとか，年齢が低いといった集団の個別性を確認しておくことも必要となる。

このように，準備期においてあらかじめ検討すべき点は，けっして少なくはない。そして，準備の段階で十分に検討され，練り上げられるほどに効果的でスムーズな集団援助を行うことができるのである。

🔲 開 始 期

開始期とは，最初の集まりからグループとして動きだすまでの段階をさす。いわば，バラバラに集められた点（メンバー）の状態から，それらが線で結ばれていくこと（相互作用の発生）をめざす期間である。開始期に援助者が留意すべきことは，大きく3つに整理することができる。

□ **集団の意義の確認**　　新たに集団援助を開始するにあたっては，まず，メンバー1人ひとりが求めていることとこの集団の目的とが一致することを確認することから始めなければならない。すなわち，集団に参加することの動機づけを高める必要がある。というのも，誰しも未知の集団に参加するにあたっては，緊張や不安を覚え，居心地の悪さを感じるものだからである。

　そうしたマイナス感情を乗り越えてでも集団に参加してもらうためには，まず，参加してくれたことに対する最大限のねぎらいを行い，目的を明確化して集団の意義を確認するとともに，友好的で温かな雰囲気をつくり，命令や強制ではなく，自分の自発的な意志での参加であることを確認することなどが必要となる。

　□ **援助関係づくり**　　2つめには，バラバラに集められたメンバー間でいきなり相互作用をつくりだそうとする前に，援助者が各メンバーと援助関係をつくっていくことが求められる。具体的には，準備期におけるメンバーの個別化にもとづいて，各メンバーの抱える課題や目標などをメンバーと援助者との間で相互に確認しあい，グループ全体の目的に関連させながらも，それぞれのメンバーが自分の目標を自覚できるように援助していくことになる。

　□ **柔軟な姿勢**　　3つめには，準備期で検討し練り上げた当初の計画に対して，実際の全体的な雰囲気やメンバー各人の様子などに応じて，柔軟に修正や変更を加える姿勢が求められる。というのも，先にもふれたように，個別援助以上に集団援助においては，集団全体の雰囲気や相互作用の発生が援助者の予測を超えたり，制御することが容易ではない場合も少なくないからである。

　こうした集団の特性のために，準備期での十分な検討ももちろん必要なのであるが，実際の状況に対応していく柔軟さも必要とされる。とりわけ，開始期において素早く修正しておくと，問題を引きずることもなく後続をスムーズに展開することができる。そのためにも，上記にあげた目的の明確化や各メンバーとの援助関係づくりを丁寧に行うことを心がけ，集団全体と個々のメンバーについて把握することが必要となるのである。

　このように開始期に留意すべき点は大きく3つに整理できるのだが，いずれにしても，慣れない場に参加してきたメンバーの緊張や不安をやわらげることが重要であり，そのためには，必要に応じて，グループ内での言動や出来事に

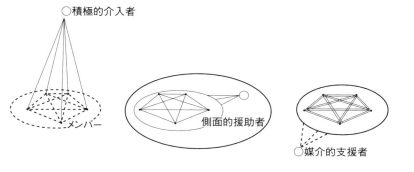

図9-1 援助者の3つの役割モデル

関するルールや秘密保持などについても確認しておくとよい。

作業期

　作業期は、目的の実現に向けて、メンバー間の相互作用を活性化し、集団としてのまとまりや働きを生みだしていく段階である。実際には、開始期と明確な線引きを行うことは困難で、開始期におけるなごやかな雰囲気づくりと並行して相互作用を生みだしていくことが必要となる。プログラム活動への参加をとおして、集団化が進展していくのであるが、それにともなって、各メンバーが集団内での自らの位置づけを意識し始めたり、さらには、気の合うメンバー同士でのサブグループなども形成されていく。

　また、この作業期では、グループ形成の際に選択された目的に応じて、援助者がとるべき役割が大きく異なってくる。その役割は、大きく分けるとおおよそ次の3つに整理することができる（図9-1）。

　□ **積極的介入者**　　これは、各メンバーにそれぞれ援助目標が設定されており、その目標に沿った望ましい変化を起こさせるためにグループを活用するといった、いわば治療的なグループにおいてとられることの多い役割である。この役割をとる援助者は、メンバー同士の相互作用を活用しながらも、集団化の進展やグループ全体の目標を達成することよりは、メンバー1人ひとりの個別的な目標を重視する点に特徴がある。いわば、集団を活用しながらも、各人への個別援助を重視する役割であるといえる。

□ **側面的援助者**　これは，積極的介入者と違って，自ら介入するというよりは，メンバー同士の相互作用をできるだけ損なわないよう気を配り，メンバーと一緒になって，ともに活動し，ともに経験し，ともに学びながらメンバーの目標達成を手助けしようとするものである。

各メンバーの個別目標を意識しながらも，集団全体の雰囲気をなごやかなものにして，メンバー同士の相互作用ができるだけ多く発生するようなプログラムを実施し，集団化の促進を重視する点に特徴がある。そのため，集団に対する指示やアドバイスを最小限にとどめながら，集団全体を見渡すように心がけ，とりわけプログラムについていけないメンバーや，サブグループに入れないで孤立しているメンバーなどへの見守りや側面的な援助を中心にしている。相互作用の活性化や集団化の促進を重視する役割として，集団援助の基本的な役割であるともいえる。

□ **媒介的支援者**　これは，側面的援助者がメンバーと一緒に活動していくのに対して，どちらかといえば，集団から一歩引いた立場をとり，可能な限り各メンバーや集団全体の自主性に任せようとする役割である。

開始期には，メンバー同士の相互作用を生みだすための媒介的役割（内部的媒介）を果たすこともあるが，作業期になると，情報を提供したり，外部の社会資源とメンバーとを媒介（外部的媒介）したりといった補助的な位置づけに自らを限定しようとすることに特徴がある。この役割は，作業期もかなり後期になって，あるいは，当初から集団的な活動能力が高くて活発な集団などにおいて，集団全体の自主性を伸ばす際に，非常に有効な役割であるといえる。

このように，援助者の役割としては，どちらかといえば上から積極的に介入していく役割（**積極的介入者**），メンバーと一緒に活動しながら全体を見渡していく役割（**側面的援助者**），一歩身を引いて集団の自主性に委ねながら必要に応じて最小限の補助を行う役割（**媒介的支援者**）といった3つに大きく整理することができる。

とはいえ，これらはいずれも抽象的なモデルにとどまっており，また，それぞれの役割を明示的に分けることも困難である。逆に，実際の援助場面では，集団の個性に応じて，あるいは，課題や問題などに応じて，3つの役割それぞれが必要とされることになる。

たとえば，集団化の進展過程にともなって，当初は積極的介入を中心としながらも，少しずつ側面的援助中心へ，さらに自主性が高まってくれば，媒介的支援へと力点を移行させていくことも必要となるし，場合によっては，もう一度積極的介入へと戻る必要が生じることもある。集団や状況に応じて柔軟に適切な役割をとっていく姿勢こそが援助者には求められているのである。

🔲 終 結 期

終結期とは，狭い意味では「意図的に形成された集団」の解散に向けての準備を行っていく段階をさすが，より広い意味では，集団自体は継続するものの援助者が交代するとか，ボランティアや実習生がやめていくとき，あるいは，メンバーの誰かが何らかの理由で抜けなければならないときなども含まれる。

終結を迎えるにあたっての課題は，大きく4つに整理することができるが，これらの課題は，集団全体の解散だけでなく，誰かが集団から抜ける際にも可能な限り行うことが望ましい。

□ **終結の予告** 予定回数がはっきりしていたり，目的の達成が明白である場合だけでなく，集団の維持が困難になった場合でも，突然終結するのではなく，終結を予告することが必要である。これなしには，以下の3つの課題を遂行することもできなくなるので，必ず前もって終結が近いことを知らせ，確認しあうことが不可欠となる。

□ **体験・感情の共有** 目的が達成されたかどうかにかかわらず，緊張と不安を抱えながら始まった集団への参加当初から終結にいたるまでには，メンバーそれぞれにさまざまな体験があり，いろいろな思いが浮かんでくるものである。充実した達成感や満足感もあれば，やり残した不全感や不満もあるかもしれない。いずれにしても，メンバー各人の振り返りと感想を一言ずつでも話してもらって，全員で共有する機会をもつことが重要であり，また，必ずその際には，援助者としてかかわってきたことの感想や気づいたことなどもメンバーに伝えることが大切である。

□ **評価** 体験・感情の共有に対して，目標達成という観点からより客観的に判断するのが評価であり，集団全体の目標から達成状況を見ていくと同時に，メンバー1人ひとりにとって，どういう意義があったのか，あるいは役に

立ったのかということを確認しておくことも必要となる。具体的な方法としては、援助者の観察にもとづく評価、メンバーからの口頭報告や質問紙への記入、何らかのテスト方式による測定などがあげられる。いずれにしても、援助者側からの評価とメンバーの（自己）評価との比較検討を行い、両者の間に大きな隔たりが見つかった場合には、話し合いによってお互いの評価をすりあわせていくことが必要になる。

また、援助者自身に対する自己評価を行い、反省点や効果的な援助であったと思われる点なども確認しておくことが求められる。こうした点検の努力を積み重ねることなしには、援助者としての成長を求めることは困難である。さらには、**スーパービジョン**を受けたり、事例検討会に事例を提供することでさまざまな角度から検討する機会をもつことも有意義である。

□ **移行への援助**　以上の評価をふまえて、メンバーそれぞれが別の集団へと移ったり、セルフヘルプ・グループ（→unit 10）のような新たな集団を形成したりすることが必要になる場合もある。メンバーが別の集団に移行する場合には、関係者との引き継ぎをできるだけ丁寧に行い、そのことをメンバーに伝えることで不安感を低減させることができる。

また、メンバーが自発的に新たな集団を形成する場合には、これまでの直接的な援助者としてではなく、間接的な支援者としていつでも相談にのったりできるということなどを確認しあっておくとよい。たとえ集団が解散することになっても、個別の援助関係そのものがなくなってしまうわけではないということを伝えることによって、別れのさみしさや新たな関係への不安をやわらげることができるのである。

確認問題

□ *Check 1*　「開始期」における3つの留意点について説明しなさい。
□ *Check 2*　作業期において援助者がとる3つの役割それぞれの特徴を整理しなさい。

> **重要ポイント**

スーパービジョン

　社会福祉分野に限らず，対人援助の場面では，型どおりに展開することはなく，個々の状況に応じた瞬時の判断にもとづく対応が求められる。そうした個別的な援助実践の積み重ねを振り返りながら専門性の向上をはかるための教育方法がスーパービジョンである。

　スーパービジョンとは，スーパーバイザー（スーパービジョンを行う人）がスーパーバイジー（スーパービジョンを受ける人）のもつ能力を最大限に生かして，よりよい援助実践ができるように指導・支援する過程のことである。スーパーバイザーは経験豊富な熟練した職場内外の援助者が担当し，比較的経験の浅い援助者がスーパーバイジーとしてスーパービジョンを受けるという構図が一般的である。

　スーパービジョンには，大きく分けると３つの主要な機能がある。１つめは，管理的機能であり，スーパーバイジーの能力を把握し，それに見合う業務を担当させるなかで成長をはかれるように管理することをいう。２つめは，教育的機能であり，すでに獲得している知識・技術の活用を促す方法を示唆したり，不足している知識を指摘し課題を示すことなどが行われる。３つめは，支持的機能であり，カウンセリングを行うようにスーパーバイジーの混乱や不安な気持ちなどを受け止め，あるいは，実際の対応に共感的な理解を示しながら，職務に取り組む意欲を支えることである。もちろん，これらの機能を明確に区別することはできないのだが，どこに重点をおくのかを意識することは必要である。

　また，スーパービジョンの方法としては，スーパーバイザーとスーパーバイジーとが一対一で行う個人スーパービジョン，１人のスーパーバイザーに対して複数のスーパーバイジーで行うグループ・スーパービジョン，複数のスーパーバイジー同士で行うピア・スーパービジョンなどがある。なお，たとえば，社会福祉専門職が経験豊かな医師や弁護士などの他職種の専門家に相談し，指導を受けることは，**コンサルテーション**と呼ばれている。

unit 10

セルフヘルプ・グループ
——当事者主体で運営されているグループ

セルフヘルプ・グループとは

　集団援助では，援助者の存在が前提とされていた。とはいえ，援助者の役割は，先に見たように（→unit 9〔図 9-1〕），けっして一義的に固定されているわけではなく，積極的に介入する役割から，メンバーの自主性を最大限に引きだそうとする立場もあった。それに対して，ここで取り上げるセルフヘルプ・グループ（Self-help Group：以下では SHG と記す）は，援助者の存在を前提とすることなく，当事者主体に運営・維持されている小集団である。

　SHG と呼ばれる小集団は，現実には，その目的や課題，規模や活動内容，設立経過や専門職との関係など，グループを特色づけるあらゆる側面において多彩な様相を呈しており，その種類は 500 種を超えているとされている。また，その数も，北米では 100 万グループを超え，メンバーは，少なくとも 1500 万人以上と見積もられている。

　このような状況下では，SHG の名のもとでその定義や機能を包括的に問うこと自体が無意味になってしまうほどであるが，後段の議論の前提として，ここでは次のような仮の規定から始めることにする。すなわち，SHG とは，「共通の問題や課題を抱えた当事者や家族によって（自発的に）形成され，メンバー同士の対面的な相互支援にもとづいて，自己や社会の変容をめざす小集団である」。

　ここには，SHG の条件として，「当事者（家族）」「相互支援」「変容」の 3 つがあげられている。以下では，それぞれの意味するところについて見ていく。

当事者性

SHG としての第 1 の条件は，共通の問題や課題を抱えた本人や家族といった**当事者**によって構成されていることである。

当事者とは，字の示すとおりに「事に当たる者」をさしている。社会福祉の分野では，「事」を何らかの生活上の困難さと規定しているため，当事者といえば，まず第 1 に，生活上の困難さを抱える本人をさす。また，生活というものが家族によって営まれるものであることをも考慮して，本人だけではなく，本人を直接支えている家族も当事者であると考えるのが一般的である。だが，それだけでは当事者イコール本人や家族ということになってしまい，当事者という言葉のもつニュアンスが十分に生かされているとはいえない。

たとえば，「利用者（ユーザー）」という言葉は，医療や福祉のサービスを利用していることをさしているが，それだけではなく，利用する側が主体的に選択し，能動的に利用しているというニュアンスが込められている。当事者の場合も同様であって，そこには，「事に当たる」という原義や「当事者運動」とか「当事者組織」といった使い方からもわかるように，生活上の困難を抱えているといった客観的な状況だけでなく，そうした状況の自覚および，その改善に向けての積極的な姿勢などが含まれている。

すなわち，広義には，生活上の問題を抱えていることがイコール当事者なのであるが，狭義には，そうした困難さを自覚して，その改善を自ら社会的に求めていこうとする積極的な姿勢をもっている人をさしていると考えたほうが当事者性をより明確化することができる。

また，生活上の問題として，具体的にメンバーの抱えている問題領域のほんの一部をあげると，

①身体的な疾患および障害（腎臓病，ガン，身体障害）

②精神的な疾患および障害（神経症，統合失調症）

③嗜癖（アルコール・薬物依存症，摂食障害）

④家族（肢体不自由児や知的障害児・者，認知症高齢者や精神障害者）

⑤暴力行為（DV）の被害者および加害者（児童虐待，老人虐待）

⑥人生の危機的変化（配偶者との離別，子どもを失うこと）

などがある。こうした問題の列挙は，先にもふれたように，何百にまで展開さ

せることができるが，いずれにしても，SHG の第 1 条件は，自らの生活問題を自覚して，何らかの解決に向けての積極的・主体的・能動的な姿勢をもっている当事者によって成り立っていることなのである。

相互支援

SHG は，何らかの共通する課題や問題を抱えている当事者によって形成されている。この特徴によって，SHG は，メンバー間で対面的な相互支援が生じやすくなる環境をつくりだしている。というのも，通常，専門職による援助では，援助する側と援助される側が固定されており，援助は一方向的に行われるのだが，SHG では，共通の問題を抱えるメンバーの対等性にもとづいて，メンバー間で援助する側とされる側との入れ替わりが生じ，援助する－される関係が双方向的あるいは多方向的，すなわち相互的なものになっているからである。そのため，SHG は，別名**相互支援グループ**とも呼ばれている。

ところで，一般的にいって，援助関係とは，援助者が何かを与え，クライエントが何かを受け取る関係と思われがちである。だが，たとえば，席をゆずることで何となく気分がよくなったりすることがあるように，援助者もまた，けっして与えるだけではなく，何かを受け取っているのではないかと考えることができる。すなわち，援助者には，援助を提供することと引き換えに得られる何らかの利得が存在するのではないかということである。そして，この援助者利得に注目し，その存在を明確に指摘したのが**ヘルパー－セラピー原則**であった。

この原則は，「援助をする人がもっとも援助を受ける」などとも表現されているが，その意味するところは，援助者役割をとることで何らかの利得を享受することができるということである。そして，その利得とは，端的にいえば，自尊心の向上であるといえる。というのも，もともと援助について，暗黙の価値規範として，「他人を助けることは善いことである」と多くの人が思っている。そのため，援助する側は，他人に援助できる自分は善い人に違いないという自己認知をもつことができ，それにもとづいて自尊心を向上させたり，あるいはまた，他人の役に立てるという自己有用感や自己の存在価値感を高めることができるからである。

また，このように援助者役割をとることによって自尊心が高まるとすれば，逆に，クライエントに位置づけられることは，自分は無力であるという感情を引き起こし，自尊心を傷つけることにもなる。しかし，専門職との関係では援助される側にだけおかれるクライエントも，別の関係性において援助者の立場をとることができれば，そこで得られる援助者利得によって傷ついた自尊心を多少なりとも癒すことができる。

　そして，SHG 内では，メンバー間の相互支援，すなわち，「相互的な援助関係」が発生しやすくなっているのであった。したがって，SHG とは，援助者利得を各メンバーに配分し，ヘルパー‐セラピー原則を最大限活用するような場の 1 つとして位置づけることができるのである。

変容をめざす過程

□ **物語の書き換え**　　SHG では，メンバーがそれぞれ共通する問題を抱えている。したがって，SHG のメンバーになることによって，それまで自分 1 人が問題を抱えて苦しんでいるかのように思っていた段階から，この問題を抱えているのは自分だけではないと思える段階へと移行し，メンバー同士の間には，問題を共有する者同士の**われわれ意識**が生まれてくる。

　また，ある問題を抱えながらも，SHG という小集団のもとに集まるようになったのは，そもそもその問題が既存のシステム，すなわち，専門職や技法，機関や施設，制度や政策などによっては改善されないからである。たとえば，ある専門職がこの問題を解決し，あるいは，ある制度によって手厚く保護されるのであれば，わざわざ問題を抱えた者同士が集まる必要はない。すなわち，SHG を必要とする問題群とは，既存の技法や制度では十分な対処ができないものなのである。

　ということは，SHG とは，メンバー 1 人ひとりが，そうした問題を受け入れながら，あるいは，そこまでいたらなくても，せめて折り合いをつけながら生きていくことを模索する場でもあるということになる。したがって，そこは，自分についての「物語」が少しずつ，場合によっては，大きく書き換えられる場であるともいえる。少なくとも，自分が抱えている問題を前に，「自分 1 人が苦しんでいる」という物語から，「苦しいのは自分だけではない」という物

> **コラム**
>
> ### ヘルパー‐セラピー原則と援助嗜癖
>
> ヘルパー‐セラピー原則は，SHG の研究者であるリースマン（F. Riessman）が 1965 年に命名したもので，援助が行われる際に，援助を受けている人よりも援助する人が援助されるという逆説的な事態をさし，SHG の特徴の 1 つとして取り上げられた。
>
> だが，それにとどまらず，援助をすることによって得られる援助者利得のもつ魅力には驚くべきものがあり，とりわけ，もともと自尊的な感覚が低下しているような人にとって，これらの利得は生きるうえでのエネルギーにさえなりうるものである。
>
> そのため，援助者利得は，対人援助を職業として知らず知らずのうちに選択する理由ともなり，もともと自尊的な感情が低い場合には，援助者としての自分に憧れ，援助者利得にとりつかれてしまう傾向が強くなる。
>
> こうした事情を背景として問題にされているのが**援助嗜癖**や**バーンアウト**（燃え尽き症候群）である。嗜癖とは，もともと悪しき習慣のことであるが，転じて「～せずにはいられない」依存状態のことをいう。したがって，援助嗜癖とは，自らの生活を投げ打ってまで他人を援助せずにはいられないことであり，その結果，過剰な援助に自ら燃え尽きてしまうのがバーンアウトと呼ばれる状態である。
>
> これらはいずれも，ヘルパー‐セラピー原則がその所在を明示した，援助者利得がもつ悪魔的ともいえる魅力を浮き彫りにしたものであり，人は誰でも，他人に必要とされることによって，自分を保とうとしてしまう傾向があることを示している。
>
> もちろん，援助者利得が悪いわけではない。それは，援助職の醍醐味なのであって，ボランティア活動に参加し，利用者の方から手を握ってお礼をいわれたことを一生の思い出としている人々も少なくはない。だが，だからこそ，援助者利得を大切にしながらも，けっして自分を見失わないように心がけること，いわゆる自己覚知が必要とされるのである。

語への書き換えが生じており，さらには，「問題を解決するにはどうすればいいのか」という問いが，「問題を抱えながら生きるにはどうすればいいのか」といった問いへと転換することもある。

そして，問題を抱えながらも生きていくために必要とされることをめぐって，SHG は大きく 2 つの方向性をめざしていくことになる（図10–1）。1 つは，自分自身をあるいは自分の生き方を変えようとする，すなわち自己変容を志向す

図 10-1　SHG の 2 つの方向性

● 問題の共有化（「私だけではない」→「われわれ意識」）
　　　↓
● 問題の社会的位置づけ（既存のシステムでは満たされない問題がある）

● 既存のシステムに対する態度決定

　　　├──①システムの責任ではなく，自分たちが悪い→自己変容（AA など）

　　　└──②自分たちの責任ではなく，システムが悪い→社会変容をめざす
　　　　　　　　　　　　　　　　　　　　　　　　　　　　　　（自立生活運動など）

る SHG である。代表的なものとしては，アルコール依存症を抱えた人たちの SHG である**アルコホーリクス・アノニマス**がある。また，もう 1 つは，自分自身の変容もふまえながらも，ほかの人々の意識やとらえ方の変容をめざす SHG である。代表的なものとしては，重度の全身性身体障害を抱えた人たちによる**自立生活運動**（→unit 23）をあげることができる。以下では，それぞれについての概略を整理しておく。

　□　**アルコホーリクス・アノニマス**　　アルコホーリクス・アノニマス（以下 AA と記す）とは，「無名のアルコール依存症者たち」という意味であり，アルコール依存症者たちが集まってお互いに匿名でミーティングを開いている SHG である。1935 年にアメリカで誕生し，現在では，全世界 150 カ国以上で計 10 万を超えるグループが活動しており，メンバーは 200 万人以上を数えるにいたっている。数ある SHG のなかでも，もっとも古く，もっとも広く，もっとも多くのメンバーを集めるグループである。

　日本では，1950 年代から在日米軍人らによるミーティングが開催されていたが，日本人を対象とした AA は 1975 年にアメリカ人の神父によって開始されている。AA のメンバーになる条件は，飲酒をやめたいという願いをもつことだけであり，会費もなく献金で運営されており，匿名のために会員名簿も存在しない。いかなる宗教・宗派・政党・組織からも自立しており，どのような論争や運動にも参加することがない。

その活動は，各地でミーティングを開催することに尽きる。ミーティングは，黙想に始まり，ハンドブックを読み，司会者が設定したテーマについて，ただただ自分の経験を語っていく。ミーティングの基本原則は「言い放し，聞き放し」であり，評価も質問も議論もいっさい行われない。ほかのメンバーの語りに耳を傾け，自分を見つめて語ることを繰り返すことによって，アルコール依存症者である自分を受け入れ，生き方を変えることで，アルコール依存症からの回復がめざされている。

また，AA には，アルコール依存症からの回復，あるいは，成長のための案内として，「12 ステップ」と呼ばれるものが用いられている。ステップ1は，「私たちはアルコールに対し無力であり，思い通りに生きていけなくなっていたことを認めた」という認知のステップであるが，アルコールをコントロールすることに対する無力さを自覚し，自分が病気であると認めることから始まっている。

こうした無力さをもたらすものとしては，ほかにも薬物やギャンブルなどがあり，摂食障害なども含めて，匿名のメンバーによる SHG が存在する。これらの問題は，いずれも自分自身の生き方の問題としてとらえられており，ミーティングで自分を語りながら，自己を変容させていくことがめざされているのである。

　□　**自立生活運動**　　自立生活運動とは，脳性マヒや筋ジストロフィー，脊椎頸椎損傷といった常時介護を必要とする重度の全身性身体障害者の人々が，地域で家族にも頼らずに生活を営めるようにすることを目的として，自分たちで具体的なサービスを提供し，また制度的な改革を求めていく社会的な運動である。

1960 年代にカリフォルニア州立大学に四肢マヒの学生が入学し，構内で生活を始めた。その後，州の公認プログラムによって学内での生活がサポートされていたが，キャンパス外の地域からの通学もサポートされるようになり，1972 年，学生を対象に限定しない**自立生活センター**がバークレーに開設した。1978 年，法的に位置づけられ，翌年から助成金が交付されるようになった。

日本では，アメリカでのリーダーたち7名が 1983 年に招かれて全国6都市で研修会を行い，その後，民間の補助金を受けて実際にアメリカへ行って自立

生活センターで研修を受けた日本の障害者が，帰国後各地で自立生活センターをつくり始めた。1991年には，15団体によって全国自立生活センター協議会が結成され，現在，その規模はさまざまだが，全国に約120カ所のセンターが開設されている。

　通常，自立とは，身の回りのことを自分で行う身辺自立や自分で生活費を稼ぐ経済的自立を意味するが，自立をそうした意味に限定してしまうと，重度の全身性障害者たちは，自立を果たすことができないことになる。そのため，自立生活運動では，自立概念の変更を求め，自立を自己決定の行使としてとらえなおそうとしている。すなわち，自立生活とは，どんなに重度の障害があっても，その人生において自ら決定することを最大限尊重されることであり，決定したことに責任を負える人生の主体者として，**危険を冒す権利**を認められることを意味する（→unit 23）。

　こうした自立概念の変更は，非常に画期的なことであり，福祉理念に大きな影響を及ぼした。だが同時に，自立生活運動は，理念変更だけでなく，実際に自立生活ができる障害者を1人でも増やしていく社会的な活動であり，そのために，自立生活センターでは，次のような具体的サービスが提供されている。①住宅（アパート）探しに同行したり，住宅改修の相談に応じたり，家主とのトラブル解消を支援する「住宅サービス」。②利用者と介助者を会員登録し，両者をつなぐ「介助サービス」。③健康管理や介助者とのつきあい方などをロールプレイなどで身につけて介助場面での問題解決をめざす**自立生活技能プログラム**。④障害を抱えているなどの体験を共有する者同士による**ピア・カウンセリング**の実施とピア・カウンセラーの養成。

　AAでは，メンバーの抱えているアルコール依存症という問題は，生き方の問題ととらえられ，ほかのメンバーをとおして自分と向き合い，自分を変えていこうとしていた。それに対して，自立生活運動では，常時介助を必要とするという現実があり，ほかの人々を介助者として巻き込まざるをえない。そうした現実のなかで，いかに自らの主体性を確保していくかという前提から，自己決定の行使が自立概念の中核にすえられたのであった。

　また，重度の障害を改善することは不可能であるという現実にも向き合わなければならない。だからこそ，AAのように自分を変えるのではなく，障害を

抱え，常時介護を受けながらでも地域で生活ができるようなシステムや制度を創っていくこと，すなわち，社会を変えていくことが必要なのである。

確認問題

- ☐ *Check 1* 「ヘルパー－セラピー原則」とは何か，説明しなさい。
- ☐ *Check 2* 自立生活運動における自立概念の変更について説明しなさい。

文献案内

- ☐ トーズランド，R. W.／R. F. ライバス［2003］『グループワーク入門』（野村豊子ほか監訳）中央法規出版。
  メンバーの個別ニーズを満たす治療的グループだけでなく，グループ全体の課題を達成する課題グループについても丁寧に解説が行われている。
- ☐ 久保紘章［1988］『自立のための援助論』川島書店。
  さまざまなSHGで活動する当事者の方々との出会いをとおして，著者が教えられ，考えさせられ，衝撃を受けたことを誠実に書き記している。
- ☐ 石川到覚・久保紘章編［1998］『セルフヘルプ・グループ活動の実際』中央法規出版。
  ガン患者や薬物依存症者，ハンセン病患者といった当事者本人をはじめ，自閉症児やダウン症児らの家族へのインタビューを文書化したもの。
- ☐ 斎藤学［1995］『魂の家族を求めて』日本評論社。
  アルコール依存症者のSHGであるAAの誕生から発展の過程を整理し，また，家族内での暴力被害による心的外傷とそこからの回復などについて概観している。
- ☐ ウォーレル，B.［2010］『ピープル・ファースト：当事者活動のてびき──支援者とリーダーになる人のために』（河東田博訳）現代書館。
  知的障害のある人々による当事者運動ピープル・ファースト（障害者ではなく，まず人間として）とともに歩もうとする支援者への提言をまとめている。

KeyWords 3

- [ ] メンバー間の相互作用　82
- [ ] 自然発生的な集団　83
- [ ] 自己実現　85
- [ ] タテの関係　86
- [ ] ヨコの関係　86
- [ ] SST（社会生活技能訓練）　88
- [ ] 回想法　88
- [ ] サイコドラマ（心理劇）　88
- [ ] 鏡映法　88
- [ ] 役割交換法　88
- [ ] メンバーの個別化　91
- [ ] 集団の個別化　91
- [ ] 積極的介入者　94
- [ ] 側面的援助者　94
- [ ] 媒介的支援者　94

- [ ] スーパービジョン　96
- [ ] コンサルテーション　97
- [ ] 当事者　99
- [ ] 相互支援グループ　100
- [ ] ヘルパー‐セラピー原則　100
- [ ] われわれ意識　101
- [ ] 援助嗜癖　102
- [ ] バーンアウト　102
- [ ] アルコホーリクス・アノニマス　103
- [ ] 自立生活運動　103
- [ ] 自立生活センター　104
- [ ] 危険を冒す権利　105
- [ ] 自立生活技能プログラム　105
- [ ] ピア・カウンセリング　105

第 **4** 章

社会福祉の政策

11　社会政策とは何か
12　社会福祉の補充性と固有性

第4章

社会福祉の政策

この章の位置づけ

　社会福祉には，具体的な援助行為を支える社会的な制度としての側面がある。たとえば，ソーシャルワーカーが行う相談活動は，そのソーシャルワーカーを雇用している組織（行政や福祉施設など）や，その組織の事業を支える財政や，運営方法を定めた法令などがなければ，社会のみんなが利用できるものにならない。政府が，こうした制度をつくり，運営に関与することを政策と呼ぶ。本章では，社会福祉の政策の特徴を理解することを目的としている。

　社会福祉政策は，私たちの生活を支える仕組み（家族・市場・社会サービス）を調整する社会政策の一分野であるため，まず社会政策の概要を理解する。そのうえで，社会政策や生活を支える仕組み全体に対して，社会福祉が果たしている独特の機能を理解することを目的としている。

この章で学ぶこと

unit 11　私たちの生活を支える仕組み（家族・市場・社会サービス）の特徴や，その仕組みを調整する社会政策とはいかなるものかを理解する。また社会政策の特徴によって3つの福祉レジームに分かれることを理解する。

unit 12　社会福祉と一般社会サービスとの違いを，社会福祉の補充性という機能から理解する。社会福祉は，福祉の生産システムを十全に機能させるために固有の役割を担っていることを理解する。

Introduction 4

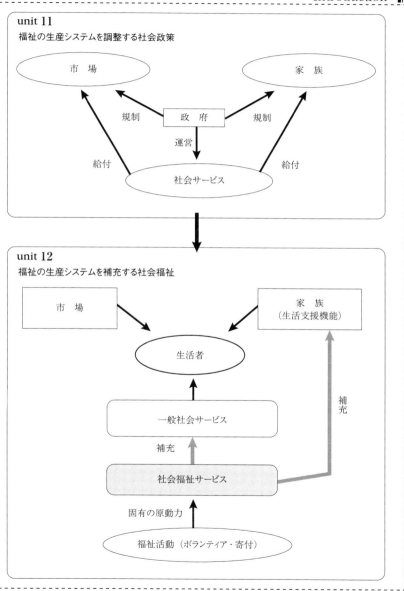

unit **11**

社会政策とは何か
——社会福祉政策は社会政策の1つである

🗄 生活を支える3つの仕組み——「家族」「市場」「社会サービス」

　私たちは，生活するために必要なモノやサービスを，どのようにして手に入れているのだろうか。モノやサービスを手に入れるための仕組みとしては，「家族」「市場」「**社会サービス**」の3つがあげられる。

　まず最初の「家族」とは，「関係にもとづく援助」（→unit 0）のもっとも主要な担い手である。親が子どもに食事を与えたり，汚れ物を洗濯し清潔な衣類を着せるように，「家族」は相手の必要性を主観的に判断して，モノやサービスを提供（贈与）する仕組みだといえる。

　第2の「市場」とは，お金を出して必要なモノやサービスを買う（交換する）仕組みのことを意味している。お腹が空けばレストランで食事をすることもできるし，汚れた衣類はクリーニング屋さんに洗濯してもらうこともできる。ただし「家族」とは異なり，それは無償ではなく，お金を支払わなければモノやサービスを受け取ることができない。そして支払うためのお金そのものも，「市場」をとおして私たちは獲得している。私たちが働いて賃金を得るということは，労働力を商品として売り（働くこと），その代金（賃金）を得ることだといえるのである。

　さらに「家族」は相手の必要性に応じて提供するが，「市場」は自分の欲求（需要）にもとづいて必要なモノやサービスを得ることができる。たとえば残酷なシーンのあるゲームを，親は子どもに不必要（あるいは有害）であると考えれば与えないことができる。しかし子どもは，お金さえあれば，親に隠れて，そのゲームを買うことができるのである。ただし「市場」には大きな限界があ

112

る。欲しくても交換するお金がない場合や，お金と交換できないもの（愛情や尊敬など）を手に入れたい場合には「市場」は無力なのである。

　第3の「社会サービス」とは，政府の政策のもとに，住民の生活を支援する仕組みのことである。内容としては，所得保障，保健医療，雇用，住宅，教育，そして社会福祉にかかわるサービスがあげられる。次の unit 12 で説明するように，社会福祉のなかには「社会サービス」に位置づけられない領域もあるが（図 12–1 参照），「社会サービス」のなかに位置づけられる社会福祉サービスは，英語では personal social services または social care と通例呼ばれるため，その邦訳として「**対人社会サービス**」または「**ソーシャルケア**」と呼ばれることもある。

　「社会サービス」の代表的なものとしては，高齢者や障害者に支給される年金，医療費を保障する健康保険，ハローワークによる職業紹介，安価な公営住宅，社会人として必要な知識を提供する義務教育などがあげられるが，わが国に住むほとんどの人が，これらの社会サービスの複数以上を利用しながら生活しているといえよう。「社会サービス」は「市場」と異なり，お金と交換してモノやサービスを得るわけではない。費用は必ずしも無料とは限らないが，負担してもその費用の一部ですむ。では残りの費用はどこから調達するのであろうか。それは，税金や保険料などを集め，それにあてているのだ。住民から税金や保険料を集めて，住民に社会サービスとして配りなおす（再分配する）のが「社会サービス」なのである。

　しかし，税金や保険料を支払った者に，結果として同じ値段のモノやサービスを再分配するのなら，等価交換となり「市場」と変わらないことになる。「社会サービス」では，費用を負担する者とサービスを受ける者が一致するとは限らない。たとえば，所得保障の1つである生活保護は税金を財源にしているが，その人がこれまで税金を払ったことがなくても，その人が生活に困窮していれば支給される。逆にたくさん税金を払っていても，生活に困窮していなければ支給されない。そのため「市場」と異なり，本人の需要があるだけでは，支給対象とならない。また「家族」とも異なり，関係にもとづいて相手の必要性を判断するわけでもない。社会全体として，その人が，そのモノやサービスをどれだけ必要としているか審査すること（ニーズ・アセスメント）が必要とな

表 11-1　福祉の生産システムの特徴

福祉の生産システム	供給原理	支給決定基準
家　族	贈　与 （共　助）	必要性 （家族が相手の必要性を主観的に判断）
市　場	交　換 （自　助）	需　要 （本人の主観的な欲求）
社会サービス	再分配 （公　助）	社会的必要性 （社会が対象者の必要性を規範にもとづき判断）

るのである。

　私たちは，生まれてから死ぬまで，こうした「家族」「市場」「社会サービス」という仕組みをとおして，生活に必要なモノやサービスを得ている。まず人間は「社会サービス」である医療制度を使って出生し，「家族」によって育てられ，「社会サービス」である教育を受ける。大人になれば「市場」で働いて収入を得て，必要な商品を「市場」で購入し，結婚して新しい「家族」をつくる。高齢になり仕事を辞めたら，「社会サービス」である老齢年金を受け，場合によっては介護サービスを受ける。もちろん，「家族」以外にも，友人やコミュニティなどによっても「関係にもとづく援助」を受けるが，主要な仕組みはこの3つといってよいのである。

　そして，この「家族」「市場」「社会サービス」の3つの仕組みは，人々の福祉（幸せの状態）をつくりだす仕組みという意味で，**福祉の生産システム**と呼ぶことができる。それぞれの福祉の生産システムの供給原理と支給決定基準を表11-1にまとめた。

　なお「家族」はともに助け合うという「関係にもとづく援助」であるため「共助」，「市場」は必要なものを自分のお金で手に入れるため「自助」，「社会サービス」は社会的な必要性の評価にもとづいてなされる公的な支援のため「公助」と呼ばれることもある。

社会政策——福祉の生産システムを調整する

　「家族」「市場」「社会サービス」は，それぞれ異なる原理で生活に必要なモノやサービスを提供しているが，これら3つの福祉の生産システムのあり方を政府が調整している。こうした政策のことを**「社会政策」**と呼ぶ。「社会政策」とは，政府の公共政策の一分野で，警察や司法などの秩序維持政策，金融や公共事業などの経済政策と並び，国民（および国内に居住する外国籍の者）の生活支援を目的とする政策である。この社会政策のなかに，社会福祉サービスの運営に関する政策（**社会福祉政策**）も位置づけられる。「社会政策」の方法としては，「家族」や「市場」に対して法令を定めて規制を行うことや，「社会サービス」を運営してモノやサービスを給付することがあげられる。

　まず「市場」に関連する規制と「社会サービス」給付の関係は次のとおりである。

　「市場」に対する規制の例としては，国が最低賃金を定め，労働力の商品としての最低価格を定めていることがあげられる。もしこうした規制を国が行わないと，不況になり失業者が増えたとき，企業の買い手市場となり賃金はどんどん低下し，企業にとっては人件費を抑えることができ利益があがる。しかし賃金があまりに安くなりすぎると，労働者は十分な食事や休息がとれなくなって，病気や過労で働けなくなり，労働力の商品としての価値を使いつぶされてしまう。また企業にとっても，労働者の購買力が低下すれば，商品が売れなくなってしまう。このように「市場」の自由な活動が，望ましくない社会問題を引き起こすこと（市場が福祉を生産できなくなること）を**「市場の失敗」**という。こうした「市場の失敗」を防ぐために，国家は「市場」の活動を規制しているのである。

　しかし「市場」を規制して「市場の失敗」を減らすことができたとしても，失業者，障害や高齢により働けない人，子どもなど，「市場」で労働力を商品として売ることができない人がいる。そうした人に対して，失業保険を給付したり，障害年金や老齢年金を給付したり，児童手当を支給することにより，労働力を商品として売らなくても生活できるように支援するのが「社会サービス」である。「社会サービス」のこうした機能を**「脱商品化」**と呼ぶ。一方で「社会サービス」には，学校教育や失業者への職業リハビリテーションなど，

労働力の商品性を高める「**商品化**」としての機能も有している。このようにさまざまな規制や，労働力の「脱商品化」や「商品化」政策を組み合わせることで，全体としてのバランスを調整しているのである。

次に「家族」に関連する規制と「社会サービス」給付の関係は以下のとおりである。

「家族」に対する規制の例としては，「家族」に扶養義務を負わせることや，児童や高齢者に対する虐待を禁じていることなどがあげられる。「家族」は，愛情によって結ばれているものであるが，愛情が薄れたからといって，家族の構成員に対する社会的責任がなくなるわけではない。特に未成年の子どもに対する親の責任は重大である。育児放棄（ネグレクト）や虐待は，家族内の問題にとどまらず，社会的責任の放棄でもあり許すことはできないのである。

しかし「家族」の生活支援機能は，「家族」の規模の縮小とともに低下してきている。「家族」の規模を示すものとして，同居世帯の規模を見てみると，1960 年代半ばまでは，6 人以上の世帯がもっとも多かったが，核家族化の進展により，その後 4 人世帯がトップとなり，1990 年代前半からは 2 人世帯がもっとも多くなっている。1 人世帯と合わせると，50％ を超える状況となっている。このように世帯規模が縮小したことにより，育児や介護について「家族」に責任を課すだけではなく，「家族」を支援したり，家族の代わりを担う「社会サービス」の必要性が高まっているのである。

たとえば育児については，核家族化と女性の社会進出にともない，保育などの社会福祉サービスなしには，子育てができない家庭が増えている。育児を主に「家族」が担っている場合でも，子育てに関する相談事業，健康診断などの保健事業，児童手当の支給や税控除など，さまざまな「社会サービス」を利用している。

このように「社会サービス」が進展するほど，「家族」の負担は減少している。もちろんいくら「社会サービス」が進展しても，「家族」そのものが不要になるわけではないが（愛情や尊敬を「社会サービス」は提供できない），「家族」に頼らなければ生活できない状況は減っており，このような「社会サービス」の機能を「**脱家族化**」（「家族」に頼って生活する度合いを減らすこと）と呼ぶ。「脱家族化」というと，「社会サービス」が「家族」の機能を弱めるという印象を

図 11-1 福祉の生産システムに対する社会政策の機能

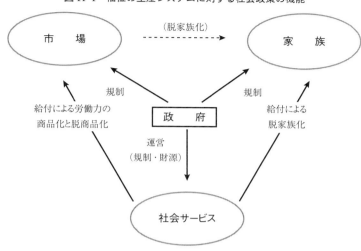

もつかもしれないが、説明したように、「社会サービス」がなければ、「家族」という制度が維持できないのであり、「社会サービス」は「家族」を支援する役割を担っているのである。

ただし、「脱家族化」は「社会サービス」のみがもたらすものではない。「市場」が「脱家族化」をもたらすこともある。民間の育児サービス、離乳食や紙おむつなどの商品開発によっても、育児に対する負担が軽減され、「脱家族化」を推進することになるからである。

このように政府は「社会政策」として、福祉の生産システムを構成する3つの部門に働きかけて、国民の生活の安定をはかっているのである（図 11-1）。

福祉レジームの3類型──国によって社会政策は異なる

福祉の生産システムを構成する3つの部門のバランスをどのようにとるかは、各国の社会政策によって大きく異なる。その組み合わせ方を整理すると大きく3つの類型に分けることができる。そしてこのような類型のことを「**福祉レジーム**」と呼ぶ。

第1は、「**自由主義レジーム**」であり「市場」の自由な経済活動を重視する

> **重要ポイント**
>
> **福祉レジーム**
>
> 「福祉レジーム」とは，福祉国家を類型化するために，エスピン-アンデルセン（G. Esping-Andersen）が提唱した概念であり，当初は「福祉国家レジーム」と呼んでいた。彼は「福祉レジーム」を「福祉が生産され，それが国家，市場，家族の間に配分される総合的なあり方」と説明しており，「社会サービス」ではなく，国家が福祉レジームの構成要素になっている。しかし本書ではあえて「国家」ではなく，「社会サービス」とした。社会政策における給付の側面を担う「社会サービス」を独立させることで，政府による規制との違いが明確になるからである。また政府は社会サービスの運営管理にかかわるものの，直接の供給主体（公営事業）であるとは限らない。むしろ公的介護保険制度を見てもわかるように，保険給付の運営管理は行政が担っているが，介護サービスそのものは民間営利事業者（株式会社など）や民間非営利事業者（社会福祉法人・NPO法人など）が主に担っているのである。
>
> また残余的福祉モデル・産業的業績達成モデル・制度的再分配モデルという社会政策の3類型を示したのは，イギリスの有名な社会政策学者のティトマス（R. M. Titmuss）である。

福祉レジームである。「市場」と「家族」の役割を重視し，「市場」と「家族」が機能できない例外的（残余的）な場合に，「社会サービス」が一時的に機能するものと位置づけている。アメリカやカナダ，オーストラリアなどの社会政策がこれにあたる。たとえばアメリカでは，全国民が加入する公的な医療保険制度がなく，民間の医療保険を利用しなければならない（ただし，2010年に医療保険改革法が成立し，無保険者を減らすための政策，通称「オバマケア」が実施されるようになった）。貧困により「市場」から締めだされた人に対して，例外的に「社会サービス」としての医療サービスが供給されるのである。このレジームでは「社会サービス」が残余的にほかの部門を補充するため「**残余的福祉モデル**」とも呼ばれる。

第2は，「**保守主義レジーム**」であり，伝統的な「家族」の機能や，職業上の地位の格差が保持される福祉レジームである。「市場」と「社会サービス」の連携を重視し，労働「市場」における地位や功績に「社会サービス」が連動するものと位置づけている。労働者以外の福祉については「家族」が主たる役

割を担うことを前提としている。フランスやドイツ，オーストリアなどの社会政策がこれにあたる。わが国もこのモデルにあてはまる要素をもっている。たとえば年金保険制度は，公務員や大企業に勤めるサラリーマンには手厚い社会保障がなされているが，自営業者・パート労働者・主婦への保障水準は低い。このレジームでは，産業における業績や地位が社会サービスに関係することから「産業的業績達成モデル」とも呼ばれる。

　第3は，「社会民主主義レジーム」であり，すべての住民を対象とする普遍的な「社会サービス」を重視し，長らく社会民主主義政党が主張してきた政策である。「社会サービス」は「市場」とかかわりなく，社会的必要性（ニーズ）にもとづいて給付される。スウェーデンやノルウェー，デンマークなどの福祉国家として有名な諸国の社会政策がこれにあたる。このレジームでは，「社会サービス」がほかの部門から独立した制度として確立しているため「制度的再分配モデル」とも呼ばれる。

　これらの3つのモデルは，「福祉レジーム」の全体的な傾向を見るものであり，1つの国の社会政策でも，必ずしもすべてが同じ性格を有しているとは限らない。特に日本は，「産業的業績達成モデル」としての要素をもっていると述べたが，一人親家庭への支援などでは残余的な対応であり「残余的福祉モデル」としての要素も有しており，特定のモデルに分類することができない。このことは日本が社会政策について，明確なビジョンをもたないまま来たことの結果ともいえる。

　そもそもこうした「福祉レジーム」の違いは，自然発生的に生じたわけでも，すべての国がいずれ「制度的再分配モデル」になるといった歴史の発展段階を示すものでもない。それぞれの国の政府や国民が，いかなる「福祉レジーム」を望むのか，まさに政策を論議した結果なのである。しかし戦後の日本は，その時々の経済情勢に合わせて，応急的な政策を行ってきた（→unit 17）。だが，先進諸国の社会政策も現在大きな岐路に立たされている（→unit 15）。年金，公的扶助（生活保護），最低賃金などの水準をどのように調整するのか。パート，派遣社員，外国人労働者など労働市場をどのように規制し，「社会サービス」の対象にするのか。ニート，いじめによる自殺，ひきこもりなど，若者をどのように支援し，この社会の構成員として参加させるのか。これらは先進諸国に

> **重要ポイント**
>
> **「社会保障」と「社会政策」**
> 「社会保障」は，所得保障，医療保障，「社会福祉」の3つの機能から構成されている。また，給付方法の違いから，社会保険（年金保険・医療保険・失業保険・労働者災害補償保険・介護保険など），公的扶助（生活保護），「社会福祉」の3つに分けて説明されることもある。「社会政策」とくらべると，住宅政策や教育政策にかかわるものが含まれておらず，また雇用政策においては，保険給付に関係する部分だけが「社会保障」の範囲となっている。行政においては，厚生労働省が所管する範囲の問題もあり（教育や住宅政策は管轄外である），「社会政策」という用語はほとんど使われず，「社会保障」という用語を便宜的に使っている。
> また日本では「社会政策」のことを労働政策に限定して理解する傾向があったが，近年ようやく本書で述べたように「社会政策」を包括的な政策として位置づけるようになってきた。

共通する「社会政策」の課題であり，わが国も同様の課題を抱えている。

これらの問題を解決するためには，個別的な対応だけではなく，その国の「福祉レジーム」をどのように設計するのか，まさに包括的な社会政策の視点が必要なのである。

そして社会福祉の政策としての側面を理解するためにも，関連する諸施策との関係や「福祉レジーム」を理解することが欠かせないのである。

確認問題

☐ *Check 1* 社会政策は，市場や家族に対して，規制や社会サービスによる給付を通じていかなる機能を果たしているか。

☐ *Check 2* 福祉レジームの3類型において，「社会サービス」の位置づけはどのように異なっているか。

unit

社会福祉の補充性と固有性
―― 社会福祉と一般社会サービスの違いは何か

一般社会サービスへの補充性

　社会政策は，規制と給付に分かれ，給付は社会サービスと呼ばれ，社会サービスは，所得保障，保健医療，雇用，住宅，教育，そして社会福祉にかかわるサービスからなっている（→unit 11）。この諸社会サービスのなかで，**社会福祉サービス**とその他の社会サービス（以後，一般社会サービスと呼ぶ）との関係は，どうなっているのであろうか。

　一般社会サービスと社会福祉サービスの関係は，社会福祉サービスが一般社会サービスに対して補充的な関係にあるとして説明される。**補充性**とは，不足を補う性質を意味するので，一般社会サービスに何らかの不足している点があり，それを社会福祉サービスが補充する役割を担っているということである。では具体的に，一般社会サービスにはどのような不足が生じているのだろうか。

　第1に，社会的必要性（ニーズ）があるにもかかわらず，一般社会サービスの支給対象とならない場合や，支給量が不足している場合である。

　たとえば，所得保障の基本的な一般社会サービスとして国民年金（基礎年金）制度がある。高齢者や障害者となった場合の勤労所得の不足を年金給付（年額約80万円）によって補う制度である。しかし国民年金制度は，社会保険方式で運営されているため，受給資格が生じるまでの一定期間，保険料を納付し続けなければならない。そのため制度ができる前にすでに高齢者や障害者となった人などは，支給対象とならなかった。また国民年金制度が発足した後でも，日本国籍がない人は，国民年金に加入したくてもできなかった。1982年に，社会保障などに関して外国人を差別してはならないとする難民条約をわが国が批

准したことにより，国籍の要件は撤廃され，現在では外国人でも加入対象となっているが，改正前に，すでに高齢者や障害者となった在日外国人は，現在でも年金を受給できないでいる。こうした人々には，所得保障に対する社会的必要性（ニーズ）はあっても，それに対応する一般社会サービスがないといえる。

また，国民年金制度に加入している人でも，失業や借金返済などさまざまな理由により保険料を納付できていない期間があると，受給額が減額される可能性がある。そもそも国民年金を満額受給できたとしても，預貯金や住居などの資産を有していなければ，国民年金だけでは，生活するのに十分な所得とはいえないだろう。

以上のように，所得保障に関して社会的必要性（ニーズ）があるにもかかわらず，対応する一般社会サービスがない場合や，あっても支給量が不足する場合に，社会福祉サービスが代替的に補充しているのである。国民年金制度を補充するものとしては，制度発足時の無年金者に対しては福祉年金制度が，そのほかの場合には，生活保護制度などが対応している。

このような一般社会サービスの不足は，国民年金制度に限らない。たとえば，同じ社会保険方式をとっている医療保険制度，雇用保険制度，労働者災害補償保険制度，介護保険制度などでは，保険料の拠出が支給要件となっており，仕組み上，必ず支給対象とならない人（拠出要件を満たせなかった人）が発生する。

また，社会保険方式を採用していなくても，社会サービスの支給にあたっては，単に社会的必要性（ニーズ）の有無だけで対象となるとは限らない。年齢，心身の障害の有無，所得などによる制限，一部の費用負担が支給条件となっている場合があり，その条件を満たせずに支給対象とならない場合がある。しかし支給対象とならなくても，その社会的必要性（ニーズ）を無視できない場合には，社会福祉制度が代替的に補充せざるをえないのである。

第2に，一般社会サービスの対象であっても，何らかの支援がなければ，その利用が困難な場合である。

たとえば，長期に入院している患者が退院する際に利用できる一般社会サービスとしては，住宅（公営住宅への入居など），雇用（ハローワークでの職業紹介や職業再訓練など），保健医療（入院費用の助成，退院後の医療など），所得保障（年金や生活保護の受給など）など，個々の社会的必要性（ニーズ）に応じて，さまざ

まな社会サービスの利用が考えられる。しかし複雑多岐にわたる社会サービスの内容を熟知して，自分で必要な選択ができる人は少ない。サービスの存在そのものを知らなかったり，知っていてもどのようにサービスを利用すればよいかわからない場合もある。特に，加齢や障害により意思決定能力に制限がある場合はなおさらであろう。

このように一般社会サービスの利用にあたって，何らかの支援がなければ利用が円滑にできない場合に，社会福祉は，相談支援などを行うことによりサービスの利用を支援し，一般社会サービスを補足的に補充しているのである。実際の入院患者の退院支援にあたっては，病院の医療ソーシャルワーカーによる相談支援が行われており，特に社会的入院が大きな社会問題となっている精神障害者の退院支援においては，精神保健福祉士（精神科ソーシャルワーカー）（→unit 21）が，その任にあたることが期待されている。

このように保健医療サービスにおいては，病院や保健所などにソーシャルワーカーが配置され相談支援を行っているが，さらに最近では教育機関にスクール・ソーシャルワーカーが配置されていたり，ハローワークなどの雇用部門にも相談員が配置されている。このほかにも，行政や民間団体によって相談支援サービスが行われている。

社会福祉の相談支援サービスは，利用者のさまざまな生活困難を解決するために，必要な社会サービスに結びつけるとともに，複数のサービスを調整（マネジメント）することにより，社会サービスの効率的な利用を促すことにもつながるのである。

以上，社会福祉サービスは，一般社会サービスのこれらの不足に対して，それを代替的あるいは補足的に補充する機能を有しているのである。

家族機能への補充性

このように社会福祉サービスは一般社会サービスを補充する機能を有しているが，すべての社会福祉サービスをこの機能で説明することはできない。

たとえば，高齢者や障害者の介護サービスや，児童に対する保育や養護サービスなどは，特定の一般社会サービスを補充しているとは位置づけられない。これらの社会福祉サービスは，家族の生活支援機能を補充しているのである。

そしてこの補充性も，一般社会サービスへの補充性と同様に，2つの補充性がある。

第1に，家族機能の全部または一部が機能しないために，社会的必要性（ニーズ）が発生する場合である。

たとえば，子どもや要介護の高齢者・障害者にとって，家族がいないか，いても必要なケアができない場合には，「家族」以外の「市場」か「社会サービス」で必要性を充足するしかない。仮に「市場」では，有料老人ホームやベビーシッターなどは購入することができても，子どもの養育に責任をもつ人は調達できないし，資産を十分にもたない人は有料老人ホームには入居できない。とすれば「社会サービス」が「家族」の生活支援機能の不足を補充するしかないのである。ただしこの「社会サービス」（社会福祉サービス）は，ほかの一般的な社会サービスと異なる点がある。保健医療サービスや教育などの一般社会サービスも「家族」の生活支援機能を支援しているといえるが，家族機能の個別的な状況に応じて，そのサービスの内容や支給量を変更する（補充する）ことはない。保健医療サービスや教育の必要性といった，一般社会サービスに対する社会的必要性の評価（ニーズ・アセスメント）にもとづいて内容や支給量が決定されるのである。これに対して社会福祉サービスは，家族機能の個別的な状況が，社会的必要性（ニーズ）の評価に大きくかかわってくる。たとえば育児サービスが必要な場合でも，家族がどれだけ生活支援できるのかによって，日中の保育サービスだけでよいのか，一定期間児童養護施設で預かる必要があるのか，サービスの内容や支給量が変わるのである。

このように家族の生活支援機能が不足している場合に，代替的に補充する機能を社会福祉サービスは有しているのである。

第2に，家族機能そのものを強化する必要がある場合である。

たとえば，児童相談所や子ども家庭支援センターが行っている育児に関する相談などは，親の育児に対する不安やストレスを受け止めることで，虐待など家族の生活支援機能の崩壊を防いでいるという側面がある。このほかにも，高齢者や障害者の介護を行っている家族の休息のために，一時的に施設で介護を行うサービス（レスパイト・ケア・サービス）なども，家族の生活支援機能を維持・強化するためのサービスと位置づけられる。

また家族と同様に「関係にもとづく援助」の基盤となっているコミュニティに対しても，地域福祉活動やボランティア活動支援などにより，「関係にもとづく」生活支援機能の維持，強化を行っているといえるのである。

　家族の規模の縮小とともに，家族の生活支援機能も低下しており，その低下しつつある家族の生活支援機能（さらにはコミュニティの生活支援機能）を補強的に補充する機能を社会福祉サービスは有しているのである。

　以上見てきたように，社会福祉サービスは，家族機能の不足や低下に対して，それを代替的あるいは補強的に補充する機能を有しているのである。

社会福祉の固有性

　これまで社会福祉サービスの特徴を，一般社会サービスや家族機能に対する補充性という観点から説明してきた。しかし補充性が特徴であるというと，社会福祉には固有な性格がなく，あくまで不足をバックアップするという従属的な役割を担うものだと思うかもしれない。

　しかしこの社会福祉の補充性とは，あくまで一般社会サービスや家族機能の観点から社会福祉を評価したものである。社会福祉は，一般社会サービスや家族機能の要請を受けて補充性を発揮するわけではない。社会福祉には問題を主体的にとらえる固有の視点があるのだ。それは，個々人が「市場」「家族」「一般社会サービス」をどのように活用して生活しているのかを，生活者の立場に立って全般的にとらえる視点である。

　保険医療制度は，対象者の健康問題に専門的に対応している。健康問題は生活における重要な問題ではあるが，それがすべてではない。雇用問題，教育問題などさまざまな問題を生活者は抱えている。「一般社会サービス」は，それぞれの問題に専門的な支援をする制度であるが，逆に，いずれのサービスも生活者の生活全体をとらえた支援はできない。社会福祉は，このように問題をバラバラにとらえるのではなく，個々の利用者の視点に立って，社会的支援が必要な生活問題を見つけだし，支援を実行するのである。こうした生活を全般的にとらえる視点は，「一般社会サービス」にはない固有な視点であり，社会福祉の補充性とは，その固有な機能を，補充される側から評価したものなのである。

　そして，「市場」「家族」「社会サービス」という福祉の生産システムは，補

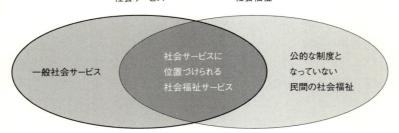

図 12-1 社会サービスと社会福祉の関係

充性を担う社会福祉が「社会サービス」に加わることによって初めて十全に機能するのである。

　ではなぜ社会福祉は，補充性と評価される固有な視点を有しているのであろうか。それは社会福祉が，政策として位置づけられる前に，民間の自発的な社会福祉事業として先行して行われてきたことと関係している。日本の戦前の社会福祉の成立過程を見ると，政策として社会福祉が明確に位置づけられるまでは，宗教団体や市民団体による自発的な社会福祉事業が，政策の不十分さを，まさに代替的に補充していた（→unit 16）。そして政策として実施される際にも，民間の社会運動が大きな影響を与えたのである（たとえば，昭和初期の救護法実施促進運動）。つまり社会福祉の固有の視点は，生活問題を抱えている者を放置できないという民間の自発的な社会福祉事業によってもたらされたものである。

　よって現代社会においても，社会福祉はそのすべてが「社会サービス」に位置づけられるわけではない。公的な社会制度となっていない民間の自発的な社会福祉事業が，社会福祉の重要な要素として含まれているのである（図 12-1 参照）。

　そして政府の規制を受ける「社会サービス」としての社会福祉サービスが補充性／固有性を十分に発揮できない場合は，民間の社会福祉事業がさらにそれを補充することがある。たとえば，ホームレスに対する支援は，社会福祉政策としての生活保護制度で対応するには限界があった。政策としての支援の不十分さを補充したのは，多くの民間の社会福祉事業であった。そうした実践や運動が 1 つの働きかけとなり，現在ではホームレスへの自立支援が政策のなかで

図12-2 社会福祉の補充性／固有性

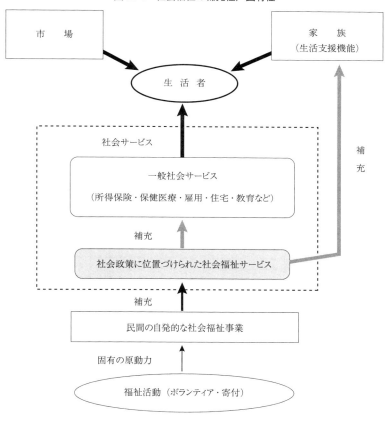

位置づけられるようになったのである。

　図12-2 はこのような関係性を示したものである。図のなかで網掛けしてある部分が、社会政策のなかに位置づけられた社会福祉サービスである。そこから2つの矢印が出ている。1つは、一般社会サービスに対する補充性を示しており、もう1つは、家族機能に対する補充性を示している。常に、福祉の生産システムを利用している図の中央の生活者の立場に立って、必要に応じて補充的な機能を発揮しているのである。そして、社会福祉政策の補充性が十分に機能していないときや、強化が必要なときに、民間の自発的な社会福祉事業がさ

> ### コラム
>
> **社会的排除──社会福祉の役割**
>
> 　近年，**社会的排除**という概念がよく使われる。貧困や差別といった経済的あるいは社会的に排除することを問題化する概念である。社会福祉は，この社会的排除にどのように対処すればよいのだろうか。
>
> 　社会的排除を受けた人がとる戦略としては3つ考えられる。第1は，自主的に包摂の対象として同化することである（たとえば，聴覚障害者が訓練により口話を覚えるなど）。ただし同化するということは，排除された側が自らを規律訓練することにより，排除する側の多数派がつくった基準に合致させる「規格化」を意味する。同化のコストは排除される側が担うことになり，仮に同化できたとしても，その地位は永続的に保証されているわけではない。常に排除に脅かされることになる。
>
> 　第2は，排除に抗してマイノリティとしてナショナリズムを獲得する道である（たとえば，新興宗教に加入するなど）。ただしマイノリティ・ナショナリズムを獲得しえたとしても，そのグループそのものが新たな包摂の形態であり，包摂がもっている多様性を同化する権力性や，外部を排除するという構造から抜けだすものではない。外部をもたないユートピアはどこにもないのである。
>
> 　第3は，排除と包摂を分ける基準を問いなおすことで，同化でも，ナショナリズムでもなく，その狭間に踏みとどまり，排除と包摂の二者択一の袋小路から抜けだすことである。たとえば，障害者の「自立」が，単に経済的な「自立」をめざすものであれば，それは経済的に「自立」できない（同化できない）重度の障害者にとっては，新たな排除の形態でしかない。しかし「自立」の意味を問いなおし，経済活動に限らず，かけがえのない「個」として社会に参加することを〈自立〉と読み替えられれば，〈自立〉は単に同化をせまるものではなくなる。
>
> 　とすれば社会福祉には，この第3の戦略を支援することが求められているといえよう。そしてこの戦略を実現するためには，排除している社会が有している価値観を変えなければならない。たとえば，重度の障害をもつ人々が，経済成長に貢献できなくても，かれらが社会に参加することで〈自立〉をすることには，私たちの社会を豊かにするという意義があることを伝え続けなければならないのである。社会福祉は，マジョリティの体制に奉仕するものでも，マイノリティ・ユートピアを支援するものでもない。両者の狭間に立ち，媒介することが私たちの役割なのだ。

らに補充的に機能するのである。この民間の自発的な社会福祉事業は，1人ひとりのボランティア活動や寄付活動などの自発的な福祉活動によって支えられているのである。

福祉的機能と社会的機能

　社会福祉の補充性／固有性の発揮は，個々の生活者の視点に立ち，社会的な支援を必要とする生活問題を見つけだし支援するという社会福祉の機能を示すものであり，これを社会福祉の**福祉的機能**と呼ぶ。まさに1人ひとりが福祉（幸福）を実現するための支援を行う機能である。

　しかし社会福祉には，もう1つの機能がある。それが**社会的機能**である。社会的機能とは，社会サービスが共通して有している機能であり，社会的な費用で社会サービスを行うことの必要性を示すものである。社会サービスが社会的機能を有するのは，それが再分配政策であるからなのである。社会サービスは，税金や保険料を集め，サービス給付の費用にあてており，費用を負担する者と給付を受ける者が一致するとは限らない。よってそのサービス給付が，社会にとって必要であるという合理性を有していなければ，税金や保険料を徴収された人は納得できないであろう。

　たとえば特定の個人にとって，登山などの趣味をすることがその人の生きがいであったとしても，その費用は個人で負担すべきであり，みんなの税金で負担することは，ほかの納税者にとって納得できないであろう。しかし障害により移動が困難な人のために，公共施設をバリアフリー化したり，介助者を派遣することは，そうした人々が社会に参加するために社会全体が負担すべき費用として，多くの人の納得が得られるであろう。

　社会福祉は，単に福祉的機能を有するだけでは，成立することができない。社会福祉は自らその費用を生みだすことができない以上，いかに社会的機能を満たすのか明らかにしなければサービスを提供することはできない。逆に社会福祉は，社会的機能を有すれば成立はするが，福祉的機能がなければ存在価値がない。たとえば戦時中のわが国の社会福祉は，戦争遂行のため，福祉的機能をないがしろにし，労働者や兵士などの人的資源の確保という社会的機能を担うことに特化させられた（→unit 16）。社会的機能しか担わない社会福祉は，1人ひとりの福祉に無力であるばかりか，反福祉的な存在にもなりうるのである。

　社会福祉は，福祉的機能と社会的機能を両立させなければならないが，ときには2つの機能が対立することもある。特に経済状況が悪化し，社会サービスという再分配機構に対する負担感が強くなると，経済効果や治安など特定の社

会的機能をもつサービスが優先されがちになる。たとえば重度の障害をもつ人に対する社会福祉サービスは，経済成長に貢献するという点の社会的機能はもたない。しかし社会福祉は，これらの人の福祉的機能を実現するために，経済成長以外の社会的機能を説明し，なぜその社会福祉サービスが必要なのか，社会的機能と福祉的機能を結びつける説明や実践を行う必要があるのである。

確認問題

□ *Check 1* 社会福祉サービスが，一般社会サービスや家族機能に有している補充性とはどのようなものか。

□ *Check 2* 社会福祉の福祉的機能と社会的機能はどのような関係になっているか。

文献案内

□ 武川正吾［2011］『福祉社会——包摂の社会政策』新版，有斐閣。

社会政策の基本的な考え方を平易に紹介している。ただし，社会政策のなかの社会福祉の位置づけは，本書とは若干異なっている。

□ 坂田周一［2014］『社会福祉政策——現代社会と福祉』第3版，有斐閣。

タイトルは社会福祉政策であるが，社会福祉を中心としつつも，社会政策全般との関係を含めてわかりやすく説明している。

□ 岩田正美［2008］『社会的排除——参加の欠如・不確かな帰属』有斐閣。

コラムで紹介した「社会的排除」という問題について，具体的な事例を交えながら，わかりやすく論じている。

□ エスピン－アンデルセン，G.［2001］『福祉資本主義の三つの世界』（岡沢憲芙・宮本太郎監訳）ミネルヴァ書房。

3つの福祉レジームを分析した有名な本。ヨーロッパで活躍する社会政策学者であるエスピン－アンデルセンの本は邦訳も多くなされている。

□ 岩崎晋也［2018］『福祉原理——社会はなぜ他者を援助する仕組みを作ってきたのか』有斐閣。

古代都市国家，近代市民社会，現代社会という歴史上の3つの局面に焦点を当て，社会がなぜ「福祉」を必要としてきたかを論じ，これからの社会福祉のあり方を示している。

KeyWords 4

- [ ] 社会サービス　112
- [ ] 対人社会サービス　113
- [ ] ソーシャルケア　113
- [ ] 福祉の生産システム　114
- [ ] 社会政策　115
- [ ] 社会福祉政策　115
- [ ] 市場の失敗　115
- [ ] 脱商品化　115
- [ ] 商品化　116
- [ ] 脱家族化　116
- [ ] 福祉レジーム　117
- [ ] 自由主義レジーム　117
- [ ] 残余的福祉モデル　118
- [ ] 保守主義レジーム　118
- [ ] 産業的業績達成モデル　119
- [ ] 社会民主主義レジーム　119
- [ ] 制度的再分配モデル　119
- [ ] 社会保障　120
- [ ] 社会福祉サービス　121
- [ ] 社会福祉の補充性　121
- [ ] 社会福祉の固有性　125
- [ ] 社会的排除　128
- [ ] 福祉的機能　129
- [ ] 社会的機能　129

第 **5** 章

福祉国家の形成

13 イギリスの救貧政策の展開
14 福祉国家の基本プラン『ベヴァリッジ報告』
15 福祉国家はどこへ行くのか

この章の位置づけ

　福祉国家というと，社会サービスの水準が高いスウェーデンやデンマークなどの福祉先進諸国を思い浮かべるかもしれないが，社会福祉学や社会政策学においては，福祉国家とは資本主義が高度に発達した社会に共通して見られる体制を意味する。よって，一般的な用語ではアメリカや日本は福祉国家とはいわないかもしれないが，いずれの国でも国家が社会サービスの運営に深く関与しており，福祉国家体制であると位置づけられる。

　現代における社会福祉の役割を理解するためには，その基盤となる福祉国家という福祉の生産システムの理解が欠かせない。社会福祉はその役割として，国家が運営する一般社会サービスの不足を補充する役割を担っており（→unit 12），そのため福祉国家のありようの変化が，その時々の社会福祉の役割の変化に直結しているからである。

　本章では，福祉国家がどのような社会的・経済的背景のもとに形成されたか，主にイギリスを題材に述べ，そのうえで現在の福祉国家が抱えている課題を理解することを目的としている。

この章で学ぶこと

unit 13　福祉国家が形成される前史として，国家がなぜ社会福祉政策（救貧政策）を行うようになったのか，イギリスの歴史を題材に述べる。市民社会化や産業化による社会変動が，福祉政策に与えた影響を理解する。

unit 14　福祉国家の思想的根拠となったナショナル・ミニマムを理解する。そのうえで，社会保険制度という方法でナショナル・ミニマムを具体化したベヴァリッジの福祉国家モデルの意義と構造を理解する。

unit 15　戦後，先進資本主義諸国はいずれも福祉国家体制に移行したが，現在ではさまざまな問題が生じている。そこで福祉国家に対していかなる批判がなされているのかを理解し，それに対する改革の方向性を理解する。

Introduction 5

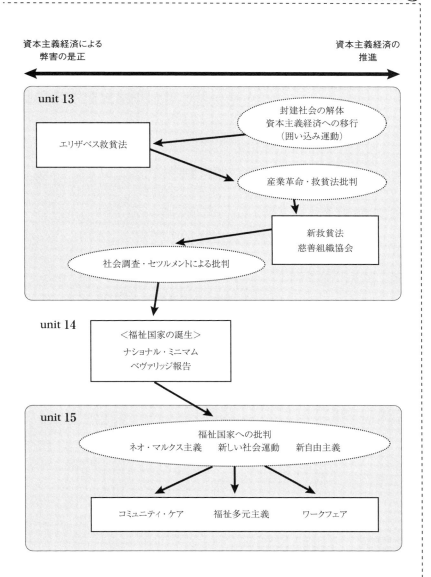

unit 13

イギリスの救貧政策の展開
——国家はなぜ社会福祉政策を始めたのか

なぜイギリスの社会福祉政策の歴史を学ぶのか

　この unit 13 では，国家がなぜ社会福祉政策を始めたのかを，16 世紀から 19 世紀にかけてのイギリスの社会福祉政策（救貧政策）をとおして理解することをねらいとしている。

　貧しい人や病者などの困っている人を助ける福祉活動は，イギリスでも日本でも，キリスト教や仏教などの宗教的動機に支えられて昔から行われていた。こうした福祉活動は，教会や寺院などで組織的に行われていても，あくまで個々人の自発性に支えられた活動といえよう。

　しかし現代の社会福祉は，自発的な福祉活動だけで担われているわけではない。わが国の国民医療保険制度，国民年金制度，公的介護保険制度，障害者自立支援制度にしても，国家が制度を創設し，国民から強制的に徴収される税金や保険料によって運営されている。これらは，個々人の自発性ではなく，国家による強制力（権力）によって支えられた制度なのである。

　では，なぜ国家はそうした政策を行う必要があるのだろうか。言い換えれば，国家がその強制力（権力）を使ってまで，制度を支える正当性はどこにあるのだろうか。

　この問題を考えるためには，イギリスの社会福祉政策（救貧政策）の歴史を理解することが役に立つ。なぜイギリスなのかというと，後に述べるように，国家が積極的に社会福祉政策を行うようになったのは，市民社会化と産業化による社会変動がきっかけであり，市民革命も産業革命もイギリスから始まったからである。そして第二次世界大戦後に多くの先進諸国で採用された福祉国家

政策の基本モデルもイギリスで構想されたのである。

それに対して，わが国では明治維新以降，西欧諸国の近代化の展開とは大きく異なり，産業化のみが国家によって短期間に推進された（→unit 16）。そのためまずイギリスにおける展開を理解し，それと対比しながら，わが国の特殊な歴史的展開を述べたほうが理解しやすいだろう。

最初は治安対策として始まった——エリザベス救貧法

イギリスにおいて，国家が貧困対策を始めたのは，16世紀になってからである。もちろんそれまでも，自然災害による貧困は，繰り返し起きていた。では，なぜ16世紀になって貧困対策を始めたのだろうか。

それは16世紀ごろに，貧困の社会的意味が変わり，社会問題化したことによる。中世までは，多くの人々は農業など土地に結びついた暮らしをしていた（賃労働者であっても，その多くはいわゆる兼業農家であった）。貧困をもたらす原因の多くは自然災害であり，まさに避けられないことであり，その対処法も荒蕪地や森林を開拓することなどに限られていた。

しかし16世紀を前後して，多くの人々が，土地から切り離される事態が発生した。囲い込みである。モア（T. More）が「羊が人間を食う」と表現した囲い込みとは，当時の毛織物市場の拡大にともなった，農地から牧草地への強引な転換である。これにより多くの農民が不要となり大量の浮浪者が発生した。

人が土地から引き離されたとしても，現代のように賃労働者として働くことが可能であれば，浮浪者にならなくてもすむであろう。しかし当時は，産業化のために必要な資本も蓄積されておらず，工業生産技術も未熟で，大量の安定した賃労働を生みだす労働市場が成立していなかったのである。さらに，土地から切り離されることは，そのコミュニティにおける関係からも切り離され，「関係にもとづく援助」を失うことをも意味した。加えて，絶対王政への移行は，宗教の権威と権力の低下を招き，宗教による福祉活動の低下ももたらした。つまり，農業という生活手段を失い，コミュニティによる援助も，宗教による福祉活動も受けられない人々は，浮浪して乞食をする以外に生きていく方法がなかったのである。

しかしこうした事態は，国家にとって放置できることではない。浮浪者の福

祉のためというよりは，浮浪者の増大が犯罪の増加につながり，治安の悪化を
もたらすからである。つまり国家にとっては，貧困そのものが問題なのではな
く，治安の悪化の原因になるがゆえに問題となったのである。

　国家は，囲い込みを制限したり，浮浪者を取り締まって出身地に送り返す政
策を行った。そして貧困対策として，救貧法を定めたのである。1601年に制
定された**エリザベス救貧法**では，教区（地域共同体）に救貧税を徴収させ，選出
された貧民監督官が救貧行政の責任を負った。労働ができない貧民には扶助を
与え，労働可能者には，仕事を用意して労働を強制し，拒否する場合は処罰し
た。児童も徒弟に出されたのである。

　エリザベス救貧法に見られたような，この時期の救貧施策の特徴は何であろ
うか。それは，産業化にともなう急激な変化（農民を土地から引き離す囲い込み
など）にブレーキをかけ，治安を脅かす浮浪者を地域共同体に戻し，定住を促
すことであった。

　しかし，産業化が進展するためには，商品が自由に売買される市場の整備が
不可欠であり，人間の労働力も賃金で買われる商品である以上，その流動化
（居住・移転・職業選択の自由）は避けられない。とすれば，人間を地域共同体に
縛りつける救貧政策は，産業化の進展にともない，市場の発展にとって足かせ
になっていくのである。

🔲 援助の対象者を厳格化──新救貧法

　17世紀のピューリタン革命や名誉革命は，王権を制限し，産業化に欠かせ
ない市民の自由な経済活動を保障する基盤（市民社会）を徐々につくりあげた。
さらに18世紀後半の産業革命は，膨大な賃労働者を必要とする自由労働市場
を成立させ，地域共同体に縛りつける救貧政策との矛盾が高まった。

　こうした矛盾を指摘したのが，自由主義者であった。たとえば，スミス（A.
Smith）は『国富論』（1776年）で，これまでの国家が経済に介入してきた重商
主義政策を批判し，自由放任こそが国の富を増やす政策であると主張し，救貧
行政についても，貧民の自由な移動を制限すると批判した。さらにマルサス
（T. R. Malthus）は『人口の原理』（1798年）で，救貧法を徹底的に批判した。
救貧法による扶助は，家族を扶養する見込みがない貧民の結婚を可能にし，食

物の生産量以上の人口増加を招き、かえって貧民を増加させており、貧民を扶助に依存させ自助努力を損なっている。よって救貧法は廃止すべきだと主張した。

こうした批判は、1832年に第1回選挙法改正が行われ産業資本家が参政権を獲得するといっそう高まり、議会で救貧法の改正を検討する委員会が設置された。1834年に出された報告書では、改正に際しての3つの原則が示された。

第1は、**全国的統一の原則**である。教区ごとに異なる運営がなされていた救貧行政から、新たに中央委員会を設置し、全国統一的な救貧行政の運営基準を策定するという原則である。

第2は、**劣等処遇の原則**である。救済を受ける貧民の処遇水準は、自立して生活している労働者の最低水準より低くなければならないという原則である。

第3は、労役場制度（**院内救済の原則**）である。在宅救済を禁止し、救済を受ける貧民は、厳格な規則にもとづく**労役場（ワークハウス）**でのみ救済を行うという原則である。

これらの原則のうち、特に第2・第3の原則は、救済を受けることに**スティグマ（恥辱の烙印）**を与え、そのことによって救済を抑制することを目的とするものであった。

こうした原則にもとづいて、1834年に救貧法が改正された（**新救貧法**）。この新救貧法により、地域共同体への定住を促した重商主義的な救貧政策は廃止され、貧民への救済は、労働市場で賃金を得られないような例外的な存在（幼児、病気や障害で働けない者など）に限定されることになり、ここに残余的福祉モデルの原型が誕生したのである（→unit 11）。

民間福祉部門の活動——慈善組織協会・友愛組合・セツルメント

新救貧法は、援助対象者の厳格化をはかったが、こうした救貧行政の変化を受けて、新たな民間福祉部門の活動が生まれた（図13-1参照）。

□ **慈善組織協会（Charity Organization Society: COS）**　新救貧法の時代は産業資本家の台頭にともない、各種の慈善団体が創設されたが、相互の連絡がなく、不統一な活動が行われた。その結果、一部の貧民には必要以上の慈善がなされ、貧民の依存心を増加させていると批判された。そこで、恣意的な慈

図 13-1 新救貧法体制下の民間福祉部門の位置づけ

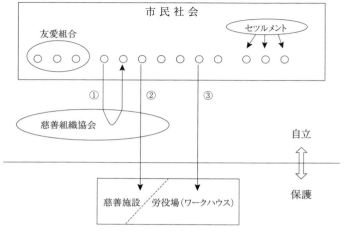

① 「援助に値する貧民」
② 「慈善」を必要とする者（障害者など）
③ 「援助に値しない貧民」
※実際には，慈善の対象となる障害者なども多くが労役場で混合処遇されていた。

善活動を組織化するために1869年に「慈善救済組織化および乞食抑制のための協会」（翌年に**慈善組織協会**と改名）が設立されたのである。

慈善組織協会は，すべての貧民を援助対象としたわけではない。市民としての自助努力をする姿勢を失っていない「**援助に値する貧民**」に限定し，彼らの自立心を損なわないように物質的援助は最低限とし，主に道徳的な感化救済活動を中心に援助を行った（「援助に値しない貧民」は懲罰的な救貧行政に委ねた）。その一方で，障害者など自らの過失で貧困になったとはいえない者はまさに慈善を必要としているとして，公的救済などによる保護を促した。

つまり慈善組織協会は，自立が原則とされる市民社会と保護の場である労役場（ワークハウス）の間を媒介し，「援助に値する貧民」に対しては安易に労役場（ワークハウス）の救済に依存しないように防波堤の役割を果たし，一方で障害者など本来慈善の対象となるべき者に対しては，積極的に保護を促し，それぞれ自立と保護の原則が適用される対象者を明確化させたのである。

□ **友愛組合** 市民社会の一員として自立を求められた労働者の相互扶助

> **コラム**
>
> ### 近代的な社会福祉の誕生——慈善組織協会の果たした役割
>
> 　本文で述べたように，慈善組織協会は，貧困をあくまで個人的な原因によるものととらえた点に限界はあるが，近代的な社会福祉の誕生という点では大きな貢献を果たした。慈善組織協会は，貧困家庭に戸別訪問（友愛訪問）を行って貧困の原因を調査し，その記録を集めて分析した。このように貧困の原因を個別的にかつ組織的にとらえようとすることが社会的必要性の評価（ニーズ・アセスメント）につながり，さらに物質的援助を最低限にした結果，援助者による働きかけの方法が問われるようになったのである。そして，慈善組織協会の事業方法はアメリカへと伝わり，リッチモンドによってソーシャルワークへと体系化していくのである（→unit 2）。
>
> 　またイギリスの慈善組織協会は，ウェッブとは，救貧行政に対する意見は異なったが（→unit 14），ウェッブが設立した教育研究機関（LSE: London School of Economics and Political Science，ロンドン大学のカレッジ）に，イギリス初の社会政策研究部門を設置した際には協力しており，社会福祉，社会政策の研究の発展にも貢献したのである。

組織が**友愛組合**である。もともと友愛組合は，17世紀末に熟練職人によって組織された相互扶助組織であるが，新救貧法の時代には，労働者の生活防衛組織として活発化した。これまでの「関係にもとづく援助」は地域共同体や家族でなされていたが，産業化と市民社会の進展は，地域共同体の援助力を低下させ，家族の規模を小さくした。その結果，稼ぎ手の病気や失業は，生活破綻に直結することになった。そこで，稼ぎ手の自発的な相互扶助組織として友愛組合が重視されたのである。友愛組合は，組合員が保険料を出しあい病気や事故などのリスクに対応する保険機能を有していた。よって加入できるのは，一定の保険料を出せる労働者であり，不安定な低賃金労働者は実質的に加入できなかった。

　□　**セツルメント**　　大学人など知識と人格を備えた人が，スラム地区に定住（セツルメント）し，生活相談・医療・教育活動などを行った社会改良運動である。1884年ロンドン東部でバーネット夫妻（S. & H. Barnett）がオックスフォード大学の学生や教員に協力を求めて始めた「**トインビー・ホール**」が最

初といわれている。貧困を個人の問題としてだけでなく，社会問題としてもとらえ，さまざまな社会調査を行い，社会改良に向けた世論を喚起した。

📖 社会調査の衝撃——ブースのロンドン調査とローントリーのヨーク調査

もし貧困が，病気やケガ，飲酒や賭博，怠惰など個人的な原因によってのみ引き起こされるなら，新救貧法体制が機能することにより貧困問題は一定程度解決できたかもしれない。しかし貧困は，個人的な原因によってのみ引き起こされるわけではない。貧しい家庭に生まれた子どもは，十分な栄養や教育を受けることなく働かされ，病気やケガの高いリスクを負わされていたし，親から受け継ぐ財産もない。ひとたび不況になれば，いくら勤勉に働いていたとしても解雇されるリスクも高い。こうした状況においては，いくら自立心をもって自助努力を重ねても，貧困から抜けだすことは困難である。さらに恐慌ともなれば，中産階級であっても一夜にして貧困階級に没落することがありうるのである。とすれば，貧困は個人的な原因だけでなく社会的な原因によっても引き起こされるといえよう。

こうした貧困に対する社会的責任は，セツルメント活動の主張のほか，19世紀後半に繰り返し起きた恐慌や，失業者のデモや暴動が起きるたびに喚起されたが，貧困に対する認識転換に大きな役割を果たしたのが，ブース（C. Booth）とローントリー（B. S. Rowntree）による2つの貧困調査である。

□ **ブースのロンドン調査（1886〜1891年）** 実業家であったブースは，当時社会民主連盟が公表した4分の1以上の者が健康を維持するに足る賃金を得ていないという調査結果に疑問をもち，自ら実証するために私財をもって調査員を雇い，全ロンドン市の約430万人の調査を行った。その結果は，多くの人の予想を裏切るものであった。4分の1以上どころか，施設収容者を除く全体の30.7％の人が貧困線以下の生活状況にあることがわかったのである（表13-1参照）。

さらに，貧困になった原因についても，飲酒や浪費など個人の習慣的な問題は10％強であり，低賃金や不安定就労など労働条件によってもたらされたのが60％強と圧倒的に多かったことが判明した。

こうした結果は，当時文明国を自認していたイギリスの誇りを傷つけるもの

表 13-1　ブースのロンドン調査の結果

［A］　　　　　　（最下層）	37,610 人	0.9%	貧　困 (30.7%)
［B］　　　　　　（極貧）	316,834 人	7.5%	
［C］と［D］（貧困）	938,293 人	22.3%	
［E］と［F］（労働階級・安楽である）	2,166,503 人	51.5%	安楽な状態 (69.3%)
［G］と［H］（中産階級およびそれ以上）	749,930 人	17.8%	
総　計	4,209,170 人	100.0%	100.0%
施設収容者	99,830 人		
ロンドンの全人口	4,309,000 人		

（出所）　Booth, C.［1891］*Street & Population Classified*, Macmillan; reprinted in ［1902］, *Life and Labour of People in London*, Macmillan.

であった。ブースの**ロンドン調査**は，新救貧法体制で放置されていた貧困を，もはやこのまま放置できないことを明らかにしたのである。

□　**ロウントリーのヨーク調査（1899 年）**　　ブースの調査結果に影響を受け，地方都市のヨークで貧困調査を行ったのがロウントリーである。ロウントリーもほぼブースと同様の結果を得たが，さらに彼は「**貧困線**」を設定して分析した。第一次貧困とは，その総収入が家族の肉体的能率を維持するのにも足りないこと，第二次貧困とは，肉体的能率は何とか維持できるがいっさい余裕がない状況とした。その結果，第一次貧困線以下の人口は全体の 9.9%，第二次貧困線以下は全体の 27.8%（よって第一次貧困線以上第二次貧困線以下は 17.9%）であった。

さらにロウントリーの**ヨーク調査**は，貧しい労働者の家族は一生をとおして常に貧困であるとは限らず，ライフサイクルに応じて 3 回，第一次貧困線以下に陥りやすくなることを明らかにした（図 13-2 参照）。最初は子ども時代，次が子どもの扶養負担が高まったとき，最後に高齢などにより自らの労働能力が下がったときである。最初の 2 つは児童の扶養負担，最後は高齢によってもたらされる貧困である。このように，貧困になる原因が社会調査によって明らかにされた意義は大きい。原因がわかれば，それに応じた対策も可能になるからである。

図 13-2 ロートリーの貧困のライフサイクル

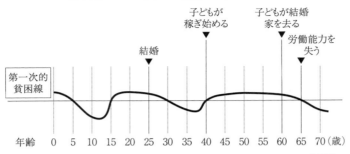

(出所) Rowntree, B. S. [1901] *Poverty: A Study of Town Life*, Macmillan（長沼弘毅訳 [1959]『貧乏研究』ダイヤモンド社）.

自由主義 VS. 貧困者救済──どう解決するか

このように 19 世紀末には，貧困者に対して何らかの新たな救済策を展開する必要性が明らかになり，また貧困の原因についても科学的に明らかにもなってきた。ではどのように貧困者救済をすればよいのだろうか。単純にその人が貧困であれば救済するというのでは，自由主義が救貧法を批判した点である，貧困者が救済に依存してしまうという問題が再燃してしまう。さらに，社会調査で明らかになったように人口の 3 割を救済対象とすれば，莫大な費用がかかってしまうであろう。労働者が自ら働いて生活を維持する自助と，国家が支援をする公助は，一見すると矛盾するように思われるが，それを両立させる道はないのだろうか。その答えが，次の unit 14 で説明する『ベヴァリッジ報告』で示された福祉国家モデルなのである。

確認問題

- □ *Check 1* 1834 年の新救貧法は，これまでの救貧法とくらべていかなる特徴を有していたか。
- □ *Check 2* ブースやロートリーの社会調査が，当時の貧困観に与えた影響とは何か。

unit

14

福祉国家の基本プラン『ベヴァリッジ報告』
──福祉国家とはどんな仕組みなのか

🔲 国家はなぜ貧困者の生活水準を改善しなければならないのか

　市民社会化と産業化は，封建的な身分制から解放され平等な地位をもつ市民
が，自ら働いて生活を維持すること（自助）を原則とする社会をつくりだした
（→unit 13）。こうした社会の変化は，市民の自由な活動を可能にしたが，その
一方で，多くの市民の生活を不安定にするという側面を有していた。なぜなら
自分の労働力以外は売るものがない市民（労働者）は，常に疾病や不況などに
よる失業のリスクにさらされており，ひとたび失業してしまえば生活の基盤と
なる自助の方策を失うことになるからである。

　さらに自助を補充する共助も，産業化にともなう住民の流動性の高まりによ
り，主体がコミュニティから家族へ移行し，さらに家族も拡大家族から核家族
へと小規模化していった。このことは共助による援助能力の低下を意味してい
る。1人の稼ぎ手の失業が家計に与える影響が大きくなるのである。こうした
自助や共助の不安定性や脆弱性が，ブースの調査においてロンドンの人口の約
3割が貧困だったという事実に表れているといえよう（→unit 13）。

　国家にとって，こうした貧困問題を放置することは，デモや暴動の多発など
につながるので治安維持の観点から許されないが，このほかにも積極的に介入
する理由があった。それは国家の集合的利益を拡大させるためである。イギリ
スでは，19世紀後半から植民地体制の強化をめざす帝国主義政策を進めたが，
そのためには優秀な労働者や兵士となる国民が欠かせなかった。しかし労働者
や兵士を主に供給する貧困層の生活水準の低さは，栄養不足，不衛生な環境，
不十分な教育などをもたらし，労働者や兵士としての質を低下させた。

145

つまりこの時期，国家が貧困問題に積極的な関心を寄せた最大の理由は，エリザベス救貧法時のように社会防衛のための治安対策でもなく，新救貧法時のように自助できない例外的な存在に対する社会的扶養でもない。国家の集合的利益を拡大させるために，貧困者の生活水準の改善が必要と考えられたからである。

ウェッブ夫妻によるナショナル・ミニマムの提唱

　国家の集合的利益を拡大させるために貧困者の生活水準の改善が必要であるという考え方の代表的なものとしては，フェビアン協会のウェッブ夫妻（S. & B. Webb）によるナショナル・ミニマムがあげられる。フェビアン協会とは，イギリスの社会民主主義団体で，穏健な社会改良をめざし，現在のイギリス労働党の母体となった団体である。

　ウェッブ夫妻は，『産業民主制論』（1897年）において，労働者が，最低限，生産者としてかつ市民として十分な効率を持続するために不可欠な賃金，余暇，安全衛生などを国家が保障する必要があること——ナショナル・ミニマムの実施——を初めて主張したのである。

　なぜこうしたナショナル・ミニマムの実施が必要なのかといえば，それは単に労働者の福祉を考えたからではない。貧困層に多く見られる低賃金労働や不安定な雇用は，労働者が生活するうえで必要とする最低限以下の賃金しかもたらさず，そうした労働者は，いずれ働けなくなってしまう。こうした事業者による労働者を使いつぶす行為は，人的資源に損失を与えたうえに，本来払うべき賃金を払わずに不当に利益を得ており，「産業上の寄生」といえる。そうした「寄生」は，産業競争の正当な淘汰を免れさせ，国民的効率を低下させてしまう。よって正当な競争を確保するために，産業界の共通規則としてナショナル・ミニマムの実施が求められたのである。

　ウェッブ夫妻のナショナル・ミニマムの構想は，1905年から始まった「救貧法および貧困救済に関する王立委員会」に，ビアトリス・ウェッブが委員として加わったことによりさらに発展した。この王立委員会は，1834年以降の新救貧法体制の行き詰まりを打開するために設置された。委員は，ビアトリス・ウェッブなど救貧法を解体し抜本的な改革を求める委員と（少数派），救貧

法体制の維持を前提とする慈善組織協会（COS）（→unit 13）の関係者（多数派）に分かれた。4年の討議を経て出された最終的な報告書も，それぞれの立場にもとづく2つのものが出された。

『多数派報告』と呼ばれるものは，慈善組織協会の主張にもとづいており，民間福祉機関による「援助に値する者」か否かの選別機能を強化し，自助努力の姿勢を失った「援助に値しない者」は公的援助機関が担当すべきと主張している。

『少数派報告』と呼ばれるものは，ウェッブ夫妻の主張にもとづいている。救貧法を解体し，貧困の有無ではなく，個別のニーズにもとづきサービスを提供し，積極的な予防的介入を行うことで，労働者に限らず，すべての人に均等なナショナル・ミニマムを実施することを主張している。ウェッブ夫妻は，すべての国民が有している生活上のリスクに対する予防という概念をもちだすことで，労働者に限らず，すべての国民をナショナル・ミニマムの対象としたのである。

ウェッブ夫妻が提唱したナショナル・ミニマムは画期的なアイデアではあったが，公的機関が国家の集合的利益のために実現すべき責務という社会的機能が強調され，市民社会が獲得してきた国民の権利としての側面は弱い。ナショナル・ミニマムを国民の権利として位置づける具体的なシステムとして提案したのが，次の『ベヴァリッジ報告』なのである。

『ベヴァリッジ報告』におけるナショナル・ミニマムの具体化

『ベヴァリッジ報告』（1942年）とは，第二次世界大戦中に政府から諮問を受けたベヴァリッジ（W. H. Beveridge）が，イギリスの社会保険や関連サービスについて立てた改革プランである。しかし，その背景にある基本的な考え方は社会保険にとどまらず，戦後の国家復興に向けた包括的なプランにもとづいており，資本主義社会における福祉国家システムのモデルとして，イギリスのみならず多くの国に影響を与えた。

『ベヴァリッジ報告』というと「5つの巨人」（five giants）のたとえが有名である。戦後の国家の再建をはばむ課題を，窮乏（貧困），疾病，無知（教育を受けられないこと），陋隘（不衛生で狭い住環境），無為（失業）という5つの巨人に

たとえ，それに対応する所得保障，包括的な保健およびリハビリテーション・サービス，教育，住宅供給，雇用の維持（完全雇用）政策を包括的に展開することの必要性を示したのである。実際これらの5つの課題に，のちに対人社会サービス（personal social services）が加えられ，これら6つの課題が戦後の社会政策の主要な課題となったのである（→unit 11）。

『ベヴァリッジ報告』の具体的な提案は，所得保障にかかわるものであり，その保障の水準としてナショナル・ミニマムを掲げ，かつそれを国民の権利として保障することを明記している。ただし，あくまで保障の水準はナショナル・ミニマムであり，それ以上ではないことが繰り返し述べられている。なぜナショナル・ミニマム以上ではいけないと考えたのであろうか。それは，労働者が自ら働いて生活を維持する自助と，国家が支援をする公助を矛盾させないためである。所得保障において，公助を必要以上に手厚くすれば，自助に向けた意欲を削ぎ公助に依存する人が多くなる危険性がある。かといって公助の水準が劣等処遇のように低すぎれば，貧困問題は解決しない。そこでナショナル・ミニマムを公助の水準とし，ナショナル・ミニマム以上の生活をするための自助の余地を残したのである。

では，どのような方法と前提のもとで，ナショナル・ミニマムを実現しようとしたのか。『ベヴァリッジ報告』では，そのために3つの方法と3つの前提を述べているが，まずは3つの方法から見てみよう。

3つの方法──社会保険・国民扶助・任意保険

3つの方法とは，社会保険・国民扶助・任意保険である。

第1の方法の社会保険は，ナショナル・ミニマムを保障する主要な役割を担うものと位置づけられている。具体的には，国民を社会保険に強制加入させ，被保険者は均一の保険料を拠出し，失業，老齢，障害などの事由が生じた場合，均一の給付額（その水準はナショナル・ミニマム）を支給する方法（均一拠出均一給付）である。

社会保険方式のほかにも，税を財源にする社会手当方式や公的扶助方式も，ナショナル・ミニマムを保障する方法として考えられる。なぜ『ベヴァリッジ報告』では社会保険方式を主要な方法として採用したのだろうか。それは，こ

> **重要ポイント**
>
> **選別主義と普遍主義**
>
> 　社会サービスの歴史的発展は，選別主義から普遍主義への移行と表現されることもあるが，これは正確ではない。普遍主義による給付が登場しても，選別主義による給付はなくならなかったからである。『ベヴァリッジ報告』においても，普遍主義による社会保険が主たる支給方法であるが，補充的とはいえ選別主義による国民扶助はなくならなかった。
>
>　そもそも普遍主義と選別主義とは，資源の再分配を行う際にその対象者を，前者はなるべく広く普遍的にとらえようとするのに対して，後者はより狭く選別的にとらえようとするものであり，その違いは相対的である。歴史的には，資力調査（ミーンズ・テスト）を必要とする場合を選別主義，必要としない場合を普遍主義と呼んできた。選別主義は，資源の再分配という点では効率的であるが，資力調査にスティグマがともなうという問題がある。普遍主義は，スティグマをともなわないが，必ずしもニーズが高くない人まで給付対象とするため，資源の再分配という点では非効率的であるという問題がある。
>
> 　また近年では，サービスを特に必要としている人を選別して重点的に資源を提供することをターゲッティングと呼ぶ。これも選別主義の一形態と考えられることもある。
>
> 　なおティトマス（R. M. Titmuss）は，普遍主義的サービスを基盤にして，個々人の資力調査ではなく，特定のカテゴリーのニード基準による選別的サービスが必要であるという積極的選別を主張した。

れまでイギリスで実施されてきた社会手当（たとえば1908年の老齢年金法によって実施された社会手当）や公的扶助（救貧法）は，いずれも資力調査（ミーンズ・テスト）を受給の要件（**選別主義**）とし，スティグマ（恥辱の烙印）をともなう制度であったからである。『ベヴァリッジ報告』では，スティグマ（恥辱の烙印）を与えずに，普遍的な権利（**普遍主義**）としてナショナル・ミニマムを保障するために，資力調査を必要とせず唯一拠出を支給要件とする社会保険制度を採用したのである。

　第2の方法の国民扶助（わが国の生活保護にあたるもの）は，社会保険を補充する役割を担うものと位置づけられている。社会保険の制度上の問題点として，保険料の長期にわたる拠出を必要とするため，拠出回数が給付要件を満たせな

い者が必ず生じる。たとえば，保険制度開始時に，すでに高齢者や障害者となっている場合などである。こうした事態に対応するために，国民扶助が補充的役割を担う必要がある。ただしあくまで，社会保険制度が完成するまでの過渡的な補充と考えられた。また，国民扶助も社会保険も，その支給水準がナショナル・ミニマムであるため，容易に国民扶助を受給できれば，社会保険料の拠出意欲を削ぐことになる。そのため国民扶助は，資力調査を行い社会保険にくらべて望ましくないというスティグマ（恥辱の烙印）を与える制度とされたのである。

第3の方法の任意保険は，社会保険に付加する制度と位置づけられている。任意保険とはいわゆる民間の養老年金保険などを意味するが，なぜ国家の社会保障プランのなかに位置づけられているのだろうか。それはナショナル・ミニマムが，平均的な国民のミニマム水準を意味しているが，国民1人ひとりが，いかなる生活水準を実際にミニマムと感じるかは千差万別だからである。つまりナショナル・ミニマム以上の生活水準の保障を求める者が，自助努力として対処することを奨励するために，任意保険制度の保護育成を国家の政策として位置づけたのである。

『ベヴァリッジ報告』では，社会保険を主要な手段として位置づけてナショナル・ミニマムを実現しようとしたが，社会保険を受給するまでは，基本的に労働による自助努力によってミニマム以上の生活が送れることを前提としている。そのために『ベヴァリッジ報告』では，次の3つの前提を条件に設定している。

🗂 3つの前提──児童手当・包括的な保健医療サービス・完全雇用

3つの前提とは，児童手当・包括的な保健医療サービス・完全雇用である。

まず，なぜ児童手当が前提とされるのか見てみよう。労働者が自助努力でミニマム以上の収入を得ようとしても，そのミニマムの水準は扶養家族の規模（子どもの数）によって異なる。しかし賃金は，原則として労働力の商品価値によって決まり，必ずしも扶養家族の規模を考慮するものではない（子どもが多いからといって賃金は上がらない）。しかし，扶養家族の問題が世帯の生活水準に大きな影響を与えていることは，unit 13で紹介したローントリーのヨーク調

査におけるライフサイクルと貧困との関係性の指摘でも明らかである。同様に，ナショナル・ミニマムの失業給付を受けている世帯においても，扶養家族の規模の違いは，ミニマムの水準に違いをもたらす。そこで，扶養者が就業中であるか否かにかかわらず普遍的に支給される児童手当を，社会保険の前提となる制度としたのである。

次の包括的な保健医療サービスとは，予防・治療・リハビリテーションを包括的にかつ普遍的に提供する保健医療サービスのことである。すべての国民が安心して早期に包括的な保健医療サービスを受けられ，健康を維持することは，労働者として自助努力を行う前提条件である。実際には，普遍的な無料の医療サービスである**ナショナル・ヘルス・サービス（NHS）**として制度化され，イギリスの福祉国家としての象徴的な制度と呼ばれるようになった。

最後に，完全雇用であるが，これはナショナル・ミニマムを保障する福祉国家システムにとってもっとも重要な前提条件である。完全雇用とは，失業率が0％（現実にも0％はありえない）を意味しているわけではなく，大量失業や，個々人の長期の失業状態をなくし，労働への機会が，労働可能者にある程度公平に分配されている状態をいう。社会保険によって，ナショナル・ミニマムが保障されたとはいえ，労働が可能な者にとって，生活をするうえでの基本的な手段は労働である。ミニマム以上の生活水準は労働によってしか獲得できない。とすれば労働の機会が，労働が可能な者のすべてに行きわたらず，一部の者しか労働にアクセスできないとすれば，社会規範として不公正・不正義の状態を生みだし，社会を分裂させる要因となってしまう。さらに財政的にも，大量失業は，保険料拠出者や納税者を減らし，社会保険受給者が増えることを意味し，財政を逼迫させる要因となるのである。

ではどうすれば完全雇用を実現できるのだろうか。これまでの古典派経済学では，市場のダイナミクスによる景気変動のなかで失業は避けられず，国家が市場に介入することはかえって市場の効率性を失わせることになると考えられていた。しかしこの時期に台頭してきたケインズ主義経済学では，財政・金融政策をとおして国家が市場に介入することによって，有効需要を創出し，計画的な持続的経済成長により雇用維持がはかられると主張し，実際にそうした政策で有効性が示された。つまり完全雇用は，ケインズ主義経済学の登場によって

初めて実現可能な政策課題となったのである。よって完全雇用を最大の前提条件とする福祉国家システムは，のちに「**ケインズ主義的福祉国家**」とも呼ばれることになるのである。

『ベヴァリッジ報告』の意義と限界

『ベヴァリッジ報告』は，戦時中の困難な状況にあったイギリス国民に，戦後の希望を与えるものとして強く支持された。イギリス政府は，『ベヴァリッジ報告』を実現した場合の財政上の負担を懸念し，当初は実現に消極的であった。しかし国民の強い支持を背景に，戦中から戦後にかけてほぼ『ベヴァリッジ報告』で提案された福祉国家システムが整備されていったのである。

『ベヴァリッジ報告』は，社会保険を主要な手段としてナショナル・ミニマムを保障することで，市民社会の原則である自助と，その自助原則が生みだした貧困に対する公助への権利を，矛盾することなく結びつけた。ベヴァリッジが示した福祉国家モデルは，イギリスのみならず，市民社会化や産業化の進んだ先進資本主義諸国に，大きな影響を与えたのである。実際の福祉国家としての制度は各国で異なるが，基本的な特徴としての「ケインズ主義的福祉国家」という性格は共通しているのである。

しかし『ベヴァリッジ報告』が示した福祉国家モデルには，当初からいくつかの解決困難な問題点があった。

第1に，ナショナル・ミニマムの水準とインフレーションの問題である。

社会保険の保険料は，支給額に応じて算定される。保険料の算定時に，ナショナル・ミニマムの水準で支給できるように設定しても，物価が上昇し貨幣の価値が下がるインフレーションになれば，それに応じて保険料を上げ続けなければ，ナショナル・ミニマムを実質的に下回る支給しかできない。ケインズ主義経済政策は，持続的な経済成長をめざす政策であり，インフレーションが生じやすい。しかし保険料を上げ続けると，低所得者は保険料を払い続けられなくなる。さらに，社会保険の支給が開始されれば，保険数理上で支給額が確定され，インフレーションになれば，実質的に支給水準は低下する。実際に戦後のイギリスの社会保険では，インフレにより国民扶助以下の水準しか保障できなかったのである。そのため1960年代には，社会保険の給付水準を上げるた

め，均一拠出均一給付の原則が放棄され，所得比例拠出・給付に変更された。その結果，社会保険は，中産階級に対してはナショナル・ミニマム水準を超えて所得を保障する手段となったが，低所得者に対してはナショナル・ミニマムを保障することはできなかった。

第2に，自助原則を前提としたナショナル・ミニマム保障の問題点である。『ベヴァリッジ報告』は，あくまで労働で自助することを優先し，労働が困難になったときは，国家がナショナル・ミニマムを保障しようとするものである。よって労働可能ではあるが，不安定雇用や低賃金雇用にしかつけず十分な生活水準が達成できない者（働く貧困層：ワーキングプア）の存在を想定していない。そのため，働く貧困層の中核を占める少数民族，移民，母子世帯などが結果的に社会的排除を受け，社会の周辺に位置づけられることになるのである。

実際に1960年代には，中産階級にとって「ゆたかな社会」が実現するが，その陰で，貧困者が増大し，貧困問題が福祉国家システムでも解決できていないことが大きな社会問題となるのである（「**貧困の再発見**」）。

さらに障害者や高齢者は，労働による自助を行うには制限があり，社会保険で十分な保障が受けられなければ，スティグマ（恥辱の烙印）が付与される国民扶助を頼るしかない。さらにコミュニティ・ケア（→unit 15・22）が実施されるまでは，扶養家族がいなければミニマムの水準で運営される施設に隔離収容され，強い社会的排除を受けたのである。このような問題は，国家の集合的利益にもとづくナショナル・ミニマム思想だけでは改善できない。ノーマライゼーション（→unit 22）のように，国家の集合的利益を求めるのではなく，それに対抗して個人の尊厳を重視する社会福祉思想が必要となるのである。

確認問題

- ☐ *Check 1* ウェッブ夫妻は，なぜナショナル・ミニマムを国民に保障する必要があると考えたのか。
- ☐ *Check 2* 『ベヴァリッジ報告』ではどのような方法で，ナショナル・ミニマムの保障を具体化したか。

unit 15

福祉国家はどこへ行くのか
—福祉国家の危機とその対応

福祉国家の危機とは何か

ベヴァリッジがモデルを示した「**ケインズ主義的福祉国家**」という体制は，当初よりいくつかの問題点を抱えていた（→unit 14）。それでも，ケインズ（J. M. Keynes）の経済理論にもとづく経済政策によって，持続的な経済成長が実現できている間は，一部の論者が福祉国家体制の矛盾や危機を論じることがあっても，さほど問題視されなかった。実際，1950 年代から 1960 年代にかけて西欧諸国においては，福祉国家政策は労働者側からも資本の側からも支持されており，政権政党が交替しても，福祉国家政策を維持・拡大する傾向に変わりがなかった。いわゆる「合意にもとづく政治」「イデオロギーの終焉」と呼ばれる状況が生みだされていたのである。まさに「福祉国家の黄金時代」だったのである。

しかし 1973 年の第四次中東戦争による OPEC の原油価格の大幅な値上げ（石油危機）は，安価な化石燃料を大量消費することで支えられていた先進資本主義諸国の経済成長の限界を明らかにした。そしてこの経済成長の鈍化が，福祉国家に危機をもたらしたのだ。というのは，経済成長は生活を豊かにし，国民の寿命を延ばし，高齢化社会をもたらす。それに対応する社会サービスも経済成長による国家税収などの増加で対応できた。しかしひとたび経済成長が鈍化したからといって急に社会サービスの水準を落とすことはできない。むしろ高齢化により社会サービスを必要とする人は年々増加するのだ。その結果，先進諸国には共通して社会サービスの財源問題が生じたのである。

また「合意にもとづく政治」や「イデオロギーの終焉」と呼ばれる状況が続

くためにも，経済成長は欠かせない。異なる要求を同時に満足させるためには，経済成長による余剰がたえず増加し続けている必要があるからである。石油危機以降，「イデオロギーの終焉」は終焉し，左右のさまざまなイデオロギーが福祉国家を批判し，福祉国家の再検討が進むことになるのである。

福祉国家に対する批判

□ **福祉国家が自由を奪った──新自由主義・新保守主義からの批判**　新自由主義や新保守主義とは，経済市場においては，規制などの政府の介入を排除し，より競争的な経済の再生を，そして経済市場以外においては，伝統的な社会的・政治的権威による秩序維持を主張する立場である。代表的な論者としては，ハイエク（F. A. Hayek），フリードマン（M. Friedman），ノージック（R. Nozick）などがいる。

　新自由主義や新保守主義による福祉国家に対する批判は，以下の点である。第1に，福祉国家が社会サービスを過度に肥大化させ，それを維持するための財源負担（税や社会保険料）が経済市場の活動を制約している。第2に，福祉国家が社会サービスを運営するために官僚制を肥大化させた結果，硬直化し非効率な運営がなされ，国の権限を過度に強化する結果となっている。

　先進資本主義諸国の経済の長期低迷や，社会主義諸国の影響力の衰退が，新自由主義や新保守主義の主張への支持を増やした。その結果，イギリスでは1979年に保守党のサッチャー（M. H. Thatcher）が首相になり，政府による社会サービスを民営化し，経済市場の自律性を重視した政策を打ちだした。こうした政策で市場経済は持ち直したものの，イギリスでは貧富の差が拡大し失業者も増加したため，当初の計画と異なり，社会サービス費は抑制できず逆に拡大することとなったのである。

　新自由主義者らの政策の評価については論者により異なるが，福祉国家が財源の点で市場経済に依存しているという側面や，福祉国家における官僚制の問題点を明らかにした点で，現在でも影響力をもっているといえよう。

□ **福祉国家は矛盾した体制である──ネオ・マルクス主義からの批判**　ネオ・マルクス主義とは，資本主義経済体制の内在的な問題点を分析し社会主義経済への移行を主張したマルクス主義を，批判的に継承する立場である。ただ

し資本主義経済体制に対して批判的であるという点ではマルクス主義と共通している。代表的な論者としては，ゴフ（I. Gough）やオッフェ（C. Offe）などがいる。

ネオ・マルクス主義による福祉国家に対する批判とは，福祉国家政策なしには資本主義経済そのものが成り立たないが，福祉国家体制はさまざまな矛盾を抱えており，けっして安定した体制ではないというものである。福祉国家は市場の無秩序な活動を社会的に統制する一方で，国民を資本主義経済の要求に適応するように社会的に統制するという矛盾する機能を有している。つまり資本と労働の双方にとって肯定的な機能と否定的な機能を併せもっていると分析している。そのうえで，新自由主義者らの主張にしたがって福祉国家政策をやめることも，あるいは現状の福祉国家政策を続けることも，いずれも困難であると指摘している。

　□ **福祉国家は労働者だけのものではない——新しい社会運動からの批判**　新しい社会運動とは，旧来のマルクス主義を基盤とした労働運動とは異なるという意味で「新しい」社会運動である。「ケインズ主義的福祉国家」とは，持続的な経済成長の果実を社会サービスで再分配することにより，労働者の生活を改善し政治的な安定をはかるシステムである。そのため，労働者以外の地位にある人や，正規労働者の周辺に追いやられた不安定就労の人たちの問題は，政治的な課題になりにくかった。しかし1970年代以降，経済成長の停滞とそれにともなう賃金上昇の鈍化を受けて，労働組合の政治的発言力も低下すると，労働組合に代わる社会運動として，新しい社会運動が台頭してきたのである。新しい社会運動は，同性愛運動や，最近の反グローバリズム運動まで，その内容は多種多様なものである。ただし福祉国家にかかわるものとしては，大きく2つに分けられる。

　まず福祉国家体制では十分に支援が受けられない人たちによる批判である。たとえば，フェミニズムのグループは，福祉国家は，有償労働は男性が，家事労働という無償労働は女性が分担すること（男性稼ぎ手モデル）を前提としており，女性の犠牲のうえに成り立っているシステムであると批判している。このほかにも，反人種差別主義のグループは，民族的少数派が安定した仕事から排除され，不安定で低賃金の仕事にしかつけず，そのうえ，雇用保険，健康保険，

年金保険など，労働者の地位にもとづいて行われる社会サービスからも排除されていると批判している。このほかに，障害者グループによる，障害者は施設に隔離され市民としてのあたりまえの生活から排除されているという批判もこうした新しい社会運動の流れに位置づけられる。

　もう1つは，環境保護派による批判である。「緑の党」に代表されるグループであるが，福祉国家は持続的な経済成長を前提としており，化石燃料の大量消費による環境汚染や環境破壊など環境に負荷をかけ，地球環境という点では，逆に反福祉的であると批判している。経済成長による物質的な富の拡大を善とする価値観そのものを批判しているのである。

　これらの福祉国家に対する批判に対して，どのように応えればよいのだろうか。ネオ・マルクス主義者が分析するようにいくら不安定とはいえ，福祉国家という体制をやめることはできないのだ。とすれば当面の方策は，福祉国家の問題点を改善する方向性を探ることであろう。そして多くの先進資本主義諸国で，1980年代以降，福祉国家改革が行われたが，その方向性には大きな点では共通点が見られるのである。

🔲 コミュニティ・ケア——福祉サービスの地方分権化

　高齢者や障害者などを施設に収容してケアするのではなく，個々の地域社会のなかで生活が継続できるようにケアをするという**コミュニティ・ケア**（→unit 22）への政策転換は，イギリスやスウェーデン，デンマークなどでは，福祉国家の危機以前の1960年代ごろから行われた。しかしコミュニティ・ケアへの政策転換は，実施主体となる地方自治体への分権化をともない，結果として国（中央政府）の官僚制の決定権を削ぐことになる。その意味で，福祉国家改革のさきがけとなったのである。

　「ケインズ主義的福祉国家」は労働者の生活保障が中心であることは先述したが，労働者を引退した高齢者や障害者に対しては，社会保険による現金給付しか基本的に想定されていなかった。そのため，高齢者や障害者のケアは，家族が対応するか，それが困難な場合には，入所施設でケアを受ける以外の選択肢はなかった。

　しかしデンマークやスウェーデンで始まった**ノーマライゼーション**（→unit

22）という考え方は，知的障害者であるからといって，地域社会との関係を断ち切られ，集団生活の規律に服従する入所施設での生活を強いられることは，同じ市民としてけっしてノーマル（あたりまえ）な生活とはいえないと主張した。入所型の施設をやめて（脱施設化），地域で生活を続けられるためにコミュニティ・ケアを行うというこの方向性は，知的障害者のみならず，入所施設に収容されていた身体障害者や精神障害者，高齢者をも対象としていったのである。このことは福祉国家体制にとって，労働者の生活保障以外にも，**対人社会サービス**（社会福祉サービス）という社会サービスが重要であることを認識させることになったのである（「6番目の社会サービス」）。

　イギリスでも，1950年代末に，精神障害者や知的障害者において施設ケアからコミュニティ・ケアへの転換が検討され始めた。1968年には**シーボーム報告書**（「地方自治体とパーソナル・ソーシャル・サービスに関する委員会報告書」）が出され，その報告書の趣旨は1970年の地方自治体社会サービス法で具体化された。まず，社会サービスに関連する地方自治体の各行政組織を統合し，住民のニーズに総合的に対応するソーシャルワークへと転換した。そのうえで主に地方自治体が担う社会サービスとして，対人社会サービス（社会福祉サービス）を位置づけたのである。

　このことは，対人社会サービスにおける中央政府から地方政府への分権化が進むことを意味する。コミュニティ・ケアのあり方は，まさにコミュニティによって異なり，対人社会サービスは利用者の状況に合わせて個別的な対応を求められる。そのため中央政府の一律的な判断で平等な対応をはかるのではなく，地方政府による個々の状況に応じた判断が望ましいのである。

🔲 福祉多元主義──民間営利部門の福祉への参入

　コミュニティ・ケアへの転換は，たしかに中央政府の行政官僚による硬直化した福祉サービスからの転換をはかる契機になった。しかし福祉国家の危機が深刻化すると，年々増加する福祉サービス予算の伸び率を抑制するために，より効率的な運営が求められることになった。それに応える1つの方策が，**福祉多元主義**と呼ばれる福祉サービスの供給体制の多元化である。福祉サービスを政府が一元的に供給するのではなく，民間営利部門や民間非営利部門を含めた

多元的な主体が競うことで，サービスの運営コストの合理化をはかろうとするものである。

福祉を供給する主体は，**民間非営利部門**（NPO や宗教団体など），**インフォーマル部門**（家族・コミュニティなど），**民間営利部門**（株式会社など），**公的部門**（中央政府や地方政府など）の 4 部門に分けることができる。それぞれは，社会サービス・市場・家族という福祉の生産システム（→unit 11）において活動している。しかしそれぞれの部門は，すべての生産システムで活動できるわけではない。たとえば，日本でも近年の福祉改革までは，社会サービスの 1 つである福祉サービスを主に供給できたのは，公的部門か，あるいは政府の強い規制を受けた特殊な民間非営利部門（社会福祉法人）であった。社会福祉法人以外の民間非営利部門や民間営利部門が社会サービスとして福祉サービスを提供しようとしても制約が大きく，実質的に政府が全面的に福祉サービスをコントロールしていたのである（→unit 20）。

しかし福祉国家の危機以降，特に新自由主義者らの政府機能の肥大化に対する批判は，行政サービスで民営化が可能なものは民間部門の参入を認めるという政策転換につながった。たしかに行政サービスのなかには完全に市場に移管し，市場原理にもとづいて運営することが可能なサービスもあるが，社会サービスは「**市場の失敗**」（→unit 11）を補正するために歴史的に形成されたサービスである以上，民営化にも限界がある。そこで社会サービスにおいては，市場に移管するのではなく，社会サービスに限定的に市場原理を導入し，**準（擬似）市場**を形成したのである（→unit 19）。

具体的には，サービスの購入者と提供者を分離して，サービスの購入は引き続き政府が責任をもつものの，サービスの提供には民間営利部門や民間非営利部門など多元的な主体の参加を認めたのである。イギリスでは，1990 年に国民保健サービスおよびコミュニティ・ケア法が制定された。ケアマネジメントシステムを導入し，地方自治体のサービス購入部門と提供部門を分離し，民間団体の積極的な参入を促したのである。

このように政府はサービスの供給者としての役割は縮小し，サービスの規制や財源確保など，サービスを提供する基盤整備に役割を限定化しつつある。このような限定的な役割を担う国家を「**条件整備国家**」と呼ぶ。

「条件整備国家」への移行は，イギリスやアメリカで進んでおり，国によって移行の程度は異なるが，公的部門によるサービス供給の割合が高いスウェーデンですら民間委託を一部の自治体が導入しており，福祉サービスの供給主体を多元化するという方向性は今後も広がると思われる。

ワークフェア──労働市場への復帰を支援する

福祉国家の危機以降の福祉改革で，福祉多元主義の導入と並んで大きな動向は，所得保障を受けている人を労働市場へと復帰させるワークフェア政策の導入である。**ワークフェア**（workfare）とは，ウェルフェア（welfare）をもじった造語で，「福祉から就労へ」（welfare to work）とも呼ばれるように，労働が可能でありながら所得保障を受給している人を労働市場に戻すための政策を意味する。

もともと福祉国家が，社会サービスを提供するにあたって国民に課した義務とは労働であった。労働が可能な者は，所得保障などの社会サービスに依存せず，労働により市場で所得を得ることが当然視されていたのである。そして職業紹介サービスや職業リハビリテーションなど，労働力の商品化を促す雇用サービスは，「福祉から就労へ」を目的とするものであり，広い意味でワークフェア政策を当初より行ってきたといえる。

しかし福祉国家の危機以降は，失業給付や公的扶助の受給者が労働の義務を果たしていないとの批判が高まり，ワークフェア政策の見直しや強化が検討されるようになったのである。その見直しの方向性は大きく2つある。

第1は，給付の条件として就労活動を課すという方策である。実例としては，アメリカの1996年のTANF（貧困家庭一時扶助）があげられる。主にシングルマザーを対象とした給付であるが，給付にあたっては職業訓練や公共作業への参加などの就労活動を行うことが義務づけられており，給付期間も1回につき2年間を期限とし，通算受給期間は5年間に制限されている。ワークフェアの代表的な政策であり，狭義の意味でワークフェアという場合はこうした政策をさす。

第2は，労働者への就労支援を強化することである。スウェーデンは，労働者の再教育を積極的に行い生産性の高い業種に労働者を移動させ，また公的部

> **重要ポイント**
>
> ### 「第三の道」政策
>
> 　「第三の道」政策とは，福祉国家を支えてきた旧来の社会民主主義でも，福祉国家を批判する新自由主義でもない，まさに第三の道を示すものと，ギデンズは述べている。この政策の特徴は以下の点である。
>
> ●ラディカルな中道政治：旧来の労働者と資本家という対立でとらえられない問題（教育改革，福祉改革，環境保護，犯罪抑止）に根本的に対処する。
>
> ●ポジティブ・ウェルフェア（積極的福祉）：これまでの福祉国家は，リスクを共同化して最小限にするという消極的なリスク管理（社会保険方式）であった。しかし積極的にリスクを引き受ける人（たとえば，失業保険の受給期間が残っていても早期に再就職するなど）が有利になる積極的なリスク管理（ポジティブ・ウェルフェア：積極的福祉）を導入する。
>
> ●社会投資国家：情報通信分野への産業構造の転換にともない，知識労働者などの新たな人的資本が必要になる。職業的再教育により福祉サービスの受給者も雇用に結びつける（ワークフェア政策）。
>
> ●包摂（インクルージョン）のための機会の平等：不平等とは，保有している資源の差ではなく，就職などの機会から実質的に排除されていることを意味する。機会の平等を実現することで包摂（インクルージョン）をめざす。
>
> 　ギデンズの「第三の道」政策は，イギリス労働党のブレア政権に大きな影響を与えただけでなく，わが国も含め，先進諸国の中道左派政党の政策指針に大きな影響をもたらしている。

門で雇用して完全雇用を実現してきた。しかし近年は公的雇用を抑制し，これまで以上に民間事業所への就労支援を強化している。またイギリスのブレア政権に影響を与えたギデンズ（A. Giddens）は，「第三の道」政策として「社会投資国家」を提唱しており，所得保障の受給者を人的資本とみなし，職業的再教育によって雇用に結びつけることの必要性を述べている。

　近年わが国でも，いろいろな福祉の分野において「自立支援」が政策の目標として強化されており，これは各国のワークフェア政策の見直しと軌を一にするものである。

21世紀の福祉国家

21世紀の福祉国家は，これまで述べてきた福祉国家の課題を未解決なままでは存続しえないのである。コミュニティ・ケア，福祉多元主義，ワークフェアは，福祉国家の問題点の一部を修正する試みであるが，これらの試みだけでは，特に新しい社会運動が指摘した問題には応えられていない。女性を介護や育児などの無償の家事労働から解放するための脱家族化政策や，多様なマイノリティをその多様性を維持しながら**社会的包摂**を実現する政策，環境に配慮した経済活動とそれを前提にした**持続可能な社会**を実現する政策など，それぞれの国の状況にもとづいて具体化することが求められている。

日本では，高齢者の介護・医療にかかわる費用負担や年金改革など，高齢者をめぐる問題だけに焦点化されているが，問題はけっしてそれにとどまるものではない。国民の全般にかかわる，市場・家族・社会サービスという福祉の生産システムそのもののあり方や相互の関係性（福祉レジーム→unit 11）が今問われているのである。

そして社会福祉は，これら福祉国家が抱えているさまざまな課題を十分に理解したうえで，生活者の視点にたち，必要に応じて補充的な機能を果たしていく必要があるのである（→unit 12）。

確認問題

- [ ] *Check 1* 福祉国家への批判としては，どのようなものがあるか。
- [ ] *Check 2* 福祉国家の改革に共通する方向性としてはどのようなものがあるか。

文献案内

- [ ] 圷洋一［2012］『福祉国家』法律文化社。
  福祉国家に関する議論をわかりやすく整理した概説書。社会的排除やベーシックインカムなど新しい論点についても紹介している。
- [ ] ブルジェール，F［2016］『ケアの社会——個人を支える政治』（原山哲・山下りえ子・阿部又一郎訳）風間書房。

現代社会において「個人化」が進展し，孤立化や社会的排除が問題となっている状況において，個人を支える新たな社会国家（福祉国家）のあり方を論じている。

□　ロンドン，J.［1995］『どん底の人びと』（行方昭夫訳）岩波文庫。

□　トインビー，P.［2005］『ハードワーク』（椋田直子訳）東洋経済新報社。

　前者は，1902 年のロンドンの貧民街のルポルタージュ。貧民街に潜入し，実際にそこで生活したときの様子を記している。後者は，その百年後のロンドンで，最低賃金での生活を体験した新聞記者のレポートである。両者を読みくらべてみて，貧困が人の生活にもたらす意味は変わったのか考えてほしい。

□　金子光一［2005］『社会福祉のあゆみ』有斐閣。

　イギリスを中心に社会福祉の歴史を，図表やコラムをまじえてわかりやすくまとめた本である。また日本の社会福祉の歴史もコンパクトに紹介されている。

□　岩崎晋也・池本美和子・稲沢公一［2005］『資料で読み解く社会福祉』有斐閣。

　理論家の原典資料をわかりやすく解説している本。福祉国家に関する理論の紹介やニーズ（社会的必要性）に関する理論の紹介を行っている。

KeyWords 5

第5章
福祉国家の形成

- [ ] エリザベス救貧法　138
- [ ] 全国的統一の原則　139
- [ ] 劣等処遇の原則　139
- [ ] 院内救済の原則　139
- [ ] 労役場（ワークハウス）　139
- [ ] スティグマ（恥辱の烙印）　139
- [ ] 新救貧法　139
- [ ] 慈善組織協会　140
- [ ] 援助に値する貧民　140
- [ ] 友愛組合　141
- [ ] セツルメント　141
- [ ] トインビー・ホール　141
- [ ] ロンドン調査　143
- [ ] 貧困線　143
- [ ] ヨーク調査　143
- [ ] ナショナル・ミニマム　146
- [ ] 少数派報告　147
- [ ] ベヴァリッジ報告　147
- [ ] 5つの巨人　147
- [ ] 選別主義　149

- [ ] 普遍主義　149
- [ ] ナショナル・ヘルス・サービス（NHS）　151
- [ ] ケインズ主義的福祉国家　152, 154
- [ ] 貧困の再発見　153
- [ ] コミュニティ・ケア　157
- [ ] ノーマライゼーション　157
- [ ] 対人社会サービス　158
- [ ] シーボーム報告　158
- [ ] 福祉多元主義　158
- [ ] 民間非営利部門　159
- [ ] インフォーマル部門　159
- [ ] 民間営利部門　159
- [ ] 公的部門　159
- [ ] 市場の失敗　159
- [ ] 準（擬似）市場　159
- [ ] 条件整備国家　159
- [ ] ワークフェア　160
- [ ] 社会的包摂　162
- [ ] 持続可能な社会　162

第 **6** 章

日本の社会福祉のあゆみ

16 戦前の社会福祉
17 戦後の社会福祉

この章の位置づけ

社会福祉政策の領域は，第7章で紹介するように，法律や制度がたくさんあり，また法律や制度の改正が毎年のように行われ，それを理解するだけでも大変である。しかし単に目の前の法律や制度だけを取りだして理解しようとしても，それは表面的な理解でしかない。歴史的な経緯のうえに今があるのであり，それを理解してこそ，新しい法律や制度の意義も深く理解できるのである。

さらに，日本の社会福祉の歴史を理解するうえで重要なのは，イギリスなどの先進資本主義諸国との比較で理解することである。日本は，今でこそ先進資本主義諸国の一員であるが，歴史的に見れば，産業化が遅れた後進国であった。日本の産業化や市民社会化が遅れたことが，社会福祉や社会政策の展開に大きな影響を与えたのである。そうした日本の特殊性を理解してほしい。

この章で学ぶこと

unit 16 戦前の歴史を，4つの時代に区切って理解する。節目となったのは，日露戦争，第一次世界大戦，日中戦争である。これらの戦争がもたらした産業化の進展や社会問題の深刻化が，新たな社会福祉政策の段階を必要としたことを理解する。

unit 17 戦後の歴史を，4つの時代に区切って理解する。戦前の政策の問題点をどのように克服したか，そして現在の少子高齢化という福祉サービス需要の急激な増大に，どのように対処しているのかを理解する。

Introduction 6

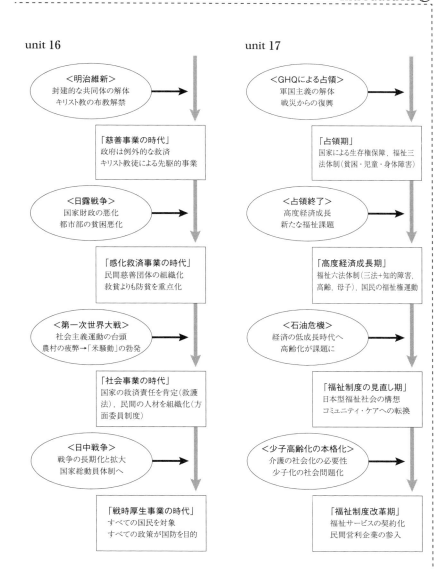

unit 16

戦前の社会福祉
——慈善事業から社会事業へ

戦前の社会福祉を理解するポイント

　日本の社会福祉の歴史をイギリスの社会福祉の歴史との対比で理解する場合，比較対象となる時期は，イギリスが 16 世紀以降であったのに対し（→unit 13），日本は封建制を廃止し産業化を進めた 1868 年の明治維新以降となる。この違いが，イギリスとくらべて次の特徴を日本の歴史にもたらした。

　第 1 に，短期間で産業化が進展したことである。

　明治政府は，列強諸国に植民地化されることへの恐れから，一気に封建制を破壊し，富国強兵・文明開化政策を推し進めようとした。産業化に関しては，国家が主導して殖産興業政策を行い，列強諸国から，技術と資本を導入し，急速な産業化を行った。その結果，約 25 年後の日清戦争のころには軽工業で産業革命が起きた。しかし急速な産業化が引き起こす社会問題（貧困など）に対しては，列強諸国に追いつくための産業化と軍事増強にかかわる費用支出を最優先としたため，明治時代には，ほとんど積極的な対策はとられなかった。

　その理由としては，財政問題のほか，賃労働者人口が国民全体のなかではそれほど大きくなかったという点があげられる。たしかに日本では産業革命が起きたころを境に，農林水産業従事者人口は減りだすが，それでも全有業者の 75% を占めていた。後に見るように，ようやく国家が積極的に社会福祉政策（社会事業）を行うようになった 1920 年ごろでも，農林水産業の従事者は全有業者の 54% を占め，同年のイギリスの 7.5% とくらべると，圧倒的に土地に結びついた暮らしをしていた。不況や疾病で働けなくなっても，故郷に帰って，家族や親族による共助のもと，生活を維持する余地があったのである。

第2に，市民としての権利の確立が不十分であったことである。

明治政府は，職業選択の自由や居住地の移転の自由を認め，封建的な身分制を廃止した。しかしイギリスで国王の王権を制限する過程で市民権が確立したのとは異なり，明治維新はあくまで上からの改革であり，市民としての自由権や参政権の確立はなされなかった。その後，国民の運動を受け制定された大日本帝国憲法においても，天皇を主権者とし，臣民としての国民の権利は制限されたものであった。そのため昭和初期の満州事変以降の軍国主義化により，個人の権利はいっそう否定され，国家の集合的利益を過度に優先する社会福祉（戦時厚生事業）の推進を促すことになったのである。その結果，国家の利益拡大に結びつく者への社会福祉は手厚くし，そうでない者への社会福祉が切り捨てられるという問題も生じた。

以下，明治以降の社会福祉の展開を見ていくが，社会福祉という呼称は第二次世界大戦後のものであり，戦前は，時代とともにその呼称も変遷してきたことに着目してほしい。呼称の変化は，社会福祉に求められる社会的機能の変化を意味している。そしてその変化は，主に日本の対外戦争がもたらす産業化の進展と，それにもとづく社会問題の深刻化に対応するものだったのである。まずは明治初頭の**慈善事業**の時代から見てみよう。

🔲 慈善事業の時代──明治初期から日露戦争まで

明治政府は，封建的な身分制度を廃止するだけでなく，幕府や各藩で行われていた封建的な貧民救済策も廃止した。その代わりに政府による公的救済として，1874年に**恤救規則**をもうけたが，あくまで基本は，共同体や家族による共助を基本とし，共助の対象から漏れ，かつ自助が困難な障害者や高齢者といった「無告の窮民」に限定して救済した。その結果，救済者数は封建的な貧民救済策のころの数とくらべても，極端に少なかった。恤救規則の設立意図は，新政府および天皇の「仁政」を示すためであり，救済額も1日5合分の米代を支給するのみであり，前近代的性格を残していた。

では，封建的な共同体が解体するなかで，自助も共助も困難な者の救済には誰があたったのだろうか。政府も，恤救規則のほかに，都市において生活に困窮している者の収容施設を設立したが，治安対策を目的とする限定的な対応で

あった。この時期，活発な活動を行ったのは，キリスト教徒による慈善事業であった。児童養護事業である岩永マキの浦上養育院や石井十次の**岡山孤児院**，犯罪者更正事業である原胤昭の免囚保護所など，キリスト教徒による先駆的な実践が各地で行われた。

日清戦争（1894〜95年）のころには，綿糸紡績や製糸業を中心とした軽工業が発展し，日本でも産業革命が進行した。また日清戦争後には，重工業も発展し，労働者の貧困や都市下層社会の問題が発生した。こうした問題に対して，貧困児童の保育事業である野口幽香らの二葉幼稚園，セツルメント事業である片山潜の**キングスレー館**，廃娼運動などを行った山室軍平をリーダーとする**救世軍**などが展開された。

🔲 感化救済事業の時代──日露戦争から第一次世界大戦まで

産業革命の進展は，特に都市部における貧困問題を深刻化させた。さらに日露戦争（1904〜05年）は当時の国力を超える出費を必要とし，戦費の7割を外国債でまかなった。また戦争が終結しても，国家の財政状況は改善しないため，国民生活への負担が継続し，社会不安が増大し，社会主義運動が台頭してきた。

こうした事態に，政府は厳しい財政状況のため恤救規則の運用を厳格化し，国民を精神的に教化することで国内の統制をはかろうとし，救貧よりも防貧を重視する姿勢を打ちだした。これを実現するために，民間慈善団体を活用した。内務省は，民間の慈善団体を連絡統制する団体として**中央慈善協会**（1908年，現在の全国社会福祉協議会）を設立させ，感化救済事業講習会を開催し，慈善団体に奨励助成金を交付した。

また，国民を教化するうえで天皇制的慈恵を強調した。たとえば災害時には天皇から下賜金を贈り，天皇の慈恵を印象づけた。さらに，慈善団体にも天皇から下賜金が贈られ，民間慈善事業も天皇の慈恵によって支えられているという構図をつくりだした。この時期の下賜金による教化の典型は，貧困者の救療事業のために設立された恩賜財団済生会（1911年）である。天皇は，済生会設立のため下賜金150万円を提供したが，民間からの寄付は，地方長官を通じて半ば強制的に集められたこともあり，約2600万円に達した。その結果設立された済生会は，形式的には民間法人でありながら，運営には行政が関与し，そ

の功績は天皇の慈恵に結びつけられたのである。この**感化救済事業**の時代に形成された，行政と民間の癒着構造や，天皇制を媒介にした民間福祉事業の統制という構図が，戦前のわが国の民間社会福祉事業の大きな制約となるのである。

なお感化救済事業の時代にあって，例外的に国家が救貧事業を進めた領域がある。それが軍事救護である。日露戦争中には出征した留守家族の救助を行う法令を制定し，戦後には傷病兵を保護するための廃兵院法を制定している。厳しい財政状況のなか，軍事救護を国家が行ったのは，兵士にかかわる困窮を放置することは，兵士の士気を下げ，富国強兵という国益を害する恐れがあったからである。さらに第一次世界大戦中の 1917 年には，軍事救護政策をさらに推し進めた軍事救護法を制定したのである。

社会事業の時代——第一次世界大戦から日中戦争まで

□　**米騒動——社会事業への転換**　　第一次世界大戦（1914〜18 年）は，輸出の飛躍的増加をもたらし日本経済を活性化させ，大戦前は債務国であった日本は，大戦後には債権国になっていた。

この時期，都市においては，労働者数が増加したが，その多くは劣悪な労働条件のもとで働かされていた。こうした状況に対し，ロシアで社会主義政権が誕生したこともあり，日本でも労働者としての意識が高まり，労働運動が盛んになっていった。

農村においては，零細農家が多く，工業の発展にくらべ生産性は上がらず，農産物価格は低迷したが，肥料などに対する貨幣支出は増大し，経営をいっそう圧迫した。さらに農家の 3 分の 2 以上が小作をしないと生活できない状況にあった。農業従事者人口が半数以上を占めていた当時の日本において，農業問題は深刻な社会問題となっていった。

これらは，いずれも日本の急速な産業化がもたらした問題であり，社会を不安定にさせる要因であったが，1918 年，ついに都市や農村において大規模な騒擾事件に結びついた。それが**米騒動**である。大戦中の景気の拡大は，急激な物価上昇ももたらし，特に米価は，シベリア出兵（1918〜22 年）にともなう投機買いにより異常な値上がりを示した。このため富山県の漁民の主婦が米の県外への積み出しを実力で阻止した。この事件が全国で報じられると，その後も

米の値段が下がらなかったことから，全国に打ちこわしを行うなどの騒動が波及した。米騒動は，政府が軍隊を出動させ約2ヵ月間で鎮圧したが，これを契機に，都市においては労働争議が，農村においては小作争議が急速に増加し，感化救済事業による天皇の下賜金や民間慈善団体をとおした間接的な支援では対処できないことが明らかになった。

米騒動の対処への責任をとり，軍人内閣から政党内閣に変わったことや，民主主義を求める大正デモクラシーの思潮もあり，政府は社会連帯を基盤とする**社会事業**を展開することになるのである。

具体的には，内務省に社会課を設置（のちに外局に拡大）したほか，救済事業調査会（のちに社会事業調査会）を設置し，体系的な社会事業のあり方を諮問した。この答申を受けて，公設市場，簡易食堂，公益質屋，公営住宅，公営浴場，共同宿泊所などの経済保護施設が整備された。このほか，米穀法，借地法，借家法，職業紹介法，健康保険法（特定業種のみ強制加入，そのほかは任意加入）が制定された。

これらは主に都市の貧困な労働者を救済するものであった。農村における小作農などの保護も検討されたが，有効な対策はなされず，朝鮮や外国（北・南米など）への移住・移民の奨励，のちの満蒙開拓団など，余剰農民を外部に送りだすことが主な方策であった。

□ **方面委員制度**　このように社会事業が展開されたが，要となる救貧施策は，軍事救護法を除けば，恤救規則しかなかった。こうした制度の不備を補ったのが，民間の篤志家を組織した**方面委員制度**である。先駆となったのは，1917年に設立された岡山県の済世顧問制度であり，翌年には，東京府慈善協会が救済委員制度を，大阪府が方面委員制度を発足させた。特に大阪府の方面委員制度は，**小河滋次郎**がドイツのエルバーフェルト制度や，先行した岡山や東京の制度を調査研究して立案した制度である。小学校区を基準に地域を方面に分け，方面事務所を設置し，家庭訪問などで把握した貧困世帯の状況をカード台帳に記載し，行政と連携して相談・援助を行うものであった。方面委員は名誉職であったが，有給の方面書記を方面事務所に配置し，組織的な支援を行った。この大阪府の方面委員方式は，内務省の支援もあり，1928年には，全府県に普及した。方面委員制度は，地域福祉のさきがけといえ，社会事業行政

を補完する役割を担った。戦後は民生委員制度として受け継がれていくことになる。

□ **救護法制定**　第一次世界大戦後もしばらくは好景気であったが，1920年になると反動恐慌に陥った。その後も，1923年には関東大震災により甚大な被害を受け震災恐慌，1927年には震災復興をめぐる金融不安を背景に金融恐慌，1930年には前年の世界恐慌の影響を受けた昭和恐慌となるなど，長期にわたる不況が続き，賃金水準の低下や失業者の増大など，深刻な社会不安が生じた。こうした要救護層の激増は，恤救規則による対応の限界性――救済対象の制限性，救済額の低額性，救済責任の不明確性――を明らかにした。

　そこでようやく新救貧法案が検討され，1929年に**救護法**が成立した。救護法は，公的扶助義務主義をとり，貧困者救済を国家の義務と認めた。しかし被救護者の救済請求権は認めず，また被救護者から選挙権を剝奪するなど，スティグマを付与する側面もあった。なお方面委員は，救護事務のための委員（名誉職）と救護法で位置づけられ，方面委員制度は救護法実施上の補助機関と位置づけられた。

　救護法は，翌年からの実施を予定していたが，昭和恐慌と重なり財政上の問題から実施されなかった。こうした事態に対して貧困者の窮状を知る全国の方面委員を中心として，救護法実施促進運動が展開された。全国各地の方面委員や社会事業家を動員して政府や議員に激しく働きかけたが，救護法の予算は計上されなかった。そこで最終手段として，天皇に実施の誓願を上奏した。その結果，政府は実施を約束し，競馬法を改正し，公営競馬の益金を充当することで1932年にようやく実施された。こうした方面委員を中心とした運動は，戦前期最大のソーシャルアクションと評価されている。しかし最終的に天皇への上奏が解決の契機となったことは，戦前期の運動の限界を示すものであった。

　救護法が実施されると，恤救規則の10倍を超える人が救護されたが，それでも方面委員が要救護としたカード台帳に登録された人員の約3分の1から4分の1しか救護できなかった。

戦時厚生事業の時代――日中戦争から太平洋戦争終結まで

　政府は，昭和恐慌を乗り切るために，経済を統制して資本の集中と独占化を

促した。また1931年の満州事変以降，中国への侵略を拡大した。その結果，財閥による軍需産業を中心に経済が活況となったが，1937年の盧溝橋事件は，日中間の全面戦争化をもたらし，わが国は戦時体制へと移行していった。それは経済の統制にとどまらず，政治，文化，そして社会事業を含むあらゆる領域で統制の強化をもたらし，日本は総力戦を勝ち抜くために全体主義国家へと再編成されていったのである。

まずこれまでの社会事業は，厚生事業あるいは**戦時厚生事業**と呼ばれるようになり，その目的も1938年の国家総動員法に規定された「国防目的達成」のために「人的資源」を有効に統制運用することとなった。そのために，政府は国民の体力の向上を主たる目的として，1938年に内務省社会局と衛生局を合併して厚生省を設置した。

こうした社会事業から戦時厚生事業への変化は何を意味するのだろうか。

第1に，戦時厚生事業の対象が，要救護層のみならず，すべての国民を対象とするようになったことである。これまでの社会事業は，貧困による要救護層を対象とするものであった。しかし「国防目的」のために統制運用の対象となる「人的資源」は，要救護層に限らない。すべての国民が，その生活全般にわたって統制の対象となり，戦争遂行のために最大限の能力を発揮することが求められたのである。

第2に，戦時厚生事業の内容が，「国防目的達成」に結びつくものに収斂していったことである。その結果，これまで代表的な要救護層であった高齢者や障害者などは，「人的資源」としての価値の低さから，逆に援助の優先順位が低下した。太平洋戦争の末期においては，高齢者や障害者の施設に対して，食糧などの配給が後回しとされるなどの事態が生じたのである。

具体的な戦時厚生事業としては，以下の法整備があげられる。母子世帯の保護を目的とした母子保護法（1937年）。軍事救護法の対象範囲を拡大し扶助条件を緩和した軍事扶助法（1937年）。農村・漁村を対象とする地域保険としての国民健康保険法（任意加入，1938年）。生活困窮者への医療や助産を目的とした医療保護法（1941年）。労働者の年金制度の確立のための労働者年金保険法（1941年）。さらに加入適用範囲を拡大した厚生年金保険法（女性も含め，5人以上使用の事業所強制加入，1944年）。空襲による被災者を保護するための戦時災害

> **コ ラ ム**
>
> ### 社会福祉の精神（エートス）──ある慈善事業家のこと
>
> 　戦前の日本の社会福祉は，最終的には国家の集合的利益（公益）を過度に優先する社会福祉に行き着いてしまった。しかし民間の慈善事業家や社会事業家のなかには，社会福祉事業が政府に統制されていくことに危機感をもつ者も少数ではあるがいた。その一人が，明治30年代に孤児救済事業をおこなった桂木頼千代である。
>
> 　桂木は，22歳のときに「東京孤児院」（現・東京育成園）に職員として入り，27歳で亡くなった。短い活動期間であったが，彼は『東京孤児院月報』の主筆として，ほとんど毎月，論説を書き，実践のなかからつくりあげた独自の慈善事業論や反戦論を展開した。
>
> 　桂木は，貧困は社会によって生みだされたのであり，政府が，社会によって生みだされた貧困を政治的に救済することは必要であるとした。ただし，政治的救済ですべての問題が解決できるわけではない。民間の慈善事業の必要性はなくならないのである。むしろ慈善事業が政治的な救済と一体化することが問題であると論じた。
>
> 　たとえば彼は，「慈善は育英にあらず」と題する論説で，当時の慈善事業が公益に役立つ人材の育成を事業目的としていることを鋭く批判した。慈善事業には，たしかに教育的機能があるが，それを国家にとって有益な人材を育成するという「育英」と同一視することはできない。もし「育英」が慈善事業の目的となれば，どれだけ有為な人材を輩出できたかで事業の成績が評価されることになる。発達の見込みがない者は支援の対象にならなくなるのだ。慈善事業の成績は，一人の有望な者を大人物にするよりは，十人の不幸で望みが薄い者を不幸ではなくしたほうが大きい，と論じた。あくまでも慈善は公益のためでなく個人の福祉を実現するものだと主張したのだ。
>
> 　社会福祉の固有性は，政府と一定の距離をおいた民間の自発的な社会福祉事業がもたらしたものである（→unit 12）。われわれは，桂木らの先駆者が大切にしてきたこの社会福祉の精神（エートス）を引き継いでいかなければならないのである。

保護法（1942年）。

　これらの立法を見ると，あたかも福祉国家が戦時中に誕生したかのようである。しかし，あくまで「国防目的達成」のために上からなされた政策であり，国民1人ひとりの福祉を実現するためでも，権利として獲得されたものでもないことに注意しなければならない。

　また民間の社会事業も統制の対象となり，社会事業法が制定され（1938年），

小額の補助金が制度化されたが，他方で政府による統制が強化された。戦局が悪化すると，空襲や食糧確保の困難さから社会事業施設の統廃合が行われた。

植民地・占領地の社会事業

日本は，急激な産業化の矛盾を，台湾・朝鮮・満州・樺太・南洋諸島などの植民地や占領地から収奪することで緩和したともいえる。収奪の対象である植民地に対して，慈善事業や社会事業を政府が行う場合の目的は，植民地化に対する抵抗を弱め，民族融和や皇民化をはかることであった。そのため天皇の慈恵を強調し，下賜金による慈善事業や社会事業が行われたが，その水準は日本国内に及ぶものではなかった。

植民地のなかでもっとも社会事業が展開されたのは朝鮮であった。方面委員制度，朝鮮社会事業協会，経済保護施設（職業紹介所，労働者保護施設，公益市場，公益質屋，公設住宅，公益浴場，簡易食堂など）の整備などが行われたが，それは朝鮮総督府による過酷な植民地政策がもたらした社会不安を沈静化し管理することが目的であり，朝鮮人が望む福祉の実現を目的とするものではなかった。

また，仏教系の宗教団体による民間の慈善事業も行われたが，植民した邦人を対象とするものや，植民地政府の同化政策の一翼を担うものが多かった。

本来社会福祉は，社会的に排除され，社会的なつながりを失った者の存在に光をあて，手をさしのべることを自らの存在価値としてきたはずである。にもかかわらず，集合的利益の拡大のみを目的とする国家の社会福祉政策に飲み込まれると，福祉を必要とする個々人のニーズが見えなくなり，社会福祉が本来果たすべき福祉機能と反対の機能（逆機能）を果たすこともあることを，戦時厚生事業や植民地・占領地での社会事業は教えているのである。

確認問題 ──────────────────────●─●─●

□ *Check 1*　日本の戦前の社会福祉の歴史における特徴は何か。

□ *Check 2*　日本の戦前において，政府は民間社会福祉事業をどのように統制したか。

──●─●──────────────────────────

unit 17

戦後の社会福祉
——急速な少子高齢化と福祉制度改革

戦後の社会福祉を理解するポイント

　戦後の社会福祉の歴史は，大きく4つに分けることができる。

　第1は，1945年から1952年の連合国による占領期である。この時期は，戦後の混乱に対応するための緊急援護と，戦前の負の遺産に決別し国民の権利にもとづく福祉制度に転換するための基盤整備が課題となった。

　第2は，1952年から1973年の高度経済成長期である。この時期は，わが国の福祉国家体制の基盤となる医療保険と年金保険体制の確立と，高度経済成長から取り残された高齢者，障害者，母子家庭などへの支援の法制度化，そして1970年に高齢化率が7%を超えたことに対応した高齢者対策が課題となった。

　第3は，1973年から1989年の福祉制度の見直し期である。この時期は，経済が低成長期に入ったことによる財政支出の抑制が課題になる一方で，少子高齢化が深刻化し，コミュニティ・ケアを日本でどのように実現するかが課題となった。

　第4は，1989年から現在にいたる福祉制度改革の時期である。この時期は，少子高齢化に対応した福祉計画が策定され，それによる計画的な資源整備が課題となったり，福祉サービスの供給体制の多元化をはかり，利用者が福祉サービスを選択できる体制を確立することが課題となった。

　こうした日本の社会福祉の戦後の歩みの特徴としては以下の点があげられる。

　第1に，**少子高齢化社会**が急速に訪れたことである。日本は戦後の急速な経済成長の結果，高齢化率が急速に上昇し，また少子化も急速に進展した。図17-1を見てもわかるように，特に1990年代に入って高齢化の勢いが加速し，

図17-1 先進諸国の高齢化率の推移および予測

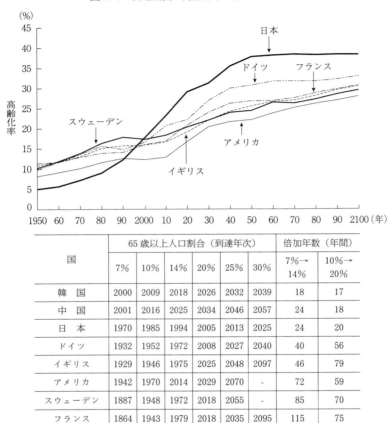

国	65歳以上人口割合（到達年次）						倍加年数（年間）	
	7%	10%	14%	20%	25%	30%	7%→14%	10%→20%
韓　国	2000	2009	2018	2026	2032	2039	18	17
中　国	2001	2016	2025	2034	2046	2057	24	18
日　本	1970	1985	1994	2005	2013	2025	24	20
ドイツ	1932	1952	1972	2008	2027	2040	40	56
イギリス	1929	1946	1975	2025	2048	2097	46	79
アメリカ	1942	1970	2014	2029	2070	-	72	59
スウェーデン	1887	1948	1972	2018	2055	-	85	70
フランス	1864	1943	1979	2018	2035	2095	115	75

（出所）　国立社会保障・人口問題研究所『人口統計資料集2019』。

2005年には世界でもっとも高齢化率が高い国になり、今後も2050年頃まで高齢化の勢いは続くと予測されている。また少子化についても、図17-2の合計特殊出生率の動向を見ると、変動はあるものの、アメリカは近年ほぼ安定しており、フランスやスウェーデンでは回復基調にある。しかし日本・イタリア・韓国は低い傾向にある。その結果、日本の人口は2008年をピークにそれ以降は減少しており「**人口減少社会**」となっている。このように日本は先進諸国にくらべ、短期間で少子高齢化が進展し、またその対処をしなければならなかっ

図 17-2 先進諸国の合計特殊出生率の推移

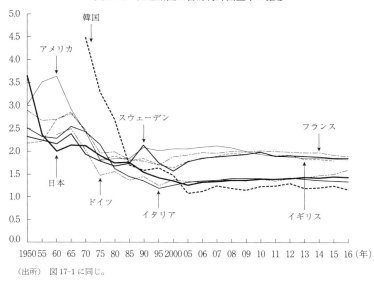

（出所） 図 17-1 に同じ。

たのである。

　第 2 に，戦前との比較でいえば，国民の権利にもとづいた社会福祉に転換したことである。日本は太平洋戦争に敗れ，連合国に 7 年間占領され，その時代に，国民の権利にもとづいた社会福祉の基盤がつくられた。その結果，国民の声を反映した社会運動が社会福祉政策の改善に大きな影響をもつようになったのである。

　なお，敗戦にともない戦前の植民地はすべてなくなった。逆に沖縄は 1972 年までアメリカ軍の軍政下におかれ，その社会福祉制度は日本国内とは異なっていた。また在日朝鮮人は，日本の独立とともに日本国籍を喪失し，日本で生活をしていながら福祉サービスを受けるうえで異なる扱いを長年受けてきた。「日本の」歴史といっても，一概に語れないことに留意しつつも，それぞれの時代区分ごとに社会福祉の展開を見てみよう。

占領期の社会福祉（1945〜52 年）

　1945 年，日本は連合国に無条件降伏し，太平洋戦争が終結した。それから

1952年に独立し主権が回復するまで，連合国軍最高司令官総司令部（GHQ）の占領下におかれた。GHQの占領方針は，日本を再び軍国主義国家にさせないことであり，そのために軍国主義につながる政策の転換と，民主化の推進を行った。

　戦後の国内の状況は，戦争や戦災で親を亡くした孤児や，戦地からの引揚者，さらに戦災による工場や住宅の消失による失業者や被災者があふれ（人口の約1割が要援護者と推計された），福祉の生産システムである市場と家族部門は大きな打撃を受けていたのである。こうした状況をまず救済したのは，海外からの支援である。アメリカ政府のガリオア・エロア資金による援助，世界銀行（国際復興開発銀行）の低利融資，ユニセフ（国連児童基金）からミルクや毛布などの支援，さらに国際NGOからララ（LARA）物資やケア（CARE）物資と呼ばれる食料品や衣料品，日用品の支援が行われた。こうした海外からの援助がなければ，日本の復興は困難な状況だったのである。

　日本政府もGHQの指示のもと，生活困窮者の救済を行った。まず1945年「生活困窮者緊急生活援護要綱」を決定し，失業者，戦災者，海外からの引揚者などを対象に，衣食住の提供を行う一方，救護法に代わる法制度の検討を行った。GHQは，1946年「**社会救済に関する覚書**」（SCAPIN775号）で，新しい**社会救済に関する三原則**を政府に示した。第1に，無差別平等の原則である。戦前のように軍人やその家族への救済を優遇することを禁じた。第2に，国家責任および公私分離の原則である。戦前のように国家の救済責任を曖昧にしたり，民間機関への責任転嫁を禁じた。第3に必要充足の原則である。戦前の救護法のように救護費の上限を設定し支給を制限することを禁じた。

　政府は，このGHQの覚書を受けて1946年に生活保護法（旧法）を制定したが，覚書の三原則を完全に満たすものではなかった。保護請求権を認めず，素行不良者を対象外とし，公私分離が不徹底であるなど，戦前の救護法体制を払拭できていなかったのである。そこで日本国憲法制定後，憲法第25条の生存権にもとづく法律として1950年に**生活保護法**が新たに制定され，GHQの三原則が実現された。

　生活困窮に関する問題と並んで，当時の緊急に対応すべき課題が2つあった。1つは，戦災孤児や浮浪児などの児童の保護であり，もう1つは，傷痍軍人を

中心とした身体障害者への支援であった。

まず児童に関しては，1947年に児童福祉法が制定された。**児童福祉法**は，単に戦災孤児や浮浪児などの保護収容にとどまらず，児童一般（母子家庭や障害児を含む）の福祉の増進を目的とし，法律名称にも初めて「福祉」が使われた。

次に身体障害者に関しては，1949年に**身体障害者福祉法**が制定された。GHQは，旧軍人やその家族に対する救護政策を廃止し，傷痍軍人に対する保護施策も廃止した。そこで政府は，傷痍軍人への支援ではなく18歳以上の身体障害一般への支援法とすることでGHQの了解をとった。制定された身体障害者福祉法は，職業リハビリテーションによる支援が中心であった。

生活保護法・児童福祉法・身体障害者福祉法の三法が整備されたことで，緊急援護の体制（**福祉三法体制**）が一応整った。さらに，社会福祉事業に共通する基本的な事項（福祉事業の範囲・実施機関・公私関係など）を定めた社会福祉事業法（現・**社会福祉法**）が1951年に制定され，基本的なサービスの提供基盤が整った。

🔲 高度経済成長期の社会福祉（1952〜73年）

1952年に日本は主権を回復し独立した。日本経済は，1950年に勃発した朝鮮戦争にともなう特需を契機に，1973年までほぼ持続的な経済成長を果たした。その結果，賃金労働者の生活水準を上昇させ安定させたが，その恩恵を受けられない者との格差をもたらした。さらに産業構造も大きく変化した。第一次産業に従事する者の全体の構成割合は，1952年に約45%であったが，1973年には全体の約15%に減少した（現在では約3.5%）。このことは，農村部から都市部への人口流出（都市化の促進と農村部の過疎化），家族の核家族化など，新しい福祉課題を生みだす背景となった。

こうした事態に，政府はまず医療保険や年金保険の制度改革を行い，国民皆保険皆年金体制を確立させた。医療保険制度は戦前から整備されていたが，終戦直後に医療保険に加入していたのは国民の約2分の1であり，農業者や自営業者などの大量の無保険者がいた。そこで1958年に国民健康保険法を全面的に改正し，公的健康保険に未加入の国民全員に加入を義務づけた。また高齢者や障害者の所得保障制度である年金保険制度も戦前から整備されていたが，被

用者を対象としており，農業者や自営業者が加入できる公的年金制度はなかった。そこで，1959年に国民年金法を制定し，公的年金保険に未加入の国民全員に加入を義務づけた国民年金制度を発足させた。さらに，制度開始時にすでに高齢者・障害者・母子世帯（遺族）であった者には，無拠出の福祉年金の支給も開始された。

このほかにも，所得保障以外の福祉ニーズに対応するために，児童福祉法の対象とならない成人期の知的障害者を対象とした精神薄弱者福祉法（現・**知的障害者福祉法**）を1960年に，**老人福祉法**を1963年に，母子福祉法（現・**母子及び父子並びに寡婦福祉法**）を1964年に制定した。これにより福祉三法体制から**福祉六法体制**に移行し，現在でも主要な福祉分野である貧困・児童・障害・高齢・母子という各分野に対する法制度の基盤が整った。

ただしこうした福祉サービスの拡大は，政府の一方的な方針で行われたわけではない。国民の社会福祉サービスの向上や拡大を求める運動がその背景にあったのである。その代表的なものとしては「**朝日訴訟**」（1957～67年）がある。この訴訟は，当時の生活保護基準が憲法第25条の生存権を保障する水準に及ばず，違憲であるとして起こされた訴訟である。この訴訟は最終的に原告の朝日氏の死亡により終結したが，朝日訴訟を支援する運動が全国で展開され，国民の福祉に対する権利意識の向上に大きな役割をもたらした。このように福祉が大きな政治的課題となり，1960年代には，福祉政策の充実を公約の1つに掲げた革新系の首長が自治体選挙で当選し，地方自治体レベルで先進的な福祉政策（たとえば老人医療費の無料化など）を実現していった。

1970年には，高齢化率が7％を超えて高齢化社会となり，寝たきり老人などの問題も社会問題化し，政府は「社会福祉施設緊急整備5カ年計画」を策定し，緊急に施設を必要としている高齢者や重度心身障害者のための収容施設の整備を行った。

1973年には，政府は「**福祉元年**」と呼ばれるような大幅な制度改正を行った。老人福祉法を改正し，一部の革新自治体で施行されていた老人医療費無料化を全国で実施したのである。また健康保険法を改正し，家族に対する保険給付の割合を引き上げ，高額な医療費に対する助成制度を発足させた。さらに年金制度を改正し，年金の支給額を上げるとともに，インフレによる年金額の目

減りを防ぐために支給額を物価にスライドさせるようにした。これらの一連の改革の結果，社会保障関係費（福祉・医療・年金など）は前年とくらべ28.2%も上昇することになった。

福祉制度の見直し期（1973〜89年）

大幅な福祉制度の改正が行われた1973年は「福祉元年」と呼ばれたが，その同じ年に，早くも福祉制度改革の見直しを迫る事態が生じた。1973年10月に第四次中東戦争が勃発し，原油価格が大幅に上昇し，経済に大きな影響を与えたのである（石油危機）。急速な物価上昇に対応した金融引き締めにより，1974年には戦後初めてマイナス成長となり，高度経済成長が終了した。

日本は，「福祉元年」により社会保障関係費が大幅に伸びたとはいえ，国民所得に対する割合は10%にも満たず，先進諸国の20〜30%とくらべていまだ低い水準にあった。図17-1でもわかるように，日本は1970年代以降に本格的な高齢化社会を迎え，社会保障関係費はそれに対応する支出だけでも相当な伸びを必要とすることが予想された。しかしその財源を生みだすはずの高度経済成長は終わったのである。逆に，いかに社会保障関係費の伸びを抑制するかが大きな課題となった。

□ **日本型福祉社会の構想**　見直しの1つの方向性は，福祉の生産システムの1つである家族機能を生かすことであった。1978年の『厚生白書』では，欧米諸国と異なり，日本では当時の高齢者の約4分の3が子どもと同居しているという状況を「福祉における含み資産」と呼んで，この「資産」を維持するための所得保障などの必要性を指摘している。さらに，1979年に閣議決定した「新経済社会7カ年計画」では，欧米型の福祉国家をめざすのではなく，個人の自助努力と家族や近隣の連帯を基盤とした**日本型福祉社会**を構想した。

こうした構想の背景には，国の財政再建を行うために福祉サービスや医療サービスの抑制を行いたいという意図がある。1981年に「増税なき財政再建」を掲げ発足した第二次臨時行政調査会は，福祉サービスにおける**受益者負担**の導入，高率補助金の総合的見直しを答申した。その結果，1982年には老人保健法（現・高齢者の医療の確保に関する法律）を制定して老人医療費に一部自己負担を導入し，また1985年と86年の2回に分けて，社会福祉施設措置費の国庫

> **コラム**

日本はなぜ高経済成長低福祉国でいられたのか

日本は，高度経済成長により産業化が急速に進み，それに応じて社会サービスが拡大した。しかし「福祉元年」のころでも，先進諸国にくらべて，社会保障関係費の国民所得に対する割合が低くてすんだのはなぜだろうか。それには2つの理由がある。

第1に，政府の代わりに企業が福利厚生を進め，従業員の生活の安定をはかったからである。日本の企業は，戦前から終身雇用年功序列型の雇用保障や福利厚生による生活保障を行うことで，従業員の忠誠心を獲得するという「日本的経営」を行ってきた。その結果，企業に勤めている労働者には，企業が政府の代わりに，社会サービスを提供しているのと同じ効果があった。なお，このように社会サービスと同等の機能を，企業福祉などが果たすことをティトマスは，「**福祉の社会的分業**」と呼んでいる。

第2に，地方に対しては，公共事業をとおして，財の再分配を行い地域間の格差を是正したからである。都市部と異なり企業に勤める者が少ない地方では，補助金と交付税により，地方自治体が積極的に公共事業を行った。その経済効果により，都市部と地方における経済格差を是正したのである。日本は，社会保障関係費は先進諸国とくらべ低いものの，公共事業関係費は逆に高い比率を有していたのである。その結果，公共事業という労働力の商品化政策によって，地方においても失業率を下げることができたのである。また地方は，比較的，家族や地域の共助機能が残っており，雇用が保障されれば，社会サービスの水準が低くても生活が維持できたのである。

しかし現在ではいずれの要因も変化している。企業は，経済のグローバル化に対応して，競争力を高めるために企業福祉を削減し，終身雇用年功序列型の雇用保障を見直す動きが盛んである。さらに，国は硬直化した公共事業のあり方を見直しており，夕張市のように公共事業による借金で破産した地方自治体も現れている。近年「格差社会」が問題となっているが，それは労働者間（正社員と非正社員），地域間（都市部と地方部）における格差である。格差を是正し，少子高齢化に対応するためには，経済の規模に見合った社会サービスの拡大が避けられない。しかし現在の社会保障関係費は拡大しているとはいえ，国民所得費で見るとアメリカよりは多いが，その他の先進諸国にくらべると未だ低い水準にある。

負担割合を8割から5割までに削減した。さらに福祉施設利用者の費用徴収の見直し（強化）を行った。

□ **コミュニティ・ケアへの転換**　　この時期の見直しは，こうした国の財政支出の抑制を目的としたものだけではなく，**コミュニティ・ケア**（→unit 15）への転換もはかられた。施設ケアからコミュニティ・ケアへの政策転換の必要性は，1970年代初頭からいわれており，1970年代後半には，高齢者を対象にショートステイやデイサービスが開始された。1982年には『厚生白書』で在宅福祉サービスの強化を明示し，老人家庭奉仕員（ホームヘルパー）制度を改正して，これまで対象世帯を低所得世帯に限定していたが，所得制限を撤廃し利用の拡大をはかった。また1983年に社会福祉事業法（現・社会福祉法）を改正し，市町村社会福祉協議会を法制化した。

このほかにも国連による国際障害者年（1981年）や障害者の10年（1983〜92年）は，障害者分野でのコミュニティ・ケアへの転換をもたらす契機となった。1981年の『厚生白書』ではノーマライゼーションの考え方を紹介し，1982年には障害者対策に対する長期計画を策定するなど，障害者の当事者団体からの積極的な運動もあって，障害者に対する福祉サービスが拡大した。

□ **福祉多元主義に向けて**　　また福祉多元主義（→unit 15）に向けた見直しも行われた。まず1980年代には，社会福祉供給システムという考え方が提起され，1985年には，厚生省に「シルバー・サービス振興指導室」が設置され，民間活力の導入が検討されるようになった。また，広く民間事業者の参入をはかった場合のサービスの質の確保を目的の1つとして，1987年に**社会福祉士及び介護福祉士法**を制定し，国家資格化をはかった。

🔲 福祉制度改革期（1989年〜現在）

先の見直し期を経て，現在にいたるまで制度改革が続いている。医療制度や年金制度においては，給付の抑制を中心とした社会保障構造改革が行われ，社会福祉サービスに関しては，コミュニティ・ケアや福祉多元主義に向けた**社会福祉基礎構造改革**が行われている。

その出発点となったのは，1989年の「高齢者保健福祉推進10カ年戦略（ゴールドプラン）」である。高齢者の福祉サービスニーズを予測し，それに対応するサービス数値目標を示して計画的に整備することを定めたものである。さらに，1990年には「福祉関係八法改正」が行われ，市町村を福祉サービスの提

供主体と位置づけ，老人保健福祉計画を市町村が策定することを義務づけた。その後，1994年には予想よりも高齢化が進んだことを受け，ゴールドプランを見直して「新・高齢者保健福祉推進10カ年戦略（新ゴールドプラン）」を策定し，1999年にその後継として「今後5カ年間の高齢者保健福祉施策の方向（ゴールドプラン21）」を策定した。また1997年には，介護保険法を制定し（実施は2000年），株式会社などの民間営利団体の大規模な福祉サービスへの参入をもたらした。介護保険施行後は，計画策定の主体は市町村（「介護保険事業計画」）や都道府県（「介護保険支援計画」）となったが，国は計画策定にあたっての「基本方針」を示している。介護保険の導入後，高齢者人口の増加もあり，介護サービスの利用者は増加し続けており，それにともない介護費用も増加している。特に「団塊の世代」が75歳以上となる2025年には，5.5人に1人が75歳以上の高齢者となり，介護保険の財政上の持続可能性が心配されている。そこで2017年に「地域包括ケア法」を制定し，介護保険の自己負担の一部増加や，自立支援・重度化防止に向けた保険者機能の強化等の取り組みの推進，医療・介護の連携の推進，地域共生社会の実現に向けた取り組みの推進を行っている。また，認知症の人への支援を推進するために2015年に新オレンジプランを策定した。

　児童分野では，1989年に合計特殊出生率が戦後最低の1.57人となったことから，少子化が大きな社会問題となった。そこで政府は，1994年に「今後の子育て支援のための施策の基本的方向について（エンゼルプラン）」および具体的数値目標を示した「緊急保育対策等5カ年事業」を策定し，以後，少子化対策が国の重要な政策課題となった。1997年には児童福祉法を改正し，保育サービスなどでは，措置制度に代えて親が事業者を選択し契約する仕組みを導入した。また1999年にはその修正として「重点的に推進すべき少子化対策の具体的実施計画について（新エンゼルプラン）」を策定した。また，2003年には次世代育成支援対策推進法を制定し，同法にもとづく国の基本指針を具体化する計画として2004年に「少子化社会対策大綱に基づく重点施策の具体的実施計画について（子ども・子育て応援プラン）」を策定した。また2003年には児童福祉法を改正し，保育所に入れない待機児が多い自治体（「特定市町村」「特定都道府県」）は，供給体制の確保に関する計画（「市町村保育計画」「都道府県保育計画」）

の策定が義務づけられた。しかし，女性の社会進出にともなう利用ニーズの拡大に，サービス供給が追いつかない状況が現在でも続いており，大きな社会問題となっている。

障害者分野では，1995年に具体的な数値目標が示された「後期重点施策実施計画（障害者プラン）」が，2002年には「重点施策実施5カ年計画（新障害者プラン）」が，2007年には「重点施策実施5カ年計画（障害の有無にかかわらず国民誰もが互いに支え合い共に生きる社会へのさらなる取組）」が策定された。さらに2013年には，「障害者基本計画（第3次）」が策定された。また2006年からは，市町村および都道府県は，国の基本指針に基づき，福祉サービスの必要量等を定める障害福祉計画を策定することとなった。

また1997年には精神障害者の退院や社会参加の促進を支援するために精神保健福祉士が国家資格化された。さらに2000年の社会福祉法および関連法への改正を受け，2003年から支援費支給制度に，また2006年からは障害者自立支援法にもとづく給付となり，障害者分野でも措置から契約にもとづくサービス給付制度へと移行した。

しかしこれにともない，サービスの受給を利益とみなし利用量に応じて費用負担する制度（応益負担制度，ただし上限設定有）となった（→unit 19）。これに対して障害者団体は一斉に反発し，2008年には，この制度変更は憲法が保障する基本的人権に反しているとして，全国の裁判所に一斉に提訴（「障害者自立支援法違憲訴訟」）する運動が起きた。2010年には国は訴訟団と和解し，障害者自立支援法を廃止し応益負担から応能負担に戻すことで基本合意した。その結果，2013年に新たに障害者総合支援法が施行された。ただしサービスの給付方法は，措置制度に戻したわけではなく，利用契約制度である。

以上のように，それぞれの分野で計画的な福祉サービスの整備が行われ，措置から契約へのサービス供給制度が変更されるなか，社会福祉サービスに共通する事項を定めた社会福祉事業法も，福祉制度改革の趣旨を反映した改正が2000年になされ，社会福祉法に改称された。社会福祉法および関連法の改正では，障害者分野での福祉サービスの利用制度化，利用者保護のための制度の創設（地域福祉権利擁護制度，苦情解決の仕組みの導入，利用契約についての説明・書面交付の義務づけ），事業者による自己評価や情報公開が定められた。

今後も，少子高齢化に対応した福祉改革は続くものと思われるが，その一方で，若者の貧困やひきこもりの問題，外国人労働者やその家族の問題，家庭内暴力（DV）の問題，自殺者の増加の問題など，既存の福祉六法体制では対処できない問題も生じており，これら新しい福祉問題への対応も課題となっている。

確認問題

- [ ] *Check 1* 日本の戦後の社会福祉の歴史において，急速な高齢化が与えた影響はどのようなものか。
- [ ] *Check 2* 1990 年代以降の社会福祉基礎構造改革とはどのような改革か。

文献案内

- [ ] **菊池正治ほか編［2014］『日本社会福祉の歴史［改訂版］』ミネルヴァ書房。**
  明治時代からの日本の社会福祉の歴史が体系的に記述されている。本書の特徴の 1 つは，社会福祉の歴史に関連が深い史料が 100 点掲載されている点であり，また年表も充実している。
- [ ] **池田敬正［1986］『日本社会福祉史』法律文化社。**
  古代から現代にいたるまでの福祉の系譜をたどることができる大著。池田の歴史観を概観したいのであれば，池田敬正［1994］『日本における社会福祉のあゆみ』（法律文化社）がコンパクトにまとまっていて読みやすい。
- [ ] **吉田久一［2004］『新・日本社会事業の歴史』勁草書房。**
  古代から現代にいたるまでの社会事業（福祉）の歴史が比較的コンパクトにまとめられている。社会福祉における歴史研究を概観するガイドが記されている。
- [ ] **広井良典［2006］『持続可能な福祉社会──「もうひとつの日本」の構想』ちくま新書。**
- [ ] **宮本太郎［2017］『共生保障──〈支え合い〉の戦略』岩波新書。**
  上の 2 冊はいずれも現代の日本がかかえる福祉問題を論じ，それに対する筆者の考えを述べたもの。両者とも著作が多いので，この新書で興味をもったら関連する著作を読むことを勧めたい。

KeyWords 6

- [ ] 慈善事業　169
- [ ] 恤救規則　169
- [ ] 岡山孤児院　170
- [ ] キングスレー館　170
- [ ] 救世軍　170
- [ ] 中央慈善協会　170
- [ ] 感化救済事業　171
- [ ] 米騒動　171
- [ ] 社会事業　172
- [ ] 方面委員制度　172
- [ ] 小河滋次郎　172
- [ ] 救護法　173
- [ ] 戦時厚生事業　174
- [ ] 少子高齢化社会　177
- [ ] 人口減少社会　178
- [ ] 社会救済に関する覚書（SCAPIN775 号）　180
- [ ] 社会救済に関する三原則　180
- [ ] 生活保護法　180
- [ ] 児童福祉法　181
- [ ] 身体障害者福祉法　181
- [ ] 福祉三法体制　181
- [ ] 社会福祉法　181
- [ ] 知的障害者福祉法　182
- [ ] 老人福祉法　182
- [ ] 母子及び父子並びに寡婦福祉法　182
- [ ] 福祉六法体制　182
- [ ] 朝日訴訟　182
- [ ] 福祉元年　182
- [ ] 日本型福祉社会　183
- [ ] 受益者負担　183
- [ ] 福祉の社会的分業　184
- [ ] コミュニティ・ケア　185
- [ ] 社会福祉士及び介護福祉士法　185
- [ ] 社会福祉基礎構造改革　185

第 **7** 章

社会福祉の運営

18　社会福祉の対象
19　社会福祉の行財政
20　社会福祉の供給体制
21　福祉のマンパワー政策

この章の位置づけ

　社会福祉政策は，実際にどのように運営されているのであろうか。本章は，それを明らかにすることをねらいにしている。しかし，社会福祉の制度は，度重なる制度改正によって複雑化しており，さらに低所得・児童・高齢・障害・ひとり親家庭といった対象分野によっても，その仕組みは大きく異なる。そのため，本章で社会福祉の運営の全体像を描くことはできない。そのかわり，社会福祉政策を運営するうえでの基本的な仕組みや考え方を示している。具体的には，社会福祉サービスを，誰に対して（対象），どのような方法で（行財政），誰が行うのか（供給体制・マンパワー）という点について基礎的な理解を得ることを目的としている。

この章で学ぶこと

unit 18　社会福祉サービスにおける対象のとらえ方として，社会的必要性（ニーズ）という概念を理解する。そのうえで，どのように社会的必要性（ニーズ）を把握するのか，その基本的な視点を理解する。

unit 19　社会福祉サービスがどのように資源を再分配しているのか，資源を集める方法と提供する方法に分けて理解する。あわせて，わが国の福祉・医療・年金分野の再分配政策の現状を理解する。

unit 20　社会福祉サービスを供給する体制として，国，地方自治体，民間団体の役割を理解する。特に，社会福祉の基本的な事項を定めた社会福祉法がこれらの役割や関係をどのように定めているか理解する。

unit 21　社会福祉サービスや，ボランティアなどの福祉活動が，どのような人によって担われているのかを理解する。そのうえで，マンパワー政策として，どのような政策がなされているのかを理解する。

Introduction **7**

社会福祉サービスの対象

unit 18
- なぜ，どのように対象を限定するのか
- サービスに対する社会的必要性をどの
  ように判断するのか

社会福祉サービスの提供主体

社会福祉サービスの方法

unit 20
- 社会福祉法は，国，地方自治体，民
  間団体の役割をどのように定めているか
- これらによる提供体制はどのように
  変化してきたか

unit 19
- サービスを提供するうえで必要な資源を
  どのように集めるのか（税か保険か）
- 資源をどのように提供するのか（現物か
  現金か）

unit 21
- 社会福祉サービスや福祉活動を実際
  に誰が担っているのか
- 福祉のマンパワー政策はどのように
  なされているのか

unit **18**

社会福祉の対象
——社会的必要性（ニーズ）とは何か

なぜ援助対象を限定しなければならないのか

　社会福祉サービスにおいて，その対象は限定されており，社会福祉援助を欲する人のすべての要求に応えることはできない。では，なぜこのように援助対象を限定しなければならないのだろうか。

　第1に，社会福祉サービスは有限で希少性をもつモノやサービスを再分配するからである。

　たとえば，家事が苦手な専業主婦がホームヘルプサービスを欲したとしても，社会福祉政策の対象にはならない。なぜならホームヘルプサービスは有限で希少性をもっており，サービスを欲する人の需要とサービスの供給量をくらべれば，需要が供給量を常に上回っている。そのため誰に提供して，誰には提供しないのか，その対象を限定しなければならないのである。さらに，供給量も単純に増やせばよいわけではない。社会福祉政策によるホームヘルプサービスは，市場をとおして有料の家事サービスを購入するのと異なり，その費用の全額をサービス利用者が支払うわけではない。現在そのサービスを欲していない人も含めて租税や保険料として集め，それを財源にして必要な人にサービスを提供するという再分配政策なのである。よってサービスを利用していない人にとっては，サービスの供給量が増えることは，一方的に負担だけが増加することになる。そのため費用を負担する人が正当な負担だと納得できる範囲に限定することが求められるのである。

　第2に，社会福祉サービスでモノやサービスを優先的に提供することが常に望ましいとは限らないからである。

たとえば，子どもの育児は，家族によってまず担われることが望ましいと考えられており，保育サービスや子育て支援は，あくまで家族による子育てを補充するものと位置づけられている。すべての子どもが，養護施設などで社会的に育てられることが望ましいとは考えられていないのである。子どもを育てるためには，家族によるケアに，社会福祉サービス（場合によっては市場によるベビーシッターなど）をいかに組み合わせるかが問題なのであり，社会福祉サービスによる支援が常に優先されることが望ましいとは限らないのである。

　第3に，社会福祉サービスは，援助を受ける側が，援助を望まないにもかかわらず，援助の名のもとに強制的に個人の生活に介入されることがあるからである。

　たとえば，児童を虐待する親への介入は，親から援助を拒否されても介入しなければならないことがある。このように社会福祉の援助が対象者から拒否されても介入できるのは，その介入が国家権力によって担保されている場合である。たしかに児童への虐待は，犯罪行為であり，強制的な介入が必要な場合といえよう。しかし，過去のハンセン病者や精神障害者に対して行われた強制隔離は，現在では不必要な隔離が多かったと考えられており，ハンセン病者や精神障害者のためというよりも，結果的にハンセン病者や精神障害者を社会から排除する機能を担った。このことは福祉を目的とする援助であっても，その援助に何らかの強制力をともなう場合には，その権力性が逆にマイノリティの人権を侵害することもありうることを示している（→unit 16）。よって，その権力が無制限に行使されないためにも，対象を限定する必要がある場合がある。

援助対象は特定の人なのか，特定の問題なのか

　では，どのように援助対象を限定すればよいのだろうか。

　1つの方法として，援助対象となる属性をもつ人ごとにカテゴリーをつくり，そのカテゴリーに入る特定の人を援助対象とする方法がある。たとえば，長期に心身機能の制限を有している人を「障害者」というカテゴリーでくくるとか，年齢が65歳を超える人を「高齢者」というカテゴリーでくくるなどして，援助対象とするのである（これは例であり，現在の「障害をもつ人」や「高齢者」の一般的な定義とは異なる）。

実際に，わが国で初めて公的扶助の国家責任を認めた救護法（1929〔昭和4〕年制定→unit 16）では，その援助対象を，「65歳以上の老衰者」や「精神または身体の障害により労働をなし得ない者」などに限定したのである。現在でも，社会福祉の援助対象というと，生活困窮者，高齢者，障害者，ひとり親家庭，児童など，特定の人をさすと思う人が多いのではないだろうか。

だがこうした援助対象を特定の人ととらえることには問題がある。なぜなら，こうしたとらえ方は，援助を受ける人と援助を受けない人を明確に二分化し，前者は援助に依存する望ましくない人たち，後者は援助に依存せず自立した望ましい人たちというレッテルを貼ることになるからである。この援助を受ける人に対するレッテルは，**スティグマ**（恥辱の烙印）と呼ばれ，援助を受ける人が人間的に劣っているという偏見をもたらすことにつながるのである（→unit 13）。

では，援助対象を限定する一方で，スティグマ（恥辱の烙印）を極力与えないようにするにはどうしたらよいのだろう。

そもそも，援助を必要としている人であっても，すべての生活分野，すべての時間において援助を必要としているわけではない。たとえば障害をもつ人は，たしかに生活をするうえで他者の援助を必要としている部分（自分1人ではできないこと）もある。しかしそれと同時に他者の援助を必要としていない部分（自分でできること）もあるのだ。仮に，重度の障害で生活のほとんどの部分において援助を必要としている人でも，他者が援助の名のもとに侵してはいけない部分（人間の尊厳など）があるのである。つまり援助を受ける人は，全人格的に援助に依存しているわけでもないし，また援助する側も援助する人を全面的に支配してはならないのである。

とすれば，援助を受ける人の人格と，援助を必要としているという問題を切り離して，移動の困難，あるいは家事を行うことの困難という「特定の問題」を援助対象とすることが望ましいといえよう。

🔲 社会福祉の発展と援助対象の変化

社会福祉政策の援助対象を，特定の人から特定の問題と認識するという変化は，社会福祉の歴史的発展とも符合している。

福祉国家段階以前は，社会福祉政策の援助対象は，主に貧困者という特定の

レッテルを貼られた人を中心とするものであり（選別主義），貧困者は援助を受ける代わりに，市民権（自由権や参政権）が制限され，スティグマ（恥辱の烙印）を与えられた。

その後の福祉国家の誕生により，すべての国民の生活困難（特定の問題）を社会サービスが対象とするようになったのである（普遍主義）。またそれに応じて社会福祉による援助も，恩恵としての「保護」から，利用者の権利としての「サービス」と理解されるようになってきている（→unit 14）。

また，わが国の戦後の社会福祉サービス展開を見ても，戦後の「福祉三法」時代では，生活困窮者・傷痍軍人（身体障害者）・戦災孤児（児童）など，生活困難が集中的に発生した特定の人を対象としてスタートし，その後，知的障害者・高齢者・母子・精神障害者と対象を拡大させた。そして，近年の施設ケア中心主義からコミュニティ・ケアへの政策転換は，特定の人から問題へという対象認識の転換をももたらしたのである（→unit 17）。

特定の人の困難に包括的に対応するためには，高齢者・障害者・児童といったカテゴリーごとに人を施設に集めて，24時間ケアを行う施設ケアを中心とするほうが効率的である。しかしすべての人が，24時間ケアを必要としないなら，部分的に必要なケアを受けながら，コミュニティでの生活を継続するほうが，利用者にとっては望ましい。そうしたコミュニティ・ケアにおいては，特定の人の困難に包括的に対応する施設型のサービスではなく，個々の問題ごとに対応する事業型のサービスが必要となってくる。たとえば，家族の生活支援機能として家事が十分でないという問題には，施設に入所しなくてもホームヘルプサービスを利用すればよい。さらにこの事業型のサービスは，同じように家事に問題を抱えているならば，高齢者・障害者・ひとり親という特定のカテゴリーを越えて利用が可能なのである。

社会福祉における対象のとらえ方──社会的必要性（ニーズ）

これまで社会福祉サービスにおける対象のとらえ方を，特定の人から特定の問題への変化として説明したが，具体的にどのように問題として認識すればよいのだろうか。また実際に誰がどのように評価すれば社会福祉サービスの対象となるのだろうか。

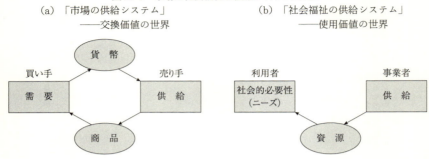

図18-1　市場と社会福祉の供給システムの違い

　まず，社会福祉において扱う問題は一般的には「ニーズ」あるいはその単数形の「ニード」と呼ばれる。「ニーズ」はそのまま訳せば「必要」にあたるが，日常生活で使用する「必要」と社会福祉における「ニーズ」は意味が異なるため，本書では「社会的必要性」と訳し，ニーズと併記して表している。

　社会的必要性（ニーズ）の意味を理解するためには，市場におけるモノやサービスの供給の仕組み（図18-1a参照）と，社会福祉サービスにおけるモノやサービスの供給の仕組み（図18-1b参照）の違いを考えると理解しやすい。

　第1の違いは，市場における需要は，買い手の主観的かつ個別的な欲求を表すのに対して，社会福祉における社会的必要性（ニーズ）は，社会的価値判断によって認定されるものであるということである。

　たとえば，冒頭に家事の苦手な専業主婦がホームヘルプサービスを欲する例をあげたが，この場合は**需要**にはなりえても社会的必要性（ニーズ）には通常あたらない。しかし障害をもつ子どもを抱えている場合には，社会的必要性（ニーズ）が認められる可能性がある。それは，障害をもつ子どもを抱える家庭の特別の困難を社会的に支援すべきという価値判断がなされるからである。つまり，本人が主観的にモノやサービスを欲したとしても，それは需要にはなりうるが，必ずしも社会的必要性（ニーズ）があると認められるとは限らないのである。

　第2の違いは，需要は交換価値をもつ商品によって満たされるが，社会的必要性（ニーズ）は使用価値をもつ**資源**によって満たされるということである。

　商品は，交換する際の価格（値段）がその価値となる。それが生活で使用さ

> **コ ラ ム**

社会的必要性（ニーズ）の権利性について

　福祉国家は，社会的必要性（ニーズ）の充足を権利化したといえる。かつては，社会的必要性（ニーズ）を充足することは権利ではなかった。たとえば，戦前の救護法では，被救護者の救護請求権を認めなかった。救護は国家の一方的な義務であり，国家がその義務を果たさなくても，国民がその不当性を法的に訴えることはできなかった（→unit 16）。しかし，戦後の日本国憲法では第25条で生存権を定め，生活保護法ではそれにもとづき，国民に保護請求権を認めている。保護の決定や実施に不服があれば，行政への審査請求や裁判で争うことも可能である。

　しかしすべての社会的必要性（ニーズ）が権利化できるわけではない。権利化にはなじまない社会的必要性（ニーズ）があるのである。たとえば，友情や愛情，尊厳などは，人間が生きていくうえで必要なものであるが，それを権利として社会サービスにその充足を要求することはできない。他者からの愛情を権利として要求することはできないのだ。

　また，権利化された社会的必要性（ニーズ）であっても，ほかの所有権や債権などの権利とくらべると，その権利性は弱い。たとえば，社会サービスにおいて，週に10時間のホームヘルプサービスを申請したとしても，希望する時間数だけ社会的必要性（ニーズ）があると認められる保証はないのだ。そもそも家事の苦手な専業主婦のように申請が却下される場合もある。しかし，市場をとおして，10時間分の家事サービスを企業に申し込めば，申込者が専業主婦であろうとなかろうと，代金を払えば，サービスの実施が権利（債権）として保護される。社会的必要性（ニーズ）は，行政などの裁量によって決められる部分があり，その分だけ，権利実現の確実性が弱いといえよう。さらに行政による割り当てなどの手法で，サービス利用を制限する場合もある（→unit 19）。

　しかし，弱い権利であったとしても，権利と位置づけられた意義は大きい。社会的必要性（ニーズ）を決めるプロセスを公開し，利用者が参加できる仕組みを整えることで，その権利性を守り，一方的な裁量に任せないことが重要なのである。

れてどれだけ役に立つか（使用価値を有するか）は関係なく，価格の高さがその価値を決めるのである。しかし，価格が高い商品が必ずしもより多くの社会的必要性（ニーズ）を満たすとは限らない。たとえば社会的孤立をしている高齢者の孤独は，ボランティアによる訪問で満たされることもありうる。このボランティアによる訪問の価値は，交換価値（値段）によって決まるものではない。

高齢者の孤独を解消するという社会的必要性（ニーズ）をどれだけ満たせたかという使用価値によって決まるのである。よって社会福祉では，社会的必要性（ニーズ）を満たすものを商品ではなく「資源」と呼ぶのである。

第3の違いは，市場における需要と供給の調整は価格が行うが，社会福祉における社会的必要性（ニーズ）と供給の調整は裁量が行うという違いがある。

市場システムの場合は，需要と供給のバランスが一致していない場合，価格をとおしてバランスをとろうとする。需要が供給できる商品量よりも多い場合は，商品の価格が上昇する。そうすると有効需要が低下し，商品量と一致した点で価格の上昇は止まる。つまりオークションのように，お金がない人は商品購入ゲームから脱落するのである。もちろん市場システムは，価格が高い商品の場合，生産量が増加して，今度は価格が低下し，適正価格に落ち着くことを想定している。しかし社会的必要性（ニーズ）の場合は，価格によって調整することはできない。社会的必要性（ニーズ）と認められたモノやサービスは，お金のあるなしにかかわらず人間が生きていくために必要なものであり，お金の多寡と社会的必要性（ニーズ）の多寡は一致しないのである。社会的必要性（ニーズ）の場合は，個別的に社会的必要性の評価（ニーズ・アセスメント）を行い，より社会的必要性（ニーズ）の高いものから優先的に分配を行う（裁量行為）。一般的には一人暮らしの要介護高齢者のほうが，家族と同居し比較的健康な高齢者より，地域生活支援サービスの社会的必要性（ニーズ）は高いと考えられるのである。

社会的必要性（ニーズ）把握の基本視点

社会的必要性（ニーズ）は需要と異なり，社会的判断基準にもとづいて裁量されるものであるが，具体的には，誰がどのような判断基準にもとづいて裁量するのだろうか。

一般に，行政官僚や専門家が，客観的な判断基準にもとづいて認定していると思われがちである。しかし近年導入された介護保険などの認定において，さまざまな問題が指摘されていることからもわかるように，客観的判断をすることは簡単なことではない。たとえば要介護度3の人のほうが要介護度4の人より必ず介護サービスへの必要性が少ないと言い切れるだろうか。障害をもつ人

へのホームヘルプサービスが，週2回と判定された場合に，その回数について，誰もが納得できる客観的根拠を示すことは可能だろうか。

このことを考えるうえで，社会的必要性（ニーズ）を4つに分類したイギリスのブラッドショー（J. Bradshaw）の分析が役に立つ。4つの分類とは，①**規範的ニード**（normative need: 専門家や行政官僚が特定の基準にもとづいて認定した社会的必要性），②**感得されたニード**（felt need: 自らが感じている必要性），③**表明されたニード**（expressed need: 自ら感得している必要性のうち，サービス利用の申し込みなどの行動に移された必要性），④**比較ニード**（comparative need: あるサービスをすでに受けている人と受けていない人をくらべて，受けていない人が同じ状況にあれば認められる社会的必要性）である。

社会的必要性（ニーズ）と需要の違いを先に述べたが，それを考えれば主観的な判断にもとづく「感得されたニード」や「表明されたニード」は社会的必要性（ニーズ）とはいえず，むしろ需要にあたるといえよう。ではなぜ「感得されたニード」や「表明されたニード」を社会的必要性（ニーズ）の分類の1つとして考える必要性があるのだろうか。それは，規範的ニードや比較ニードだけでは，社会的必要性（ニーズ）を的確に判断できないからである。たとえば，介護保険の要介護認定の結果，要介護と認定されなかった（規範的ニードはない）が，本人は介護サービスを必要だと考えている（感得されたニードはある）場合，その認定がマニュアルどおりに正確に行われていても，その判定が的確であるかはわからない。マニュアルでは想定していない（測定できない）新たな社会的必要性（ニーズ）を本人は感じているのかもしれないのである。そこで専門家や行政官僚が，社会的必要性の評価（ニーズ・アセスメント）をする場合は，単に既存の基準をあてはめるだけでなく，「表明されたニード」に耳を傾けることが重要なのである。つまりニーズを決定するプロセスを専門家や行政官僚が独占せずに，サービス利用者や関係者が決定のプロセスに参加できるようにすることが重要なのである。

次に，**潜在的な社会的必要性（ニーズ）**に配慮することも重要である。潜在的な社会的必要性（ニーズ）とは，「感得されたニード」はないが，「規範的ニード」にもとづいて判断すれば社会的必要性（ニーズ）がある場合を一般的にさす。さらに「感得されたニード」があるが，「表明されたニード」になってい

ない場合も含めることができる。このように社会的必要性（ニーズ）が潜在化してしまえば，いくら当事者の「表明されたニード」に着目しようとしても，そこに社会的必要性（ニーズ）を見いだすことができない。

　では，なぜ社会的必要性（ニーズ）が潜在化してしまうのだろうか。その理由としては，第1に，社会的必要性（ニーズ）を充足する資源そのものがないからである。たとえば，高齢者への給食サービスをやっていない自治体に住む高齢者は，そのサービスに対する必要性を感じにくい，あるいは諦めてしまうであろう。第2に，社会的必要性（ニーズ）を充足する資源の情報や利用支援が不足しているからである。たとえば，サービスがあっても，そのサービスの存在を当事者が知らなければ必要性を感じないであろう。第3に，社会的必要性（ニーズ）を表明することにスティグマ（恥辱の烙印）がともなうからである。たとえば，家族が介護することがあたりまえの地域では，同居家族がいる場合には，ホームヘルプサービスなどへの必要性を表明することが制限されてしまうのである。

　こうした状況に対して，社会福祉の援助者は，資源の開発や利用支援を行うことで社会的必要性（ニーズ）が潜在化しないようにすることが，社会的必要性（ニーズ）を把握するうえで必要とされるのである。

確認問題

□ *Check 1* 　市場と社会福祉の供給システムの違いは何か。

□ *Check 2* 　社会的必要性（ニーズ）が潜在化する理由は何か。

unit 19

社会福祉の行財政
——どのように再分配政策を行うのか

🔲 資源の種類による再分配パターン

　社会福祉は，社会的必要性（ニーズ）を充足するために資源を支給するものであるが，その資源をどのように調達し供給すればよいのだろうか。

　まず資源の種類としては，現金と現物に分けることができる。現物には，モノ（車イスや補装具など）だけでなくサービス（介護サービスや相談サービスなど）も含まれている。社会福祉政策とは，社会サービスの一部であり，その供給原理は再分配である（→unit 11）。再分配とは，資源を集めて配りなおすことであるから，資源を集めることと，配ることに分け，それに資源の種類を掛けあわせることで，4種類のパターンが考えられる。

　第1に，現金を集め，現金を配りなおす場合である。たとえば，税金として金銭を集め，生活保護給付や児童手当として支給することがこれにあたる。また共同募金などの各種の募金活動も，集めた現金を必要な団体や個人に支給しており，これにあたる。

　第2に，現金を集め，それを現物に換えて供給する場合である。たとえば，集めた税金で相談員を雇用して，福祉事務所や児童相談所などで相談サービスを提供することがこれにあたる。またNPO（特定非営利法人）は，民間の寄付や行政の補助金により，活動を維持し，さまざまなサービスを供給しており，これもこのパターンである。

　第3に，現物を集め，その現物を配りなおす場合である。たとえば，災害時において衣類などの現物を集め，災害地で給付する活動がこれにあたる。またボランティアによる労力を集め，障害児などとキャンプを行う場合もこれにあ

たるといってよい。

第4に，現物を集め，それを現金に換えて給付する場合である。たとえば，チャリティーバザーやチャリティーコンサートなどは，その現物の売り上げを寄付することを目的としており，これにあたる。

再分配のパターンとして，もっともよく使われるのは，第1と第2のパターンである。現物を集める第3や第4のパターンがあまり採用されないのは，現物が扱いにくいからである。たとえば，衣類や医療品などのモノであれば，それを集めたあと，保管する倉庫などが必要になり，現金にくらべ管理コストが高い。またボランティアなどによるサービスの場合は，貯蔵しておくことができないので，資源の供給量の調整がむずかしいという問題がある。

しかし，第3と第4の再分配パターンが積極的に採用される場合もある。第3のパターンが必要となるのは，現金を集めても，市場で現物に交換できない場合である。たとえば，大規模な災害地支援のように，市場が十分に機能しておらず，現金を送っても生活に必要なモノが手に入れられない場合や，ボランティアなどのように市場では調達できないサービスを必要とする場合である。また第4のパターンが必要となるのは，単に寄付を集めるよりも，より多くの人がかかわることができるからである。バザーやコンサートなどを開けば，主催者の社会福祉事業に関心がない人も参加し，事業の意義や存在を伝えることができるのである。

税と社会保険による財源調達

社会福祉という再分配システムにおいては，現金を集め，現金や現物を給付する仕組み（第1と第2の再分配パターン）が多く採用されているが，その現金はどのように集められているのだろうか。それを理解するために，まず社会サービス全般の財源調達の仕組みを見てみよう。

社会福祉が制度化される以前は，個々人や団体の任意の寄付により運営されていた。しかし任意の寄付に依存した事業は，事業の安定性や永続性に欠ける場合がある。社会サービスが私たちの生活を支えるうえで欠くことができない現代の福祉の生産システムにおいては，政府が財政の安定に一定の責任を負わなければならないのである。つまり政府が社会サービスとして制度化した事業

は，それが民間事業であっても，国民から強制的に徴収された政府の財源を分配し，安定したサービスの供給をはかっているのである。なおこの場合の政府とは，中央政府（国）や地方政府（地方自治体）のほかに，社会保険を運営する社会保障基金も含まれる。中央政府は所得税・消費税・法人税などの国税を集め，地方政府は住民税・固定資産税などの地方税を集め，いずれも税による再分配を行っている。これに対して社会保障基金は，国民年金保険・国民健康保険・介護保険・雇用保険を運営するための保険料を集め，社会保険の仕組みにもとづき再分配を行っている。

　では，税金として徴収し再分配することと，社会保険制度を利用して再分配することの違いは何であろうか。

　そもそも社会保険制度とは，被保険者から強制的に保険料を徴収し，あらかじめ定められた生活上のリスク（病気や失業など）が発生したときに，一定の給付を支給する仕組みである。このように拠出と給付の関係が明確であるため，①給付に対して保険者の裁量余地が少なく，被保険者の給付請求に対する権利意識が生まれやすい，②使途を限定できない一般税とくらべて，国民の拠出に対する理解が得られやすい，などの利点があげられる。

　しかし社会保険方式には，いくつかの限界がある。①予測できない新たな生活上のリスクには対応できない，②拠出をしていない者（未加入・未納者）には支給されない，③負担が勤労所得の見込まれる現役世代に集中する，などがあげられる。

　税による再分配の利点は，社会保険方式の限界に対応するものである。税には，使途を限定した目的税もあるが，基本的には使途を制限しない一般税として集められる。使途が限定されていないため，①必要が認められれば，予測できない新たな社会的必要性（ニーズ）に対応することも可能であり，②拠出要件のような形式的資格も問われない（税金を払っていない者にも支給できる）。税による再分配は，これらの特性を有する。よって生活保護制度のように，社会的必要性（ニーズ）を生みだした原因やリスクが何であれ，必要性があれば支給しなければならない制度では，税による再分配で運営せざるをえないのである。このほかにも，税による再分配の利点としては，消費税などのように負担を広く求められることや，相続税などのように資産などの格差是正（垂直的な

第7章 社会福祉の運営

図19-1 社会保障財源と社会保障給付のイメージ図（2017年度）（単位：兆円、％）

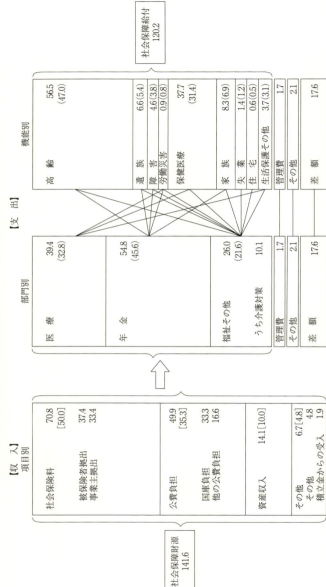

(注) 1 2017年度の社会保障財源は141.6兆円（他制度からの移転を除く）であり、[ ] 内は社会保障財源に対する割合。
2 2017年度の社会保障給付費は120.2兆円であり、（ ）内は社会保障給付費に対する割合。
3 収入のその他には積立金からの受入等を含む。支出のその他には施設整備費等を含む。
4 差額は社会保障財源（141.6兆円）と社会保障給付費、管理費、その他の計（124.0兆円）の差であり、他制度からの移転、他制度への移転を含まない。差額は積立金への繰入や翌年度繰越金である。

(出所) 国立社会保障・人口問題研究所「平成29年度社会保障費用統計」。

再分配）を行えることがあげられる。

　つまり，わが国の社会サービスは，社会保険制度を基盤としながらも，税による再分配制度を組み合わせて運用されているのである。

　しかし社会福祉サービスに限定してみると，税による再分配制度にもとづくものが多い。それは税による再分配の利点により，社会サービスや家族の生活支援機能に対する補充性（→unit 12）を発揮しやすいからである。しかし介護保険や医療保険制度などのように，社会保険を財源に供給されている社会福祉サービスもあり，すべてが税による再分配制度にもとづいているわけではない。

🔲 政府による再分配の現状

　次に，社会サービス全般における再分配の現状を見てみよう。ここで示される**社会保障給付費**とは，社会サービスから教育サービスを除いた費用のことである。

　図 19–1 は，政府により集められた財源がどのように再分配されているかを示している。図の左から順にポイントを説明しよう。

　収入の「項目別」では，3つの政府（中央・地方・社会保障基金）のうち社会保障基金による保険料収入が全体の5割を占めている。中央政府と地方政府による公費は，合わせて3割強であり，中央政府と地方政府の収入割合は2：1である。ただし中央政府の収入分が，そのまま中央政府により再分配されることは少なく，社会保障基金や地方政府に移転され，それらをとおして再分配されている。また資産収入とは，社会保障基金の運用益などである。

　支出の「部門別」では，所得保障サービスである年金部門が5割弱を占め，医療部門が3割強，福祉その他部門が2割強となっている。図 19–2 は，各部門別の推移である。1980 年以前は，医療費部門の支出がもっとも多かったが，それ以降は年金部門の支出がもっとも多くなっている。また，福祉その他部門の全体における支出割合は，諸外国とくらべて低く，社会福祉サービスを必要とする人にとって，わが国の福祉レジーム（→unit 11）は家族に多くの役割を担わせていることがわかる。しかし少子高齢化にともなった社会福祉サービスへの必要性の高まりや，家族の機能の弱体化を考えると，社会福祉サービスの支出割合の増加が求められており，実際に支出が増加している。

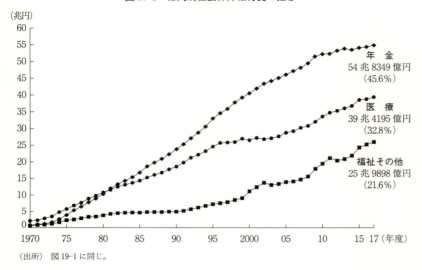

図 19-2　部門別社会保障給付費の推移

(出所)　図 19-1 に同じ。

　図 19-1 に戻ると，支出の「機能別」では，高齢による所得の低下を保障する機能に 5 割弱が支給され，保健医療と合わせれば 8 割弱となる。図 19-2 に示された社会保障給付費の増大を招いた主たる要因は高齢化であることがわかる。

　図 19-3 は，社会支出（OECD が定める国際比較可能な基準であり図 19-1 で示した社会保障費に加え施設整備費等を含む）の対 GDP 比の国際比較である。日本はイギリスとほぼ同水準にあるが，諸外国とくらべて高齢者への支出割合が高く，障害者等への支出割合が低い。なおアメリカの社会支出が日本よりも高いが，これは注にあるように 2014 年に施行されたオバマケアの影響である。

現物給付と現金給付

　資源を給付する際に，現物で給付することと，現金で給付することには，いかなる違いがあるのであろうか。

　まず給付を受ける側に立ってみれば，その人の社会的必要性（ニーズ）を満たす現物が，市場で容易に手に入る場合は現金給付が望ましい。社会的必要性（ニーズ）を充足するためには，仮に現金で給付されても，最終的には現金を必

図 19-3 社会支出の国際比較（2015 年度）

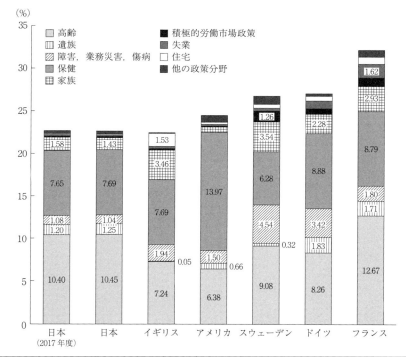

社会支出	日本 （2017 年度）	日本	イギリス	アメリカ	スウェーデン	ドイツ	フランス
社会支出							
対国内総生産比	22.69%	22.66%	22.47%	24.50%	26.74%	27.04%	32.16%
（参考）対国民所得比	30.72%	30.96%	30.67%	30.61%	41.49%	36.20%	45.10%

（注）アメリカについては，2014 年にいわゆるオバマケア（Patient Protection and Affordable Care Act）が施行され，個人に対し医療保険への加入が原則義務化されたことにともない，これまで任意私的支出（Voluntary Private Expenditure）とされてきた民間の医療保険支出が，義務的私的支出（Mandatory Private Expenditure）として社会支出に計上されることになった。そのため，「平成 28 年度社会保障費用統計」公表時における 2015 年度のアメリカの対 GDP 比社会支出（19.12%）から数値が大きく増加している。
（資料）諸外国の社会支出は，OECD Social Expenditure Database（2019 年 5 月 24 日時点）による。国内総生産・国民所得については，日本は内閣府「平成 29 年度国民経済計算年報」，諸外国は OECD Annual National Accounts Database（2019 年 5 月 24 日時点）による。
（出所）図 19-1 に同じ。

要な現物に換えなければならない（現金には交換価値しかなく使用価値はない→unit 18）。再分配の第3のパターン（現物を集めそれを配りなおす）を除けば，最終的には誰かが現金を必要な現物に換えることになる。つまり**現金給付**と**現物給付**の違いは，単に支給者と受給者のいずれが現物に換えるかということである。とすれば受給者が現物に換えられる現金給付のほうが，受給者の選択の自由が確保されている点で望ましいといえよう。たとえば，住居がない者にとっては，住居という現物を給付され入所施設で生活するより，現金給付によって，自分で好きな住居を借りられるほうが望ましいと思うだろう。

　しかしすべての資源が，容易に市場で入手できるわけではない。先に述べた災害支援のほかにも，過疎地や重度障害者を対象とした介護サービスなど，市場では十分にサービスを供給できない場合は，現金給付では社会的必要性（ニーズ）を充足できない。こうした場合には，支給者の責任で現物を供給する現物給付に頼らざるをえないのである。

　次に資源を給付する側にとってみれば，現金給付は，現物給付より管理コストが低いという利点がある。しかし現金給付では，給付された現金が必ずしも支給目的どおりに使われるとは限らない。介護サービスを受けるための費用として現金給付しても，受給者はその現金でギャンブルをするかもしれないのである。資源の有効性や社会的必要性（ニーズ）充足の確実性という点では現物給付のほうが効果的である。

　現物給付と現金給付には，こうした特徴がある。よって，生活保護や社会手当（児童手当など）は，生活費全般の不足を保障することを目的とするため，使途に制限のない現金給付がなされるが，そのほかの社会福祉サービス（介護サービスや児童養護サービスなど）は，現物給付でなされてきた。

　なお近年では，供給主体の多元化が進められ，利用者の選択権を尊重する仕組みが導入された。これにともない，現物給付でありながら，現金給付の特徴を併せもった**準（擬似）市場**という中間形態が増えている。

　たとえば，介護保険による介護サービスの支給は，措置制度における現物給付の仕組みを市場化し，在宅福祉サービスにおいては民間営利企業の参入を認めた。しかし完全に市場化（自由化）されたわけではなく，サービスを供給する事業者は指定事業者に制限され，介護サービスの単価は，政府が一律に決定

重要ポイント

応能負担と応益負担

社会福祉サービスの利用者の費用負担には，どのような場合があるだろうか。

まず利用者の全員が無料でサービスを利用できる場合である。たとえば，行政や民間団体による相談サービスや，生活保護などの貧困者を対象とするサービスがあげられる。

次に，利用者が費用の一部を負担する場合である。現在の社会福祉サービスの多くが何らかの費用負担を利用者に求めている。この一部費用負担の方法は，応能負担と応益負担に分けることができる。応能負担とは，利用者の所得に応じて費用を負担する仕組みである。たとえば，保育サービスの利用料はこの仕組みをとっており，所得が低い者は無料であるが，所得が上がるにつれ，段階的に利用料が上がる仕組みとなっている。所得階層がもっとも高い場合，約8万円を負担しなければならない（国基準・3歳未満児）。これに対して，応益負担とは，利用者の所得にかかわりなく，サービスの利用によって受けた利益に応じて費用を負担する仕組みである。たとえば，介護保険の場合は，サービス給付にかかる費用の1割を利用者が負担することになっている。

最後に利用者の全員がサービスにかかわる費用の全額を支払う場合（全額の応益負担）である。たとえば，入所施設における食費や居住費に相当する額（ホテルコスト）を求める場合があげられる。社会福祉サービスのうち，完全に個人に還元される利益を切り離して，その費用負担を求めるものである。

このような費用負担を利用者に求める理由としては，サービスの非受益者と受益者との公平をはかることやサービス給付の財源確保があげられる。さらにもう1つの重要な目的がサービスの利用を抑制するための「サービスによる割り当て」である。たとえば，障害者への福祉サービスについては，障害者支援費制度では応能負担であったが，障害者自立支援法（現・障害者総合支援法）により応益負担（ただし所得に応じた費用負担の上限が設定されている）へと変更された。その際に，応益負担とホテルコストの全額自己負担を導入することで，サービスの利用が抑制され，年間1000億円の予算が減額できるという試算が厚生労働省によってなされた。しかし介助サービスがなければ生活ができない重度の障害者にしてみれば，応益負担を課せられることには，強い抵抗がある。なぜならサービスを十分に受けられて，ようやく障害のない人と同じノーマルな社会生活が営めるからである。ノーマルな生活をするために，一方は費用を負担し，一方は負担しないというのは，不公平といえるのではないだろうか。こうした主張が障害者団体からなされた結果，現在は応能負担を原則とするという法改正がなされた。

し，価格による競争はできない。さらにサービスの費用負担の大部分は介護保険により支給される。その一方で，市場と同じように，利用者の選択にもとづく契約により，サービスが供給される。こうした仕組みは，政府による現物給付と市場による供給の中間形態といえ，準（擬似）市場と呼ばれている。

このほかにもバウチャーやクーポンと呼ばれる利用券の交付がある。たとえば，ホームレスの人に食事券や風呂券を交付する場合がこれにあたる。利用券は，特定の社会的必要性（食事や入浴などのニーズ）の充足に使途が限定されている点で現物給付の利点をもち，かつ指定された施設や店舗であれば，どこでも自由に使えるという点で現金給付の利点も有している。

資源の供給管理——割り当て

社会福祉サービスにおける資源の需給調整はどのようになされるのだろうか。市場であれば，価格メカニズムが調整する。需要のほうが供給量より多ければ商品の価格が上昇し，その結果有効需要が減少し，供給量と一致する。こうして需給調整がはかられるのである。しかし社会福祉においては，必ずしも個々のサービスが商品化（価格が明示）されているわけではないし，価格が明らかになっている準（擬似）市場においても，価格は固定されており，需給調整の役割を担うことはできない。

そもそも社会福祉サービスに需給調整は必要ではないという考え方もありうる。たとえば，戦後すぐに GHQ より出された，公的扶助行政の指針を定めた「社会救済に関する覚書」（1946年）では，救済費の総額に上限を設定して制限することを禁じた（→unit 17）。また，その他の社会福祉サービスにおいても，供給する現物（サービス）が足りない場合はなるべく資源を開発したうえで，社会的必要性の評価（ニーズ・アセスメント）によって，サービスの供給をするほうが望ましいという考え方もあろう。

しかし社会福祉サービスが無制限に肥大化することが望ましいとは限らない。その財源は，市場が生みだすことを考えれば，社会福祉サービスを単に社会的必要性（ニーズ）の充足という観点だけからとらえるわけにはいかない。福祉の生産システムにおける市場とのバランスに配慮し，限界のある資源をいかに配分するかが問題となるのである。

このように供給量を制限する立場から、価格メカニズムを使わずに、需給調整する方法のことを**割り当て**（配給）と呼ぶ。割り当ては、まず予算の割り当てとサービスの割り当てに分けることができる。

予算による割り当てとは、予算の枠を設定することであらかじめ資源の供給量を制限する方法である。しかし生活保護などのように、今年度の予算をオーバーするからといって途中で打ち切ることができない性質の経費もある。こうした費目は義務的経費に位置づけられており、予算の割り当てにも限界がある。

次に、サービスによる割り当てである。その方法としては、第1に社会的必要性（ニーズ）の認定を制限しサービスの供給量を減らすことがある。受給資格を厳格化する（ex. 生活保護における受給資格の適正化）、サービスの費用を徴収する（ex. 介護保険制度における費用負担）、支給時期を遅らせる（ex. 失業保険制度における給付の待機期間）、1件あたりのサービス供給量を抑制する（ex. 医療保険のリハビリテーションの日数制限）などである。第2にサービスのコストを下げて供給量を増やすことがある。1事業あたりのサービスの利用者数を増やす（ex. 1カ所あたりの学童保育の定員増）、施設運営の最低基準を下げ人件費などを抑制する（ex. 医療保険制度の精神科特例）、事業の民営化を行う（ex. 指定管理者制度の導入）などである。

いずれの割り当ての方法も、実際に行われているが、必要以上に社会的必要性（ニーズ）を制限したり、社会的必要性（ニーズ）の充足に支障をきたすほどコストを下げれば、福祉的機能（→unit 12）を果たせなくなり、社会福祉サービスの存在価値がなくなってしまうことに注意しなければならない。

確認問題

- **Check 1** 政府が財源調達をする際に、社会保険で行う場合と税で行う場合の特徴は何か。
- **Check 2** 社会サービスにおける準（擬似）市場とはどのようなものか。

unit 20

社会福祉の供給体制
——国・地方自治体・民間団体の役割

社会福祉サービスの基本理念

まず社会福祉サービスを供給するにあたって，その基本理念を国がどのように定めているか見てみよう。社会福祉サービスの基本理念は，社会福祉法によって定められている。社会福祉法とは，社会福祉全般の基本理念など共通的基本事項を定めている法律で，社会福祉の基本法と呼ぶべき法律である。

社会福祉サービスの基本理念も時代の変化とともに大きく変遷してきている。「福祉サービス」という呼び方は近年のものであるが，1951年の社会福祉事業法制定時にも社会福祉事業の趣旨が定められていた。第3条において「社会福祉事業は，援護，育成又は更生の措置を要するものに対し，その独立心をそこなうことなく，正常な社会人として生活することができるように援助することを趣旨として経営されなければならない」とされていた。それが1990年のいわゆる「福祉関係八法改正」時に大幅に規定が改正され，基本理念と明示され，地域などへの配慮が追加された。そして2000年の社会福祉法への改正で，第3条から第6条にわたり，基本理念や原則が示されたのである（表20-1）。

こうした変化のうち，特徴的な点をまとめてみると，次の点があげられる。

第1に，1990年のいわゆる「福祉関係八法改正」までの第3条を見ると，「正常な社会人として生活することができるように援助すること」が趣旨とされていたが，現在は「個人の尊厳の保持を旨」とし，利用者の主体性を尊重するとされ，その基本理念（人間観）が大幅に変更された。

第2に，「福祉関係八法改正」以降，地域福祉の推進が強調されるようになった。単に行政から与えられる福祉ではなく，地域住民や社会福祉に関する活

表 20-1　基本理念規定の変遷

福祉関係八法改正	2000 年改正	2017 年改正 （2018 年施行）
（基本理念） 第3条　国，地方公共団体，社会福祉法人その他社会福祉事業を経営する者は，福祉サービスを必要とする者が，心身ともに健やかに育成され，又は社会，経済，文化その他あらゆる分野の活動に参加する機会を与えられるとともに，その環境，年齢及び心身の状況に応じ，地域において必要な福祉サービスを総合的に提供されるように，社会福祉事業その他の社会福祉を目的とする事業の広範かつ計画的な実施に努めなければならない。 （地域等への配慮） 第3条の2　国，地方公共団体，社会福祉法人その他社会福祉事業を経営する者は，社会福祉事業その他の社会福祉を目的とする事業を実施するに当たっては，医療，保健その他関連施策との有機的な連携を図り，地域に即した創意と工夫を行い，及び地域住民等の理解と協力を得るよう努めなければならない。	（福祉サービスの基本的理念） 第3条　福祉サービスは，個人の尊厳の保持を旨とし，その内容は，福祉サービスの利用者が心身ともに健やかに育成され，又はその有する能力に応じ自立した日常生活を営むことができるように支援するものとして，良質かつ適切なものでなければならない。 （地域福祉の推進） 第4条　地域住民，社会福祉を目的とする事業を経営する者及び社会福祉に関する活動を行う者は，相互に協力し，福祉サービスを必要とする地域住民が地域社会を構成する一員として日常生活を営み，社会，経済，文化その他あらゆる分野の活動に参加する機会が与えられるように，地域福祉の推進に努めなければならない。 （福祉サービスの提供の原則） 第5条　社会福祉を目的とする事業を経営する者は，その提供する多様な福祉サービスについて，利用者の意向を十分に尊重し，かつ，保健医療サービスその他の関連するサービスとの有機的な連携を図るよう創意工夫を行いつつ，これを総合的に提供することができるようにその事業の実施に努めなければならない。 （福祉サービスの提供体制の確保等に関する国及び地方公共団体の責務） 第6条　国及び地方公共団体は，社会福祉を目的とする事業を経営する者と協力して，社会福祉を目的とする事業の広範かつ計画的な実施が図られるよう，福祉サービスを提供する体制の確保に関する施策，福祉サービスの適切な利用の推進に関する施策その他の必要な各般の措置を講じなければならない。	（福祉サービスの基本的理念） 第3条　（変更なし） （地域福祉の推進） 第4条　地域住民，社会福祉を目的とする事業を経営する者及び社会福祉に関する活動を行う者（以下「地域住民等」という。）は，相互に協力し，福祉サービスを必要とする地域住民が地域社会を構成する一員として日常生活を営み，社会，経済，文化その他あらゆる分野の活動に参加する機会が確保されるように，地域福祉の推進に努めなければならない。 2　地域住民等は，地域福祉の推進に当たっては，福祉サービスを必要とする地域住民及びその世帯が抱える福祉，介護，介護予防（要介護状態若しくは要支援状態となることの予防又は要介護状態若しくは要支援状態の軽減若しくは悪化の防止をいう。），保健医療，住まい，就労及び教育に関する課題，福祉サービスを必要とする地域住民の地域社会からの孤立その他の福祉サービスを必要とする地域住民が日常生活を営み，あらゆる分野の活動に参加する機会が確保される上での各般の課題（以下「地域生活課題」という。）を把握し，地域生活課題の解決に資する支援を行う関係機関（以下「支援関係機関」という。）との連携等によりその解決を図るよう特に留意するものとする。 （福祉サービスの提供の原則） 第5条　社会福祉を目的とする事業を経営する者は，その提供する多様な福祉サービスについて，利用者の意向を十分に尊重し，地域福祉の推進に係る取組を行う他の地域住民等との連携を図り，かつ，保健医療サービスその他の関連するサービスとの有機的な連携を図るよう創意

工夫を行いつつ，これを総合的に提供することができるようにその事業の実施に努めなければならない。
（福祉サービスの提供体制の確保等に関する国及び地方公共団体の責務）
第 6 条 （変更なし）
2 国及び地方公共団体は，地域住民等が地域生活課題を把握し，支援関係機関との連携等によりその解決を図ることを促進する施策その他地域福祉の推進のために必要な各般の措置を講ずるよう努めなければならない。
（※下線部が追加された）

動を行う者（NPO やボランティアなど）と協力して，地域福祉を行うことを掲げている。

　第 3 に，国および地方公共団体の責務を，福祉サービスを実際に供給することよりも，近年は福祉サービスを提供する体制を確保することや，適切な利用を推進することとしており，福祉多元主義における新たな公的責任のあり方（条件整備国家→unit 15）を示している。

　第 4 に，2017 年の改正では，制度や分野ごとの縦割りや支え手・受け手という関係を超えて，地域住民や地域の多様な主体が「我が事」として参画し，人と人，人と資源が世代や分野を超えて「丸ごと」つながることで，住民 1 人ひとりの暮らしと生きがい，地域をともに創っていく「地域共生社会」を理念とする改正が行われた。具体的には，第 4 条 2 項，第 6 条 2 項が新設され，第 5 条に一部文言が追加され，地域住民と連携して「我が事・丸ごと」の地域福祉を推進することが掲げられた（表 20–1 の下線部）。

🔲 社会福祉法の適用範囲

　次に，国や地方公共団体が関与している社会福祉制度の範囲を明らかにしよう。

　社会福祉法のなかには，社会福祉の名前がついた事業や活動などがいくつか記されているが，大きくは「**社会福祉を目的とする事業**」「**社会福祉に関する活動**」「**地域住民**」の 3 つに分けることができる。その関係を図示したのが，図

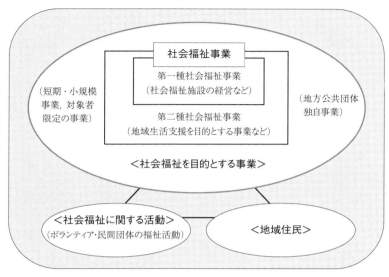

20-1 である。

　まず「社会福祉を目的とする事業」の中核は「**社会福祉事業**」である。「社会福祉事業」とは，社会福祉法の第2条に具体的に記述されている事業のことで，社会福祉が伝統的にその対象としてきた高齢者・障害者・児童・母子世帯・低所得世帯にかかわる事業が中心に位置づけられている。

　さらに「社会福祉事業」は，**第一種社会福祉事業**と**第二種社会福祉事業**に分かれている。

　第一種社会福祉事業には，特別養護老人ホーム，障害者支援施設，児童養護施設など，主に社会福祉施設を経営する事業があげられている。その経営は，国・地方公共団体・社会福祉法人しか原則として行えず（社会福祉法第60条，以下条番号のみ），施設の広さや職員の数などの最低基準を定め（第65条），都道府県知事に改善命令を出す権限を与えている（第71条）。

　第二種社会福祉事業には，高齢者や障害者へのホームヘルプサービス，ショートステイ，デイサービスなど，主に地域生活支援を目的とする事業があげられている。社会福祉法による経営主体の制限や最低基準の制限を受けないなど，

第一種社会福祉事業にくらべ行政による規制は弱く，事業者が主体性を発揮する余地が多いが，都道府県知事の調査（第70条）や，不適切な経営を行った場合は経営の制限・停止の対象となる（第72条）。

　このように「社会福祉事業」は，国や地方公共団体の公的規制により，サービスの質と量の確保を必要としている事業であるといえよう。

　「社会福祉事業」以外の「社会福祉を目的とする事業」とは，まず社会福祉法で，「社会福祉事業」に含まれないものとして列挙されている事業（第2条4項），つまり事業の期間が短いもの，小規模なもの，特定の組合員のみを対象とするものなどがある。「社会福祉事業」ほどの公的規制を必要としないため，「社会福祉事業」からは除外されているが，社会福祉を目的としているという点では変わりはないのである。このほかにも，国の制度ではないが地方自治体が独自に行っている社会福祉を目的とする事業も，ここに位置づけられる。たとえば，日本に居住する外国人への支援や，ひきこもりの人々への支援など，既存の「社会福祉事業」が対応できていない，新しい福祉課題に取り組む事業なども含まれている。

　次に「社会福祉に関する活動」とは，福祉活動（市民のボランティア活動など）や民間の自発的な社会福祉事業（国や地方公共団体の財政上の支援を受けていないもの）を意味している。行政が対応できていない新しい福祉課題への取り組みの多くは，こうした市民らによる自主的な「社会福祉に関する活動」が担っている。その活動のなかには，事業の必要性が公的に認められ，国や地方公共団体の助成を受け，「社会福祉を目的とする事業」に位置づけなおされる事業もある。また近年，「社会福祉に関する活動」は，こうした新しい福祉課題への対応ばかりではなく，地域福祉を推進する主体としての役割も求められている。社会福祉法では，地域福祉の推進を目的の1つとしており（第1条），「社会福祉に関する活動」を行う者，「社会福祉を目的とする事業」を経営する者，そして地域住民の三者が地域福祉を推進する主体と位置づけられているのである（第4条）。

　最後に「地域住民」は，2017年の社会福祉法改正で，地域福祉の主体としての位置づけがより明確になった。「地域共生社会」の実現に向けて地域住民が主体的に関与することが求められている。

以上の分類を，社会サービスとの関係で整理しなおすと，「社会福祉を目的とする事業」（「社会福祉事業」を含む）が「社会サービスに位置づけられる社会福祉サービス」にあたり，「社会福祉に関する活動」や地域住民による主体的な活動が「公的な制度となっていない民間の社会福祉」にあたるのである（→unit 12〔図 12-1〕）。

国と地方公共団体の役割

　国や地方公共団体による社会福祉の供給体制を図 20-2 に示した。

　まず国の役割であるが，社会福祉の供給にかかわる基本計画を策定したり，都道府県や市町村が策定する計画に対する基本方針を示すことである。

　社会福祉にかかわる行政は，多くの省庁が関係しているが，そのなかでも中心的な役割を担う行政機関は厚生労働省である。わが国の社会福祉にかかわる法令のほとんどを厚生労働省が主管している。たとえば**福祉サービスの最低基準**を厚生労働大臣が定めるとされているように（社会福祉法第 65 条），1 つの福祉サービスを全国で統一的な制度として運営するための具体的な基準が，厚生労働省の省令や通知によって示されているのである。

　このように国は，行政機関をとおして，福祉サービスの適正な運営のために規制を行うほか，財政上の負担を行っている。福祉サービスの費用のうち，行政が負担すべき費用の 50％ を国が負担している（生活保護などは 75％ を国が負担）。

　地方公共団体のうち，市町村の役割は，地域住民の福祉ニーズを把握して福祉計画を策定し，実際に福祉サービスの供給をするなど，もっとも住民に身近な行政機関として，住民の福祉の責務を担っている。

　都道府県，指定都市，中核市の役割は，市町村のバックアップであり，市町村域より広域で対応することが望ましい業務（社会福祉法人・社会福祉施設の認可・監督，市町村間の調整など）を担っており，財政上の負担（費用の 25％ の場合が多い）を担っている。

近年の地方分権化の動向

　このような国・都道府県・市町村の役割分担ができたのは近年のことである。

第7章 社会福祉の供給

図20-2 社会福祉の供給体制

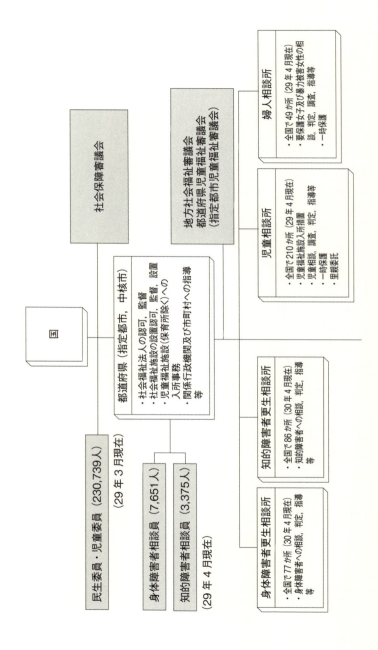

市

- 社会福祉法人の許可，監督
- 在宅福祉サービスの提供等
- 障害福祉サービスの利用等に関する事務

市福祉事務所

- 全国で998か所（30年4月現在）
- 生活保護の実施等
- 特別養護老人ホームへの入所事務等
- 助産施設，母子生活支援施設及び保育所への入所事務等
- 母子家庭等の相談，調査，指導等

福祉事務所数
（平成30年4月現在）

郡部	207
市部	998
町村	43
合計	1,248

都道府県福祉事務所

- 全国で207か所（30年4月現在）
- 生活保護の実施等
- 助産施設，母子生活支援施設への入所事務等
- 母子家庭等の相談，調査，指導等
- 老人福祉サービスに関する広域的な調整等

町村

- 在宅福祉サービスの提供等
- 障害福祉サービスの利用等に関する事務

町村福祉事務所

- 全国で43か所（30年4月現在）
- 業務内容は市福祉事務所と同様

（出所）『平成30年版厚生労働白書』。

憲法第25条が，国民の生存権と国の保障義務を定めていることもあり，最低生活保障（生活保護）の実施責任は国が基本的に担うものと考えられてきた。また，そのほかの社会福祉事業も，低所得の高齢者や障害者などを主な対象としてスタートしており，最低生活保障の実施責任の一環として，国の責務が重視されたのである。そのため1980年代半ばまでは，施設入所など当時の社会福祉事業のほとんどは，**機関委任事務**と呼ばれ，国が都道府県知事や市町村長に業務を委任し，国の代わりに業務を行わせるものであった。そのため厚生大臣（当時）の指揮監督のもとに業務を行い，独自の判断は許されなかった。中央集権的な供給システムは，全国一律の基準のもと，同一水準のサービスを受けられるという利点があったのである。

しかしこうした中央集権的なシステムは，戦前からの事大主義的特質の温床となり，戦後の憲法で記された地方自治の精神を骨抜きにするものであった。さらに，社会福祉事業の対象が低所得者から国民一般に広がり，施設収容保護からコミュニティ・ケア（→unit 15）へサービスの比重が移ってくると，地域住民ごとの社会的必要性（ニーズ）に合わせた柔軟な展開が必要となり，機関委任事務の弊害が明らかになってきた。

1980年代半ばになると，国は，石油危機以降の財政悪化を改善するために，委任事務にかかわる国と地方公共団体の財政負担割合を見直した。その結果，機関委任事務と位置づけていた事業の多くを団体委任事務にし，地方公共団体の裁量権を広げた。同時にそれまで事業費の80%を国が負担していたが，それを50%（生活保護は75%）に引き下げた。

さらに1990年の「福祉関係八法改正」では，高齢者や身体障害者の施設入所決定などの事務を市町村に一元化し，1999年のいわゆる「地方分権一括法」では，機関委任事務を廃止し，地方自治体の事務は，**法定受託事務**と自治事務に再編された。その結果，生活保護の実施や社会福祉法人の認可などは法定受託事務（国または都道府県が本来果たすべき事務で，法律や政令により自治体に受託させる事務，地方自治法第2条9項）となったが，その他のほとんどの社会福祉事業に関する事務は自治事務となった。法廷受託事務は，国の業務を自治体が受託する点では機関委任事務と変わりないが，国は運用の基準を定めるだけで，指揮監督権はなく，地方自治体の裁量の余地が大きい。

さらに，自治事務とされたものの実際は国が法令で事務の実施やその方法を縛っているものが多数あることから，いわゆる「義務付け・枠付け」の見直しが 2009 年から段階的に行われ，地方議会の条例にもとづいて行える自治事務が増加している。

　このように国の財政問題を契機に地方分権化が進んでいる。しかし，2002 年から議論された国庫補助金，税財源の移譲，地方交付税の一体的見直しをはかる「三位一体改革」が行われたものの，現在でも税財源の移譲は十分に進んでおらず，国と地方の歳出額の比率は 2：3 であるのに対し，租税収入の国税と地方税の比率は 3：2 と逆転している。その結果，地方自治体の歳入に占める地方税の割合は平均すると約 4 割に過ぎず，国庫支出金や地方交付税に頼らざるをえない自治体が多い現状にある。

社会福祉サービスを供給する仕組み

　次に社会福祉サービスが実際にどのような仕組みで利用者に供給されているのか，**措置方式**と**利用契約方式**を例に説明しよう。

　まず措置方式（図 20-3）であるが，かつてはほとんどの福祉サービスが措置方式を使って供給されていた。**社会福祉基礎構造改革**（→unit 17）により，事業者と利用者との利用契約にもとづく方式などに変わったが，現在でも，児童養護施設など本人の利用意思にもとづかない事業や，生活保護法の保護施設など低所得者を対象とする事業では措置方式が使われている。

　措置方式の特徴は，行政による公権力の一方的な行使であり，対象者側の意向が反映される仕組みがない点にある。措置権者である行政機関は，法律にもとづいた義務あるいは権限によりサービスの支給を決定（措置）するのであり，仮に事前に利用者の意向を聞いたとしても，それは利用者の請求にもとづく決定ではない。図 20-3 を見ても，対象者から措置権者などの他者に発している矢印が図 20-4 の利用契約方式とくらべて少ないことに気がつくだろう。措置方式は，行政機関の強い職権にもとづくものであり，虐待を受けている児童の保護などの場合は，適切な方法といえる。しかし，この方式をすべての福祉サービスの供給方式とすることは，個人の尊厳の保持を福祉サービスの基本理念とした社会福祉法の精神とそぐわないといえよう。

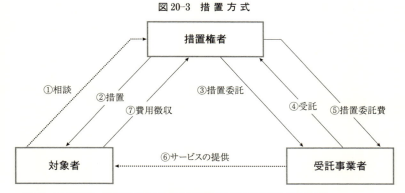

図 20-3　措 置 方 式

①相談　②措置　③措置委託　④受託　⑤措置委託費　⑦費用徴収　⑥サービスの提供

措置権者／対象者／受託事業者

（出所）厚生省社会・援護局企画課『社会福祉法等関係法補足説明資料』2000年6月。

　次に介護保険法を例に利用契約方式（図20-4）を見てみよう。基本的な関係は，利用者と指定事業者とのサービス利用契約である。この点だけを見れば，一般に市場で企業から家事サービスなどを購入する場合と変わらない。ただし介護保険では，事前に利用者が市町村（保険者）から要介護認定を受け，その要介護度に応じて上限はあるものの，サービス購入費用に対する費用補填（原則9割）が受けられる仕組みとなっている。このほかにも，サービスを提供する事業者を都道府県が指定したり，サービスの購入費用（単価）を統制するなど，単なる費用補填だけではなく，良質なサービスが供給されるように規制が行われている（準〔擬似〕市場化→unit 19）。介護保険に代表されるような近年の利用契約方式では，措置方式には見られなかった利用者の主体的な選択が重視されているのである。

社会福祉法人の役割——特殊な民間団体

　福祉サービスを利用者に供給する事業者には，国や地方公共団体がなることもあるが，そのほとんどは民間団体である。福祉に携わる福祉団体というと，近年ではテレビコマーシャルをしている介護サービス企業や，また各地で設立されている福祉を目的とするNPO（特定非営利活動法人）などが目につくが，歴史的には，社会福祉に携わる民間団体の主役は**社会福祉法人**であった。現在でも先述のように，第一種社会福祉事業は，国，地方公共団体または社会福祉

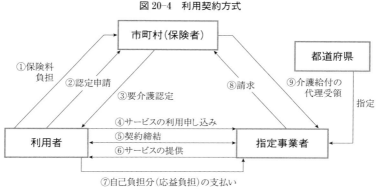

図20-4 利用契約方式

（出所）図20-3に同じ。

法人しか原則として運営できないのである。では社会福祉法人とは、いかなる特徴を有した民間法人なのであろうか。

社会福祉法人制度の成立には、憲法第89条が関係している。憲法第89条は、「公の支配に属しない慈善、教育若しくは博愛の事業」に対して、一方的な公金の支出、公の財産の利用を禁じている。憲法がこのような規定を設けたのは、1つには、いくら慈善などが目的であっても、何の制約もなく公金を支出することは濫用にあたり、それを防止するためである。さらに、日本の戦前からの歴史的特性として、行政と民間団体が癒着し、社会福祉の公的責任が不明確であったということがあげられる。つまり憲法第25条2項の「国の保障義務」を放棄して民間への責任転嫁をすることや、民間への不当な介入を防止するために憲法第89条が規定されたのである。社会福祉法（第61条：**事業経営の準則**）においても、国および地方公共団体と、社会福祉事業を経営する者との関係について、公の責任転嫁等の禁止、民間社会福祉事業の自主性の尊重、民間社会福祉事業の独立性の維持、の3つを原則としている。

ただし憲法は、国からの「一方的」な支出は禁じているが、いわゆる国が民間団体と委託契約してサービスを購入することを禁じているわけではない。社会福祉法も民間委託は可能であることを明記している。しかしそれでも、民間の社会福祉施設を整備する費用への公金支出や、土地や建物などの公の財産の貸与は、「一方的な」ものであり憲法違反の可能性があるため、行うことはで

> ### コラム
>
> **福祉サービス利用者の権利を守る仕組み**
>
> 　社会福祉法において，事業者とサービス利用の契約を締結する利用者の権利はどのように守られているのだろうか。社会福祉サービスにおいて，措置から契約へとサービス供給システムが変更されたことにともない，2つの側面から利用者の権利を守る仕組みが，社会福祉法によって導入された。
>
> 　第1に，消費者保護の仕組みである。社会福祉に限らず，サービスを購入する者が適切にサービスを選択でき，購入後のトラブルを回避するためには，一連の消費者保護の仕組みがある。社会福祉サービスにおいても，これら一般的な消費者保護の仕組みが導入された。まず，サービス市場への信頼を高めるために，事業者の情報を提供することを努力義務とし（社会福祉法第75条1項，以下条番号のみ），誇大広告を禁止した（第79条）。また，福祉サービスの質の向上のために，福祉サービスの自己評価や利用者の立場に立ったサービス提供が努力義務となった（第78条）。次に契約締結時の情報の保証として，契約の申し込み時に契約内容を説明することを努力義務とし（第76条），契約成立時には書面の交付を義務づけた（第77条）。さらに契約成立後の対応として，利用者による苦情に対して，事業者による苦情解決の努力義務（第82条），都道府県単位で設置された**運営適正化委員会**による苦情解決（第83条，第85条，第86条）を定めた。
>
> 　第2に，契約を締結するうえで，判断能力に制限を受けている者の権利を擁護する仕組みである。認知症の高齢者や，知的障害や精神障害をもつ者のなかには，福祉サービスの利用契約を締結する際など，支援を必要とする者がいる。そうした支援を行う仕組みとして福祉サービス利用援助事業が規定されている（第81条）。この事業は，主に社会福祉協議会によって担われており，福祉サービス利用援助のほか，日常的な金銭管理サービスなども行われている。なお事業名称としては，2007（平成19）年度より，地域福祉権利擁護事業から**日常生活自立支援事業**に変更された。

きない。そこで「公の支配」に属する特殊な民間法人である社会福祉法人制度を創設して，「一方的」な公金支出や公の財産の利用を可能にしたのである。

　そのため社会福祉法人には，厳格な設立要件が課せられ，国から助成を受ける場合は，予算や人事についても強い監督を受ける（社会福祉法第58条）など，組織の自立性が制限され「公の支配」のもとにある。

　こうした社会福祉法人の仕組みは，国が中央集権的に福祉サービスを供給し

ていた措置制度を中心とした時代には，一定の合理性を有していた。しかし，「公の支配」が民間の自主性を過度に抑制すると，あたかも社会福祉法人が単なる国の下請け機関であるかのような弊害を招く。そこで2000年の社会福祉法の改正では，社会福祉法人の経営の原則に関する規定（第24条）を追加し，「自主的な経営基盤の強化」を求めている。

　社会福祉法人は，国からの補助金の助成が受けられるだけでなく，有利な貸付を受けられ，税制上の優遇（収益事業以外の事業所得の法人税非課税，固定資産税・事業所税などの非課税や減免など）を受けられる。これらの優遇措置により，ほかの福祉サービスを供給する民間団体（企業やNPOなど）とくらべ，競争上有利な地位にあり，不公平であるとの指摘もなされている。また，供給主体間の競争性を高めるために，社会福祉法人制度は不要であると唱える人もいる。しかし，戦後のわが国の社会福祉の歴史のなかで，安定的に福祉サービスを供給してきた社会福祉法人制度の意義は大きい。たしかに社会福祉法人には硬直化の弊害もあるかもしれないが，一方で融通性の高い企業は，採算が合わない地域から事業を撤退する自由をも有している。そうした地域には，安定してサービスを供給する主体が必要になろう。それぞれの供給主体の特質を生かせるサービスの供給システムが，今後の課題となっているのである。また社会福祉法人はその優遇措置を生かし，地域の新しい福祉課題に主体的に目を向け，創造的なサービスを展開することが期待されている。

　しかし近年，一部の社会福祉法人では，こうした期待を裏切る不祥事（理事長等による法人の私物化や不適切な会計処理）や使い道が明確でない巨額の内部留保があることが問題となった。そこで2016年に社会福祉法を改正し，社会福祉法人改革を行った。改革の内容は，経営組織のガバナンスの強化（評議員会の必置化など），事業運営の透明性の向上（役員報酬基準等の公表など），財務規律の強化（内部留保の計画的な再投資など），地域における公的な取り組みを実施する責務（無料または低額の料金での福祉サービス提供など）などである。これは社会福祉法人が本来担うべき役割の遂行に向けた改革を促すものといえる。

確 認 問 題

- □ *Check 1*　社会福祉の供給体制において国はいかなる役割を担っているか。
- □ *Check 2*　社会福祉法において，国および地方公共団体と，社会福祉事業を経営する者との関係はどのように定められているか。

unit 21

福祉のマンパワー政策
——サービスの担い手の質と量を高める

福祉のマンパワーの現状

社会福祉サービスや福祉活動は，どのようなマンパワーによって担われているのだろうか。まず福祉にかかわるマンパワーというと，民間事業所や行政などで社会福祉の仕事に従事する人（社会福祉従事者）があげられる。

表 21–1 は，国勢調査にもとづく分野別社会福祉関係従事者数と構成比の推移である。国勢調査では，調査期間においてどの産業に従事しているか就業状態を調査している。そこで用いられる産業分類は，基本的に日本標準産業分類にもとづいており，社会福祉従事者は，大分類「医療・福祉」のなかの中分類「社会保険・社会福祉・介護事業」に分類されている。このなかには社会保険事業団体（健康保険組合や国民年金基金など）のように一般的には社会福祉従事者には含まない産業も含まれているが，従事者はそれほど多くないので，この中分類の従事者数を見ると全体の推移の傾向がわかる。1990 年の調査では全体で 68 万人強の人が従事していたが，2015 年の調査では 342 万人強となっており，この四半世紀で約 5 倍になっている。また表 21–2 は，2015 年の国勢調査の詳細であるが，全産業従事者の 5.8%，女性に限定すれば 10.3% が社会福祉関係従事者であり，雇用政策上，重要な産業分野になってきている。

次に，分野別の推移を見てみよう。表 21–1 を見ると，1990 年では，全体の 5 割強が児童福祉事業であり，高齢者分野は 2 割にも満たなかった。それが，介護保険が施行された 2000 年から高齢者分野の従事者が増加しており，2015 年では全体の約 6 割が高齢者分野の従事者となっている（小分類「訪問介護事業」は高齢者を対象とする事業のみ集計）。児童分野は 2015 年時点で全体の

25.5％に構成比を落としているが，実就業者数は女性の就業率の増加にともなう保育所利用者の増加と相まって増加している（1990年と比べると2倍強）。それよりも高齢者の急増にともなう高齢者分野の就業者の増加が著しいといえる（1990年と比べると約17倍弱）。障害者分野は，2005年から小分類として集計されたため，それ以降の推移しか示せないが，増加している（2005年と比べると1.8倍）。この変化は，65歳以下の障害者の数が増加したというよりも，2003年以降障害者福祉サービスが措置制度から利用契約制度に移行したことにともなってサービス利用者が増加したことによる。なお，2010年以降の「その他の社会保険・社会福祉・介護事業」には，社会福祉協議会，更生保護施設，婦人・女性保護施設，共同募金会などが含まれている。

続いて，社会福祉関係従事者の男女比について見てみよう。表21-2を見ると，まず全産業のなかで，女性従事者の比率は，43.8％である。これに対して，社会福祉関係従事者の女性の比率は，77.9％と高い。分野別に見ると，保育所の保育士が多くを占める児童福祉事業では女性が9割を超えており，また訪問介護事業でも女性が9割弱となっている。

福祉にかかわるマンパワーはこうした有給の従事者だけではない。ボランティアや地域住民も地域福祉を推進する主体として社会福祉法に位置づけられている（→unit 20）。ボランティアの現状を示すものとして，全国の社会福祉協議会が把握しているボランティア人数の推移を表21-3に示した。ボランティアに従事する人数は年々増加しており，現在700万人を超える人が活動している。

特に1995（平成7）年の阪神・淡路大震災では，多くの市民がボランティアとして被災地支援に携わり，国民のボランティアに対する意識が高まった。その後も重油流出事故に対する環境保護活動や，水害や地震などの被災地支援において，ボランティアが重要な役割を担うことが強く認識されるようになった。そのため1995年は「**ボランティア元年**」とも呼ばれている。また2011（平成23）年に発生した東日本大震災では，各市町村に設置された災害ボランティアセンターを経由してボランティア活動をした人数は，被災から1年間で約100万人弱にのぼっている（全国社会福祉協議会・全国ボランティア・市民活動振興センター集計）。

また内閣府が行った市民の社会貢献に関する実態調査（平成28年度）による

表 21-1　分野別社会福祉関係従事者数と構成比の推移

	1990 年		2000 年		2010 年		2015 年	
社会保険・社会福祉・介護事業	687,853	100%	1,247,120	100%	2,756,270	100%	3,425,220	100%
社会保険事業団体，福祉事務所	77,450	11.3%	73,339	5.9%	72,250	2.6%	65,100	1.9%
児童福祉事業	370,369	53.8%	517,400	41.5%	727,350	26.4%	874,440	25.5%
老人福祉・介護事業（訪問介護事業を除く）	121,693	17.7%	394,062	31.6%	1,335,360	48.4%	1,762,950	51.5%
障害者福祉事業	118,341	17.2%	262,319	21.0%	234,530	8.5%	329,150	9.6%
訪問介護事業					279,260	10.1%	287,070	8.4%
その他の社会保険・社会福祉・介護事業					107,530	3.9%	106,510	3.1%

（出所）　国勢調査抽出詳細統計。2000 年の国勢調査までは産業分類では「社会保険・社会福祉・介護事業」は「社会保険・社会福祉」，「老人福祉・介護事業（訪問介護事業を除く）」は「老人福祉事業」と表記。障害者福祉事業は 2005 年から，訪問介護事業は 2010 年から小項目として独立，それまでは「その他の社会保険・社会福祉」で集計。

表 21-2　社会福祉関係従事者の男女比率等（2015 年）

	合計	男	女	女性の比率
全産業	58,890,810	33,077,800	25,813,000	43.8%
社会保険・社会福祉・介護事業	3,425,220	757,730	2,667,500	77.9%
社会保険事業団体，福祉事務所	65,100	27,500	37,600	57.8%
児童福祉事業	874,440	69,060	805,380	92.1%
老人福祉・介護事業（訪問介護事業を除く）	1,762,950	469,780	1,293,170	73.4%
障害者福祉事業	329,150	124,750	204,400	62.1%
訪問介護事業	287,070	35,240	251,830	87.7%
その他の社会保険・社会福祉・介護事業	106,510	31,400	75,120	70.5%
全産業に占める社会福祉関係従事者の比率	5.8%	2.3%	10.3%	

（出所）　2015 年国勢調査抽出詳細統計。

と，ボランティア活動を過去 1 年間にしたことがある者は全体の 17.4% であった。ボランティア活動に参加した分野としては，「子ども・青少年育成」「まちづくり・まちおこし」が約 25%，「保健・医療・福祉」「自然・環境保全」「地域安全」が約 20%（いずれも複数回答）であった。次に社会貢献活動としての寄付を行ったことがある者は全体の 41.2% であった。寄付をした相手とし

表 21-3　社会福祉協議会が把握するボランティアの推移

調査時期	ボランティア団体数	団体所属ボランティア人数	個人ボランティア人数	ボランティア総人数
1980 年	16, 162	1, 552, 577	50,875	1, 603, 452
1985 年	28, 462	2, 699, 725	119, 749	2, 819, 474
1991 年	48, 787	4, 007, 768	102, 862	4, 110, 630
1995 年	63, 406	4, 801, 118	249, 987	5, 051, 105
2000 年	95, 741	6, 758, 381	362, 569	7, 120, 950
2005 年	123, 926	7, 009, 543	376, 085	7, 385, 628
2010 年	173, 052	7, 414, 791	1, 104, 600	8, 519, 391
2015 年	269, 588	6, 121, 912	985, 642	7, 107, 554
2017 年	193, 608	6, 120, 253	948, 150	7, 068, 403

（出所）　全国社会福祉協議会地域福祉・ボランティア情報ネットワーク「社会福祉協議会が把握
　　　するボランティア数」（2018 年 3 月）。

ては，共同募金会（赤い羽根）がもっとも多く 38. 4%，続いて日本赤十字社が 33. 2% であり，直接 NPO 法人等に寄付をしている人は 10% 程度であった。また寄付をした分野としては，不明を除くと災害救助支援が 53. 7% ともっとも多かった。

福祉のマンパワー政策

　こうした福祉のマンパワーは，政策のなかでどのように位置づけられているのだろうか。マンパワー政策の目的は，人材の量的な確保をはかり，併せて人材の質の向上をはかることである。

　社会福祉従事者を対象とする政策　　まず社会福祉従事者を対象とした場合，1980 年代半ばまでの主な福祉のマンパワー政策とは，①社会福祉にかかわる資格制度の整備と研修，②社会福祉施設従事者の待遇改善（職員配置に関する最低基準の見直しによる増員，民間社会福祉従事者の退職者共済制度創設，民間社会福祉施設給与の公立施設との格差の是正など）などであった。

　しかし，1980 年代半ば以降，急速な人口の高齢化への対策が課題となると，計画的で，総合的な福祉のマンパワー政策の必要性が高まっていった。

　計画的な福祉のマンパワー整備を定めたものとしては，1989（平成元）年の

「高齢者保健福祉推進 10 カ年戦略（ゴールドプラン）」があげられる。10 年間でホームヘルパーを 10 万人整備することを目標と定めた。このゴールドプランを 1994（平成 6）年に見直したいわゆる新ゴールドプランでは，ホームヘルパーの目標値を 10 万人から 17 万人に修正し，新たに寮母・介護職員を 20 万人整備することを定めた。

また福祉のマンパワーの総合的な確保策としては，1992（平成 4）年の「社会福祉事業法及び社会福祉施設職員退職手当共済法の一部を改正する法律」（略称「**福祉人材確保法**」）が制定された。この改正により，社会福祉事業法（現・社会福祉法）に，「社会福祉事業に従事する者の確保の促進」という章（現・第 9 章第 89 条〜第 106 条）が新たに設けられた。

施策内容としては 3 つある。第 1 に，社会福祉従事者からボランティアにいたるまで，福祉のマンパワーの確保に関する基本指針を国が定めることである。社会福祉従事者に関しては「社会福祉事業に従事する者の確保を図るための措置に関する基本的な指針（福祉人材確保指針）」を，ボランティアに関しては「国民の社会福祉に関する活動への参加の促進を図るための措置に関する基本的な指針（福祉活動参加指針）」を 1993（平成 5）年に定めた。

第 2 に，実際にマンパワー確保に携わる機関として各都道府県および中央に**福祉人材センター**を設置し，社会福祉事業に従事しようとする者に対する研修や就業の援助，社会福祉事業従事者の確保に関する調査研究等を行うことである。この都道府県福祉人材センターで行われている無料職業紹介事業は，福祉専門のハローワークといえるものである。

第 3 に，民間の社会福祉事業における福利厚生の充実をはかるため福利厚生センターを設置することである。

さらに 2007（平成 19）年には「福祉人材確保指針」が見直され，平成 5 年の指針策定後の社会情勢の変化（福祉・介護ニーズの一層の増大，一方で少子高齢化による労働人口の減少など）をふまえて，福祉人材の安定的な確保のための措置を見直した。新指針では 5 つの方策を提起している。①労働環境の整備の推進（キャリアと能力に見合う給与体系の構築など），②キャリアアップの仕組みの構築，③福祉・介護サービスの周知・理解，④潜在的有資格者等の参入の促進（資格をもちながら福祉業務についていない人への支援等），⑤多様な人材の参入・参画の

促進（高齢者や障害者を福祉人材として活用等）である。

　また近年では，2025年に「団塊の世代」が75歳以上になることから，介護人材の不足が一層懸念されている。人口減少社会になり稼働年齢層が減少していることもあり，政府が2016（平成28）年に閣議決定した「**ニッポン一億総活躍プラン**」では「**介護離職ゼロ**」を目標に掲げ，2020年初頭までに25万人の介護人材の確保を行うとしている。そのために政府は，介護職員の処遇改善，介護福祉士をめざす学生への就学資金貸付等の人材育成，介護ロボットやICTの活用による介護職員の負担軽減による離職防止などを行っている。

　さらに近年進めているのが外国人介護人材の受け入れである。介護に従事する外国人を受け入れる政策は4つある。第1に，経済連携協定（EPA）による受け入れである。インドネシア（2008年から），フィリピン（2009年から），ベトナム（2014年から）とそれぞれ二国間協定を結んで受け入れており，日本で介護施設・病院で働きながら介護福祉士の資格取得を目標としている（一部には就学するコースもある）。第2に，新たな在留資格「介護」による受け入れである。この在留資格は2017（平成29）年に新設され，日本の介護福祉養成施設に留学した学生が介護福祉士の資格取得によって得られる在留資格である。いずれも介護福祉士として業務従事していれば，在留期間更新の回数制限もなく，家族の帯同が可能である。第3に，技能実習生としての受け入れである。この受け入れも2017年から始まったが，最大5年間の受け入れで，その後は帰国することを前提としている。なお技能実習生制度は，本国への技能移転は建前であり，技能実習生を安価な労働力としか扱っておらず人権侵害の温床であるという批判もある。第4に，新たな在留資格「特定技能」としての受け入れである。この在留資格は2019（平成31）年に新設され，人手不足が深刻な産業分野に限定して，一定の専門性・技能をもつ外国人を受け入れる制度であり，その産業分野の1つに「介護」（特定技能1号）が指定された。最大5年間の受け入れで，その後は帰国することを前提としている。またEPAで日本に来たものの介護福祉士試験に合格できなかった者の受け皿にもなっている。

　　□　**ボランティアを対象とする政策**　　ボランティアに関しては，政府は先に述べた「福祉活動参加指針」を定め，より多くの国民が自主性にもとづいてボランティア活動に参加できるように努めていくべきことを示した。そのために，

社会福祉協議会にボランティア活動振興のための拠点を整備し，学校における
ボランティア教育の導入をはかっている。

社会福祉協議会がボランティアセンターを設置することに対して，政府は
1973（昭和48）年度から助成を行い，1977（昭和52）年には全国社会福祉協議
会内に全国ボランティア活動振興センター（現・全国ボランティア・市民活動振興
センター）を設置した。また同年よりボランティア協力校事業も開始して，そ
の費用を補助している。

□　**行政委嘱によるボランティア**　　ボランティアのなかには，特に行政から
委嘱されて特定の役割を担うものがある。具体的には，民生委員，児童委員，
保護司，里親，身体障害者相談員，知的障害者相談員などである。特に，民生
委員と保護司は戦前から続いている職務である。

民生委員は，戦前は方面委員と呼ばれ，戦後に民生委員法が制定され改称さ
れた。住民のなかから委嘱され，住民の生活状態の把握，生活相談，福祉サー
ビスの情報提供，社会福祉事業への協力を職務としている。かつては名誉職と
規定されていたが，2000年に社会福祉法の改正にともない民生委員法が改正
され，民生委員は「住民の立場に立って相談に応じ，及び必要な援助」を行う
者と位置づけられた。現在約23万人が委嘱されている。なお，民生委員は，
児童福祉法に規定されている児童委員を兼務することとなっている。

保護司は，戦前は嘱託少年保護司，司法保護委員と呼ばれ，戦後は保護司法
により法務大臣が委嘱する非常勤の国家公務員となった。しかし報酬はなく，
委嘱にあたって特別な資格が必要とされないことから，民生委員同様に行政委
嘱によるボランティアである。保護司は，犯罪者や非行少年の再犯予防や，社
会復帰に向けた相談支援，関係団体への協力を職務としている。現在約4万
8000人が委嘱されている。

社会福祉にかかわる資格制度

社会福祉従事者の質を高めるマンパワー政策として資格制度がある。資格と
いっても，国や地方自治体による規制の程度により，いくつかの種類に分かれ
ている。

□　**国家資格**　　国家資格とは，国が有資格者の専門的な知識や技能などを

法律にもとづいて保証する制度である。保証の方法により，有資格者に特定の業務を独占させる資格（業務独占資格）と，有資格者に特定の名称を独占させる資格（**名称独占資格**）に分けられる。業務独占資格の例としては，医師・弁護士・看護師などがあげられるが，社会福祉にかかわる資格で業務独占のものはない。名称独占資格としては，**社会福祉士・介護福祉士・精神保健福祉士・保育士**がある。いずれも法律により，有資格者を登録させ，登録者以外が資格の名称を使用することを禁じる一方，登録者の資格の信用を失墜させるような行為や，業務に関して知りえた秘密を漏らすことを禁じている。なお，登録者以外の名称使用や登録者の**秘密保持義務**違反に対しては，いずれも罰則規定がある。登録資格を得るためには，国家試験に合格する必要がある（ただし保育士は指定保育士養成施設の課程を修了すれば資格が付与される）。各資格の概要を表21-4にまとめた。

　社会福祉士と介護福祉士は，高齢化社会の進展による福祉サービスの拡大，特に民間営利企業や多様な民間非営利団体の参入に対応して，高い専門性をもったマンパワーを供給することを目的として制度化された。現在のところ社会福祉士を必置とする業務は介護保険の地域包括支援センターなど一部に限定されており，任用の拡大が課題となっている。一方，介護福祉士は，介護を支えるマンパワーの中核的な存在とされてきたが，その位置は変化しつつある。これまでは介護福祉士の資格取得者を介護職員の基本とし，その比率を高めることをめざしてきた。しかし介護人材の深刻な不足を背景に，基本的な技能や知識を有する者や研修等を修了し一定の技能をもつ者などの参入を認め，介護福祉士には高度な介護の専門性に加え，それら介護職グループの中核的役割を担うことを求めている。また精神保健福祉士は，精神障害者の社会的入院を解消し，地域生活支援を推進するために制度化された。

　保育士は，かつて保母と呼ばれた任用資格であったが，地域の子育て支援の中核を担う専門職としての重要性が高まったことから，国家資格化されたものである。

　□　**任用資格**　　**任用資格**とは，法令により特定の職務に任用されるために必要と定められた資格のことである。

　社会福祉にかかわる任用資格が必要となるのは，まず行政機関である福祉事

表 21-4　社会福祉にかかわる国家資格の概要

資格名称	根拠法・制定年	業務の定義	登録者数
社会福祉士	社会福祉士及び介護福祉士法 1987（昭和62）年	専門的知識及び技術をもって，身体上若しくは精神上の障害があること又は環境上の理由により日常生活を営むのに支障がある者の福祉に関する相談に応じ，助言，指導，福祉サービスを提供する者又は医師その他の保健医療サービスを提供する者その他の関係者との連絡及び調整その他の援助を行うこと	238,572名 2019（令和元）年7月末現在
介護福祉士	社会福祉士及び介護福祉士法 1987（昭和62）年	専門的知識及び技術をもって，身体上又は精神上の障害があることにより日常生活を営むのに支障がある者につき心身の状況に応じた介護を行い，並びにその者及びその介護者に対して介護に関する指導を行うこと	1,692,295名 2019（令和元）年7月末現在
精神保健福祉士	精神保健福祉士法 1997（平成9）年	精神障害者の保健及び福祉に関する専門的知識及び技術をもって，精神科病院その他の医療施設において精神障害の医療を受け，又は精神障害者の社会復帰の促進を図ることを目的とする施設を利用している者の社会復帰に関する相談に応じ，助言，指導，日常生活への適応のために必要な訓練その他の援助を行うこと	86,670名 2019（令和元）年7月末現在
保育士	児童福祉法 1947（昭和22）年	専門的知識及び技術をもって，児童の保育及び児童の保護者に対する保育に関する指導を行うこと	1,598,556名 2019（平成31）年4月1日現在

（注）　保育士は，1999（平成11）年に保母より保育士の名称に改められ，2003（平成15）年より名称独占資格となった。

務所・児童相談所・更生相談所・婦人相談所において，相談職などの特定の職務に任用される場合である。その代表的な資格としては，**社会福祉主事**がある。社会福祉主事は，社会福祉法（第18条・第19条）に規定された資格であり，福祉事務所などにおいて社会福祉関連法による行政事務を行うものである。1950（昭和25）年の新生活保護法の制定にともない創設された資格であり，専従有給職員と位置づけられた。しかし任用資格要件（指定科目のうち3科目の習得でよいなど）が緩やかであり，専門性は低い。社会福祉士などの資格制度ができ

> ### コ ラ ム
>
> **専門職と官僚の違い**
>
> 　社会福祉にかかわる国家資格を有する者は，社会福祉の専門職である。**専門職**は，一般職とくらべ，社会福祉に関する高度な知識や技術があることが期待される。では，その専門性とは知識や技術だけなのだろうか。この問題を考えるうえで，専門職と官僚の違いを見てみるとよい。
>
> 　行政官僚のなかには，実際に社会福祉サービスの給付の決定に携わっている者がいる。そのなかには，社会福祉にかかわる国家資格を有する者もいるが，多くの自治体では，一般職採用された職員が，社会福祉サービスにかかわっているのが実情であろう。しかし資格を有していなくても，長年その業務に携わっていれば，専門資格を有する新人より，社会福祉制度に関する高度な知識を有していたり，長年の経験で援助技術を有している場合もあろう。とすれば，社会福祉の専門職と行政官僚との違いは何であろうか。ベテランの行政官僚は，現場経験により専門職となったのであろうか。
>
> 　専門職と官僚の最大の違いは，官僚は雇用されている組織の階層構造が権威の源泉であるが，専門職は雇用されている組織の外部（専門職団体）が権威をもたらすという点である。つまり，官僚は雇用組織の規則に従い行動するが，専門職は雇用組織ではなく専門職集団の規範（**倫理綱領**・行動規範）に従って行動する。専門職が官僚として採用されている場合でも，雇用組織の規則と専門職集団の規範が対立すれば，後者を選ばなければ専門職とはいえない。
>
> 　つまり専門職が，専門職としての権威をもつのは，高度な知識や技術をもつからだけではない。それに加えて，高度な職業倫理を有しているからである。専門職が裁量的な判断をする場合に，自らの利益や職業組織の地位を守るために判断を歪めない，と誓うことで専門職としての権威を獲得しているのである。そのため社会福祉にかかわる各専門職団体は，いずれも倫理綱領を定めている。倫理綱領には，福祉の生産システムから排除されやすい人に常に着目し，その福祉の実現をはかるという，先人たちが築いてきた社会福祉の精神（エートス）（→unit 16）が記されている。これを守ることを誓える者だけが専門職になれるのである。

たこともあり，社会福祉主事の位置づけを見直すことが課題となっている。

　このほかに任用資格が必要とされるのは，社会福祉法（第65条の施設基準）や社会福祉関連法により，当該社会福祉事業を行うにあたって相談員や指導員などおくべきとする職種とその資格を定めている場合である。その資格要件として，社会福祉主事任用資格を準用している場合（たとえば特別養護老人ホーム

の施設長や生活相談員など）もあるが，独自の資格要件を設定しているものとしては，介護支援専門員や訪問介護員がある。

　まず**介護支援専門員**（ケアマネージャー）は，公的介護保険制度の導入とともに，介護保険法によって定められたもので，要介護者の相談に応じて介護支援計画（ケアプラン）の作成や連絡調整などの職務を行ううえで必要となる資格である。介護支援専門員に任用されるためには，一定の要件（保健医療福祉の資格や実務経験）を満たしたうえで，試験に合格し研修課程を修了して，登録しなければならない。2005（平成17）年の介護保険法の改正により，介護支援専門員の資質や専門性を向上させるために，5年ごとの資格更新制や，主任ケアマネージャーの創設が行われた。さらに信用を失墜させるような行為や，業務に関して知りえた秘密を漏らすことが禁じられた。介護支援専門員は，名称独占ではないものの，この改正で名義貸しが禁止されるなど，ほぼ国家資格に準じた資格となっている。第1回から2018（平成30）年の第21回までの研修受講試験合格者総数は約70万人である。

　訪問介護員（ホームヘルパー）は，最初，家庭奉仕員と呼ばれ，老人福祉法に規定されていた。1991（平成3）年に現在の1級から3級までのホームヘルパー養成研修制度が確立した。介護保険制度では訪問介護員と呼ばれ，障害者総合支援法では居宅介護従業者と呼ばれている。将来介護福祉士への一本化が検討され，その段階的な対応として2006（平成18）年度より介護職員基礎研修が行われた。しかし2011（平成23）年に厚生労働省の「今後の介護人材養成の在り方に関する検討会」が報告書を出し，ヘルパー2級へのニーズの高さもあり，ヘルパー2級を「初任者研修」（130時間）と位置づけ，実務経験者（3年以上）が介護福祉士の国家資格を受けるための研修として「実務者研修」（450時間）を設置することとした。その結果，ホームヘルパー養成研修と介護職員基礎研修は，2012（平成24）年度末で廃止された。また生活援助のみを行う従業者を養成する生活援助者研修（59時間）が，2018（平成30）年より創設された。

　□　**技能検定資格**　　国が告示して行う技能検定試験として手話通訳士がある。1989（平成元）年より「手話通訳技能認定試験」（手話通訳士試験）を実施しており，合格者を手話通訳士として登録している（2019〔令和元〕年7月現在の登録者3714名）。

確認問題

- [ ] *Check 1* 社会福祉従事者を対象とする政策にはどのようなものがあるか。
- [ ] *Check 2* 社会福祉の国家資格に共通して課せられている義務とは何か。

文献案内

- [ ] 厚生労働省編『厚生労働白書』ぎょうせい。
- [ ] 厚生労働統計協会編『国民の福祉と介護の動向』厚生労働統計協会。
- [ ] 社会福祉の動向編集委員会編『社会福祉の動向』中央法規出版。

  これらはいずれも，毎年出版され，最新の動向が紹介されている。なお厚生労働省のウェブサイトでは，過去の白書も含めてデータベース化されており見ることができる（http://www.mhlw.go.jp/toukei_hakusho/hakusho/）。

- [ ] 畑本裕介［2012］『社会福祉行政──行財政と福祉計画』法律文化社。

  単なる制度の解説ではなく，社会福祉にかかわる行財政や計画に関する基本的なとらえ方や課題についてもわかりやすく解説されている。

- [ ] 井出英策［2013］『日本財政　転換の指針』岩波新書

  福祉改革は，財政の問題を抜きに語ることはできない。本書は社会保障における負担と給付の問題を考えるうえでの重要なポイントをわかりやすく論じている。

KeyWords 7

- ☐ スティグマ（恥辱の烙印）　196
- ☐ 社会的必要性（ニーズ）　198
- ☐ 需　要　198
- ☐ 資　源　198
- ☐ 裁　量　200
- ☐ 規範的ニード　201
- ☐ 感得されたニード　201
- ☐ 表明されたニード　201
- ☐ 比較ニード　201
- ☐ 潜在的な社会的必要性（ニーズ）　201
- ☐ 社会保障給付費　207
- ☐ 現金給付　210
- ☐ 現物給付　210
- ☐ 準（擬似）市場　210
- ☐ 割り当て　213
- ☐ 社会福祉を目的とする事業　216
- ☐ 社会福祉に関する活動　216
- ☐ 地域住民　216
- ☐ 社会福祉事業　217
- ☐ 第一種社会福祉事業　217
- ☐ 第二種社会福祉事業　217
- ☐ 福祉サービスの最低基準　219
- ☐ 機関委任事務　222
- ☐ 法定受託事務　222
- ☐ 三位一体改革　223

- ☐ 措置方式　223
- ☐ 利用契約方式　223
- ☐ 社会福祉基礎構造改革　223
- ☐ 社会福祉法人　224
- ☐ 事業経営の準則　225
- ☐ 運営適正化委員会　226
- ☐ 日常生活自立支援事業　226
- ☐ ボランティア元年　230
- ☐ 福祉人材確保法　233
- ☐ 福祉人材センター　233
- ☐ ニッポン一億総活躍プラン　234
- ☐ 介護離職ゼロ　234
- ☐ 名称独占資格　236
- ☐ 社会福祉士　236
- ☐ 精神保健福祉士　236
- ☐ 介護福祉士　236
- ☐ 保育士　236
- ☐ 秘密保持義務　236
- ☐ 任用資格　236
- ☐ 社会福祉主事　237
- ☐ 専門職　238
- ☐ 倫理綱領　238
- ☐ 介護支援専門員（ケアマネージャー）　239

第 **8** 章

社会福祉の理念

22　ノーマライゼーション

23　クオリティ・オブ・ライフ

24　エンパワメント

この章の位置づけ

　社会福祉の援助活動は，繰り返し述べてきたように，何らかの望ましい価値の実現を目的とする対人的な営為であり，クライエント1人ひとりの個別性にもとづいて，その状況を具体的に改善していく活動である。だが，いくら個別性にもとづくとはいえ，場当たり的な対応を行うようなものではなく，長期的な見通しにもとづき，場合によっては試行錯誤を繰り返しながらも，本人とともに状況の改善に向けた努力を積み重ねていくものである。

　そして，こうした実践を積み重ねていく際に拠り所となるのが「理念」である。理念とは，より一般的・抽象的なレベルでの望ましさを示す価値観を表したものであるが，社会福祉における理念については，援助活動が行われている社会やその時代における望ましさとして，一定の合意が形成されているものである。個々の実践は，個別的であるからこそ，社会的にも時代的にも認められた一般的な理念にもとづいて行われなければならないのである。

この章で学ぶこと

unit 22　生活環境レベルでの望ましさを実現しようとする理念として，施設から地域への流れを打ちだした「コミュニティ・ケア」と，ノーマルな生活の実現をめざす「ノーマライゼーション」を取り上げる。

unit 23　機能回復訓練をめざしていた狭義のリハビリテーションが，自立生活思想や機会平等の理念に影響されて，QOLの向上をめざす広義のものへと変化する流れを整理する。

unit 24　援助理念としては逆説性を含んでしまうエンパワメントの特性を検討することによって，社会福祉援助の本質が「終わりなき対話」であることを示す。

Introduction 8

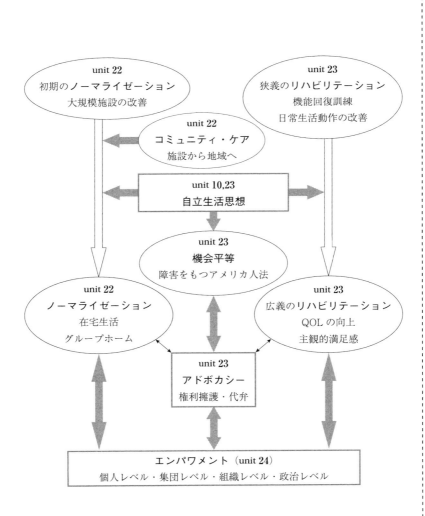

unit 22

ノーマライゼーション
——あたりまえの生活環境を実現しようとする理念

　以下の3ユニットでは,「ノーマライゼーション」「QOLの向上」「エンパワメント」といった基本的な理念を中心に,関係する理念についても説明を加えていく。理念とは,援助活動が行われている社会やその時代における「望ましさ」として,一定の社会的な合意が形成されているものである。したがって,理念そのものは,図3-1(→unit 3)の左上にある文化的側面に位置づけられる。

　だが,同時に,理念は実際の援助活動の方向性を明示するものであって,たとえば,ここで取り上げる「ノーマライゼーション」は,環境的・社会的な側面における望ましさを示す理念であり,クライエント本人を変えるのではなく,客観的な生活環境レベルでのノーマルさを実現しようとする。

　また,「QOLの向上」は,ライフには3つの意味があるため(→unit 3),どの側面にも関係しているのだが,元来,医療分野での「リハビリテーション」から生まれてきたという経緯があるため,個人的かつ客観的な側面にそもそもの出発点をおきながら,ほかの側面にも「質の向上」を拡げていこうとしている理念である。

　さらに,「エンパワメント」は,もともと差別や偏見に対する抵抗から生まれたものであるため,主観的な側面を重視し,個人的な「物語」における意識覚醒から,社会的な「文化」における政治活動でのパワー獲得をめざし,それによって社会環境的な側面をも実際に変革しようとする理念になっている。

　ここで見ていくノーマライゼーションとは,そのまま訳せば,「ノーマル(正常,標準,普通……)にすること」となる。逆にいえば,何かがノーマルではない状況にあり,それをノーマルにしようとすることを意味する。社会福祉

において，とりわけ障害のある人々への福祉的な援助活動については，ある時期，施設に収容してケアを提供することが優先的に行われていた。結論からいえば，ノーマライゼーションの理念は，そうした施設収容による援助活動に対して，それはノーマルとはいえないのではないかという疑義にもとづいて形成されてきたのである。

　そこで，まずは，施設から地域への流れを打ちだした「コミュニティ・ケア」の理念から確認しておくことにしよう。

🔲 コミュニティ・ケア

　社会福祉の援助活動として施設収容が中心的に行われていた時代に，地域で人々の生活を支えていこうとして打ちだされたのが**コミュニティ・ケア**の理念である。

　イギリスでは，早くも1957年の「精神障害者および知的障害者に関する王立委員会勧告」において，精神障害者らの社会復帰対策として「施設ケアからコミュニティ・ケアへ」が基本理念として提唱された。その後，1970年に制定された地方自治体社会サービス法では，入所型施設におけるケアではなく，家族や地域を基盤としたサービスの提供をめざすことが明文化された。

　また，アメリカでも，1950年代後半から精神障害者の巨大病院収容や知的障害者の施設収容施策に対する批判が高まった。1963年に行われたケネディ大統領の議会演説によって，**脱施設化**の基本方針が明確にされ，公立の精神病院や施設が相次いで解体・縮小されていった。法的にも，社会保障法が1974年に改正され，①福祉サービスをコミュニティのレベルで包括的に供給すること，②福祉サービスの最終的な目標を利用者の地域における自立生活におくこと，および，③そのためには，施設ケアよりもコミュニティ・ケアや在宅ケアを優先しなければならないことが明記された。

　一方，日本においても，1969年に東京都社会福祉審議会が「東京都におけるコミュニティ・ケアの進展について」と題する答申を発表し，従来の入所型施設ケアに対して，地域住民の参加を得て行われるコミュニティ・ケアの導入を先駆的に提言した。続いて，1971年には，中央社会福祉審議会が「コミュニティ形成と社会福祉」を答申し，施設ケアからコミュニティ・ケアへの転換

を強調したのであった。

このように，1950年代から70年代にかけて，相次いで打ちだされた萌芽期のコミュニティ・ケアの理念は，施設と対置されたものとしてのコミュニティにおいて，サービスの提供をめざすものであった。だが，もちろん，そのためにただ施設を解体すればいいというわけではなかった。たとえば，脱施設化の方針に従って，アメリカでは，たしかに精神病院入院患者数はピーク時の約3分の1にまで減少した。しかし，地域の受け皿が整備されぬままに退院を余儀なくされたため，退院者たちは結果的に行き場を失い，彼らがその後のホームレス問題の中心になったともいわれているからである。

こうした反省をふまえ，昨今のコミュニティ・ケアの理念では，単に施設ケアを否定するのではなく，施設をも含めたコミュニティ全体のサービス水準を向上させることがめざされている。すなわち，コミュニティでの生活が十分に保障されるだけのサービスを確保していくことこそが優先されるべきなのである。そしてその実現のために，地域住民の組織化やボランティア活動といったコミュニティづくりをも視野に収め，かつ，地域内の施設ケアをも有効に活用することによって，コミュニティ全体の福祉を向上させようとしているのである。

そして，こうした英米におけるコミュニティ重視の考え方に影響を受けながら，北欧で生まれたノーマライゼーションの理念は，全世界へと広まっていった。そのことを次に見てみよう。

🔲 ノーマライゼーション

□ **歴史的な経緯**　　ノーマライゼーションとは，社会福祉分野における根本理念の1つであるが，先にもふれたように，もともとは，「ノーマルにすること」を意味する非常に幅広い言葉であり，一義的に決定された定義は存在しない。もっとも包括的にいえば，社会福祉サービスの利用者がおかれている生活状況を改善して，一般市民が通常（ノーマルに）送っている生活状況に近づけようとすることであるといえる。

逆にいえば，これまで社会福祉サービスの利用者，とりわけ，施設入所者が強いられてきた生活は，プライバシー保護や生活規則の多さといった面から，

けっしてノーマルであったとはいえないという反省にもとづいて導きだされてきたのである。とはいえ，では，一体どのような生活が一般市民にとっての通常の生活といえるのかという点について，明確な共通認識を形成することは容易ではない。時代背景や文化，さらには地域差や1人ひとりのおかれている状況などによって大きく影響されるからである。

　そこで，歴史的な経緯をたどってみる。まず，もともとノーマライゼーション理念は，デンマークで1950年代前半に設立された知的障害者の親の会での議論をふまえて，行政官の**バンク－ミケルセン**（N. E. Bank-Mikkelsen）が，1959年に制定された知的障害者法の前文において，「知的障害者の生活を可能な限り通常の生活状態に近づけるようにすること」と定義づけたことに始まる。

　その後，1967年にスウェーデンで制定された知的障害者援護法にもノーマライゼーションの理念が盛り込まれ，その制定に尽力した**ニィリエ**（B. Nirje）が1969年に論文「ノーマライゼーションの原理」を発表するにいたって世界各国の関係者に広く知られるようになった。

　彼は，ノーマライゼーションをすべての知的障害者の「日常生活の様式や条件を社会の普通の環境や生活方法にできるだけ近づけること」と定義したうえで，1日・1週間・1年のノーマルなリズム，ライフサイクルにおけるノーマルな経験，ノーマルな要求や自己決定の尊重，男女両性のいる暮らし，ノーマルな経済的水準，ノーマルな住環境水準といった具体的な目標を提示している。

　こうした目標にも示されているように，北欧における初期のノーマライゼーション理念は，あくまでも知的障害者の大規模施設内での生活をノーマルなものにしていくことをめざす理念であった。それが1970年代以降，全世界的に普及していくにつれて，先に見てきたように，地域での生活支援を基本とするイギリスのコミュニティ・ケアの考え方や，施設解体を主張するアメリカの脱施設化の思想，さらには，重度の全身性身体障害者が地域での自立した生活を求める自立生活運動（→unit **10**, **23**）などとも思想的な接触を深め，その結果，いくら保護的に整備された施設であっても，そこでの生活は一般のコミュニティでの生活とは異なっており，ノーマルなものではないという主張が取り入れられ，在宅生活やグループホームへの志向を強めていった。

　また，国際的な普及にともなって，その対象も知的障害者だけに限定される

ことなく身体障害や精神障害を含む障害者福祉全般，さらには，高齢者や児童を含む社会福祉全般へ拡大していき，同時に，何をノーマルと考えるかという点での文化的な相違も明らかになっていった。そのため，この理念を英米圏に広めるうえで大きな役割を果たした**ヴォルフェンスベルガー**（W. Wolfensberger）は，1972年に「可能な限り文化的に通常である身体的な行動や特徴を維持したり，確立するために，可能な限り文化的に通常となっている手段を利用すること」と定義し，対象を限定することなく，さらには文化的な違いをも尊重する柔軟な姿勢を盛り込んでいる。

こうした概念規定の拡大にともなって，1971年の「知的障害者の権利宣言」を皮切りに，1975年の「障害者の権利宣言」，1980年の「国際障害者年行動計画」，1982年の「障害者に関する世界行動計画」などでも基本的理念の1つと位置づけられるようになった。とはいえ，普及にともなって意味内容が曖昧となり，もはや共通認識を明確にすることさえ困難になったのもたしかである。

そのため，こうした状況をふまえて，先のヴォルフェンスベルガーは，1980年代前半から「価値ある社会的な役割の獲得」を意味するソーシャル・ロール・バロリゼーション（social role valorization）という用語をノーマライゼーションの中核概念としてあらためて提出するにいたっている。

また，日本では，1970年代の後半よりノーマライゼーションの理念が紹介されはじめ，「完全参加と平等」をテーマとする1981年の**国際障害者年**に刊行された『厚生白書』でも取り上げられて，80年代を通じて急速に定着していくことになる。「国連・障害者の10年」（1983〜92年）の総括として1993年に成立した**障害者基本法**では，第1条に「障害者の自立と社会，経済，文化その他あらゆる分野の活動への参加を促進すること」が目的として明記され，障害者の生活を市民社会へと統合していくことが基本理念として謳われている。

さらに，障害者基本法にもとづいて1995年に策定された「障害者プラン」は，そのサブタイトルを「ノーマライゼーション7カ年戦略」としているように，ノーマライゼーションの理念が色濃く反映されたものとなっている。とはいえ，日本では，学術的な用語というより「ごく普通の，あたりまえの生活を実現する」などといった日常用語として，スローガン的に社会福祉領域全般で広く使われるようになっており，その意味内容を厳密に規定することはもはや

不可能である。

□ **意義と関連理念**　　ノーマライゼーションとはこのように曖昧な概念ではあるが，少なくとも，社会福祉サービスの利用者も一般市民と同様に地域社会での生活をともに送ることがノーマルであるという基本線はおおむね守られており，そこから隔離収容とも訳される**セグリゲーション**や分離処遇を意味する**セパレーション**といった事態を少しでも改善していこうという目標を示していることはたしかである。

　そのため，同一地域や環境において生活のさまざまなレベルでの統合を求める**インテグレーション**あるいは，通常教育と障害児教育とを統一して1つの教育システムを構想する**インクルージョン**といった理念などとも，共生の原理としての共通性を有している。

　また，もともとノーマライゼーション理念のもつ曖昧さは，どういう生活をノーマルなものと考えるのかといった価値観が時代的・文化的，さらには人それぞれにおいて，大きくあるいは微妙に異なることに起因している。したがって，厳密な定義が困難であるということは，この理念がそれだけ「開かれた理念」であるということを示してもいるのである。一義的に「ノーマルさ」というものを規定してしまうのではなく，社会的なあるいは個人的なさまざまなレベルでの合意形成に向けた議論を積み重ねながら，1人ひとりの個別性に応じた生活のあり方をその都度検討していくことが求められている。

　そうした終わりなき議論を呼び起こす柔軟さこそがこの理念のもつ意義であり，そこでは，福祉サービスの利用者のみならず，関係者や一般市民も含めて，1人ひとりの価値観が生活全般における具体的なレベルで問いなおされているのである。

　さらに，ノーマライゼーション理念を生活レベルで具体化していく方向性としては，2つの考え方をあげることができる。1つは，**バリアフリー**の考え方であり，道路や交通機関，公共建築物における物理的なバリアを除去するだけでなく，情報へのアクセスを容易にし，さらには，障害者に対して資格の制限を課している欠格条項などの制度的バリアを見直して，偏見・差別といった心のバリアをも取り除いていこうとするものである。

　また，もう1つは，**ユニバーサル・デザイン**の考え方であり，既存のバリア

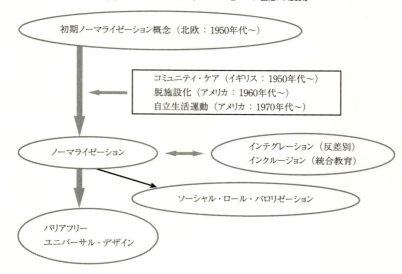

図22-1　ノーマライゼーションの理念の展開

を除去するだけでなく，初めからバリアをつくらないよう配慮して，障害者のみならず幼児や高齢者をも含むあらゆる人々に使いやすい製品や生活しやすい環境を創りだしていこうとするものである。このように，ノーマライゼーションの示した考え方は，「あたりまえ」をめざすスローガンから生活細部における「やさしさ」をめざす新たな段階に突入し始めたといえるのである（図22-1）。

確認問題

☐ Check 1　施設を解体するだけでは問題の解決にならない理由を説明しなさい。

☐ Check 2　「バリアフリー」と「ユニバーサル・デザイン」との違いを説明しなさい。

重要ポイント

ユニバーサル・デザイン

バリアフリー概念をより発展させたユニバーサル・デザインについては，できるだけ多くの人が利用可能であるようデザインすることが基本コンセプトになっている。その実現に向けては，1985年，ノースカロライナ州立大学ユニバーサルデザインセンター所長であったロナルド・メイスより，7つの原則が発表されている。

①誰でも公平に使うことができる（公平性）
②柔軟に使用できる（自由度）
③使い方が簡単にわかる（単純性）
④使う人に必要な情報がすぐにわかる（わかりやすさ）
⑤まちがえても重大な危険につながらない（安全性）
⑥少ない力で楽に使える（省体力）
⑦近づいて使うための十分な大きさと空間があること（スペースの確保）

また，実際例としては，次のようなものをあげることができる。リンスと区別するためにつけられたシャンプー容器のギザギザ。アルコール飲料であることを知らせる缶の点字表示。挿入方向を示すプリペイドカードの切れ込み。あけぐちを示す牛乳パックの切れ込み。車イスでも使用でき，かがむ必要のない飲料自動販売機。ノンステップバス。文字の代わりに絵文字（ピクトグラム）や図記号を使う各種表示，などなど。

【図記号の例】

unit 23

クオリティ・オブ・ライフ
――1人ひとりの満足感を高めようとする理念

　この unit 23 では，「クオリティ・オブ・ライフ（Quality of Life，以下 **QOL**）の向上」という理念にいたる流れと，その支援に向けた活動について，説明していく。

　QOL という言葉は，特に社会福祉領域で占有されている言葉ではない。先に（→unit 3）見たように，「ライフ（life)」には，大きく分けて3つの側面があり，それぞれに異なる学問領域で注目されてきた。

　たとえば QOL は，1970 年代には，経済学の概念として，国民所得や国内総生産といった経済指標と並んで用いられていた。産業が高度化するにつれて社会は経済的に豊かになっているはずであるのに，人々に豊かさの実感がともなわなかったため，社会状態を数量化する指標として QOL（生活の質）が位置づけられたのである。

　また，そうした社会指標としての QOL ではなく，医学や看護の領域においては，尊厳死やターミナルケアなどの生命倫理への関心から QOL（生命の質）が取り上げられたのであった。

　QOL には，このように生活の指標や生命の状態評価といった意味も含まれており，社会福祉で用いられる場合にも，そうした意味合いから一定の影響を受けている。だが，社会福祉理念としての QOL は，先にもふれたように，医療のなかでも**リハビリテーション**の考え方から取り入れられたのであった。そこで，ここでは，まずリハビリテーションの考え方から見ていくことにしよう。

狭義のリハビリテーション

　もともと，リハビリテーションとは，語源的にいうと，「再びふさわしい状態にすること」という意味をもつ。そのため，中世ヨーロッパでは，一度失った何か（権力や地位，名誉や財産）を回復することとして「復権・復位・復職」などを意味していた。

　この言葉が医療の分野で用いられるようになったのは，第一次世界大戦後のことである。戦争による戦傷兵を対象とする医療や社会福祉の活動をリハビリテーションと呼ぶようになり，アメリカの陸軍病院に戦傷者の社会復帰活動を支援するリハビリテーション部門がおかれたのである。

　その後は，徐々にその対象者を拡大しながら医療分野で普及していき，1940年代には，障害のある人々全般を対象とする治療および社会復帰活動をさすようになった。1942 年，アメリカの全国リハビリテーション評議会は，リハビリテーションについて，障害のある人々の身体的・精神的・社会的・職業的・経済的な能力を最大限に回復させることと定義し，持てる能力を包括的に向上させようとしていた。

　日本では，戦後まもない 1949 年に身体障害者福祉法を制定する際に，法の目的概念として「更生」という言葉を用いているが，この言葉は，リハビリテーションの訳語である。すなわち日本でも，戦傷者を念頭において，リハビリテーションすることを身体障害者福祉の基本に位置づけていたのである。

　戦傷者は，年齢的にも若くて，身体機能についても，特に運動機能の障害が多かった。そのためリハビリテーションも，医療分野では，運動機能の回復訓練という意味合いが強く，また，福祉分野の「更生」も，端的には，経済的自立・職業的自立に向けた援護といった限定的な意味で用いられていた。

　リハビリテーションをこうした機能回復や自立に向けた訓練といった狭い規定でとらえる場合には，特に「狭義のリハビリテーション」と呼んでいる。というのも，こうしたとらえ方に対しては，**自立生活運動**（→unit 10）から，1970年代に強烈な異議申し立てがなされ，QOL の理念を導入して「広義のリハビリテーション」への転換が行われたからである。

⬚ 自立生活思想

　自立生活思想とは，常時介護を必要とする重度の全身性身体障害者の方々が，地域で自立した生活を営めるようにするための自立生活運動において語られた思想のことであり，人間にとっての自立とは何かという問いかけから始まっている。

　全身性の障害ゆえに，狭義のリハビリテーション・プログラムでは日常生活動作のわずかな促進程度しか見込めず，職に就くためのリハビリからは完全に排除されていた人々にとって，経済的自立はもとより身辺自立さえもかなわぬ夢であった。

　そこで，彼らは，既存の自立概念にあわせるべく自らを変えていくのではなく，自立概念自体の変更を模索し，その結果「人の助けを借りて15分で着替えをすませ，外出することのできる人間は，自分で着替えるのに2時間かかるために家にいるしかない人間よりもQOLが高い」として，人の手を借りるか借りないかということではなく，すなわち，日常生活動作の程度にかかわらず，自分の意志にもとづいて生活の主体となることこそが，QOLの高い自立した生活であると主張したのであった。

　こうした自立生活思想からすれば，機能回復や経済的自立をめざす狭義のリハビリテーションは，まさに，自分たちには達成不可能な目標を押しつけてくるものであり，自分たちの存在を否定する考え方にほかならなかった。すなわち，リハビリテーションとは，健常者をモデルとして健常者に一歩でも近づくための訓練であり，また，解決すべき問題（障害）は，その本人に属するのであって，障害を否定することによって成り立つ思想だということになるのである。

　とはいえ，一方では，リハビリテーションの考え方も，戦傷者以外に対象が拡大するにつれて視点を広げており，1968年，WHO（世界保健機関）によって公表されたリハビリテーションの定義では，医学的リハビリテーションに，従来の機能回復訓練を主とする治療的アプローチだけでなく，残存機能の強化をめざしたり，補助具の使用訓練を行う代償的アプローチが加えられた。また，教育的リハビリテーションや職業的リハビリテーションに社会的リハビリテーションといった概念が提示され，社会的障壁の除去や日常生活での文化・スポ

ーツ・レクリエーション活動などへの参加の条件整備も含められることになった。

　だが，概念的に拡大されたといっても，実際のリハビリテーションは，主として医療の領域で行われていたため，問題の把握や解決目標の設定，そのための訓練プログラムの作成などは，すべて医療専門職が行っており，障害のある本人たちは，訓練を押しつけられるだけの対象でしかないという状況に変わりはなかった。

　そのため，自立生活思想は，さらに，障害によって日常生活に支障が生じるとすれば，それは，生活環境や社会こそが改善されるべきなのであり，障害にまつわる問題をもっともよく知っているのは，専門職などではなく，障害者本人であると主張し，当時のリハビリテーションの考え方に根本的な疑義を突きつけた。

　そして，自立生活思想のこうした主張が少しずつ受け入れられていき，日常生活動作の改善をめざす狭義のリハビリテーションから，QOL の向上をめざす広義のリハビリテーションへの転換がはかられていったのであるが，そうした過程のなかで，社会活動への参加を保障する「機会平等」という理念も実現されたのであった。

🔲 機 会 平 等

　自立生活思想の主張した「自己決定の行使」を支えているのが**機会平等**という理念である。機会平等とは，本人が自ら選択したあらゆる社会活動への参加を権利として保障することであり，逆にいえば，障害を理由として，障害をもつ人が何らかの社会活動から排除されたり，利益を受けることが妨げられることを禁止するものである。

　機会平等の理念を具体化する動きは，アメリカにおいて 1964 年に制定された公民権法に端を発する。公民権法とは，人種や皮膚の色，出身や宗教などを理由とする差別的取り扱いを包括的に禁止したものであった（→unit 24）。その後，1973 年に制定されたリハビリテーション法第 504 条において，障害を理由とする差別の禁止が明文化され，政府および政府からの補助金を受けている事業において，障害者差別が禁止された。

こうした流れの延長線上で 1990 年に制定された**障害をもつアメリカ人法**（ADA）は，連邦政府およびその関連事業のみならず地方政府や民間事業においても障害を理由とした差別を包括的に禁止した法律であり，雇用・公共的サービス・交通・州や地方政府の事業・電気通信の 5 つの領域で，徹底した差別の禁止が明示され，機会平等の理念を法文化したものとして高く評価されている。

とはいえ，この法律が機会平等を保障するよう命じているのは，**有資格障害者**と呼ばれている人々であった。それはたとえば，当該の雇用や教育に参加しうる能力を有する人や，公共サービスを受け公共活動に参加する資格要件を満たす人々をさしており，逆にいえば，有資格障害者以外の障害者は，本法の対象外となってしまうのである。

このように，機会平等の理念とは，いわばスタートラインにつくことは保障するけれど，そこから先は本人の努力や能力次第なのであって，その結果に対しては，何らの保障をするものではない。すなわち，能力主義を徹底化させた理念であるともいえる。

また，自立生活思想でも，自己決定の行使を自立ととらえる限りでは，自己決定の能力を有し，意思表明が可能な者でなければ，その思想に賛同することはできない。そういう意味で，先のノーマライゼーション（→unit 22）は，自立生活思想や機会平等などが対象とするいわゆる「強い障害者」ではなく，自己決定能力などにも一定の限界があるような重度の知的障害者をも視野に収めているということができる。

ただし，ノーマルであることの基準が 1 人ひとり異なることを視野に収めているとはいいがたいことが課題として残されていたのであって，ノーマルな生活の実現に必要とされる個別的なサービス提供を根拠づけるには，1 人ひとりに応じた QOL の理念が必要とされるのである。

🔲 QOL の向上

ノーマルな生活というものは，最終的には，1 人ひとりの状況に応じたあり方が考えられなければならない。そして，各人の個別性を尊重し，1 人ひとりに応じたあるべき生活や人生を追求していこうとするのが，「QOL の向上」と

いう理念である。

QOL（Quality of Life）とは，ライフすなわち「生命」「生活」「人生」（→
unit 3）における「質」を示し，経済指標では測定できない社会状態を測定す
る指標としても用いられているが，おおむね「人が充実感や満足感をもって日
常生活を送ることができること」を意味する。

先にもふれた自立生活思想では，自己決定の行使が QOL を高めるという主
張が展開され，医療や福祉分野にも大きな影響を与えた。また，こうした流れ
を受けて，1970 年代後半に，アメリカのリハビリテーション医学界が，その
目標をこれまでの日常生活動作の改善から，より広範な QOL の向上へと転換
し，医療分野のみならず，ヒューマン・サービス分野全般に，QOL の理念が
普及してきたのであった。

このように，QOL の向上は，これまで限定的にとらえられがちであったリ
ハビリテーション概念を，再び本来の包括的な活動へと位置づけなおすべく注
目されてきた理念であるともいえる。それは，個別の障害レベルの改善に焦点
をあてた日常生活動作訓練とは異なり，社会的環境レベルでのバリア除去をも
めざすものであり，その実現にあたっては，日常生活動作はもちろんのこと，
住環境や家庭生活，仕事や収入，趣味や文化活動，レジャーやスポーツなどを
も含む広範な領域における質の向上を，個別の状況に応じて検討し実現してい
く多面的な活動を含んでいるのである。

とはいえ，生活における対象領域の拡大によって，あらゆることが QOL の
名のもとに語られることになり，結果としては，用いる人に応じて何とでも定
義することのできる非常に曖昧な理念になってしまったのも事実である。だが,
ライフの意味するところの曖昧さに対して，この理念は，「質の向上」という
ものに注目することで，質に対する「本人のとらえ方」といった主観的な側面
をも視野に収めたという大きな特徴を有している。

そのため，QOL は，大きく分けると，**客観的 QOL** と呼ばれる物質的・経済
的な豊かさの指標と，**主観的 QOL** と呼ばれる本人の価値観や人生観ともかか
わる生活評価意識（快適性・利便性・満足感など）とに分けることができる。も
ちろん両者は相互に影響しあっており，たとえば，通常は経済的な豊かさが増
せば，生活の満足感も向上する。しかし，状況に対する受け取り方は人それぞ

れであるため，客観的QOLが同レベルだからといって，必ずしも主観的QOLが同じになるとはいえない。

先に，ノーマライゼーションの理念については，何をもってノーマルな生活とするかは，最終的に1人ひとりによって異なることを指摘したが，QOLの考え方は，このように，客観的QOLの向上を基盤としながらも，1人ひとりの主観的なとらえ方，すなわち，本人の満足感がその人のQOLを大きく左右するということをも示しているのである。

QOLとは，本人の意向を最大限に尊重しながら，各人に与えられた条件や状況（客観的QOL）を改善し，最終的には，1人ひとりが望む生き方や人生の道筋を少しでも実現していくことをめざす理念なのである。

そして，本人の意向に耳を傾け，あるいは，意思表明がむずかしい場合には本人に代わって，その意向をくみ取り，その実現に向けてのサポートをしていく活動がアドボカシーである。

🔲 アドボカシー

アドボカシー（advocacy）は，「代弁」とも「権利擁護」とも訳されるが，いわば本人の意思の実現が阻害されている場合に，それを権利侵害として，本人に代わって，あるいは本人とともに異議を唱え，その権利を擁護しようとする理念であり，また，実際の援助活動をさしている。

アドボカシーが社会福祉援助の中心的な活動理念として取り上げられるようになったのは，1960年代の終わりである。当時，黒人解放をめざす公民権運動のエネルギーや方法論を継承して，公的扶助受給者の権利を守ろうとする**福祉権運動**が展開された。そこでは，公的扶助の受給制限を職務として行っていたソーシャルワーカーたちをはじめ，社会福祉そのものが社会防衛的な役割を果たしているのではないかと批判されていた。

そうした動きのなかで，社会福祉専門職の集まりである全米ソーシャルワーカー協会は，1969年に，特別委員会による報告書「アドボケイトとしてのソーシャルワーカー」を提出し，ソーシャルワーカーとは，アドボカシー活動を行う専門職であると自らを位置づけ，そのことを内外に宣言したのであった。

これまで社会的に弱い立場へと位置づけられてきた人々にとって，その願い

> **重要ポイント**
>
> **福祉権運動**
>
> 1960年代のアメリカでは，貧困の再発見が行われていた。大統領報告によれば，1962年時点での貧困者数は全人口の5分の1にあたる3500万人に達し，「児童扶養家庭に対する公的扶助」の受給者も，1964年には422万人におよんでいた。こうした状況をふまえて，1963年に就任したジョンソン大統領は，「貧困に対する戦争」を宣言した。
>
> ところが，その内容は，アメリカ文化に深く根を下ろしている「自助の精神」にもとづくものであり，貧困者に職業訓練や教育，融資などの機会を提供することで，自力による貧困からの脱出を求めていたのである。そのため，福祉政策が手厚く行われるのではなく，逆に，公的扶助の受給制限が強化され，人権侵害的な引き締めが行われたのであった。
>
> こうした社会情勢を背景に，公的扶助受給者を中心として発展してきた権利要求運動が福祉権運動である。すでに，過酷な公的扶助行政への抵抗拠点として，福祉権組織が全米各地につくられていたのだが，1966年，ワシントンに活動センターが設置されて全国的な連携が進められ，デモ行進が組織されるとともに，翌67年には全国福祉権大会が開催されて，全国組織としての「全国福祉権組織」が結成されるにいたった。
>
> 福祉権運動がめざしていたのは，公的扶助制度の改善であった。具体的には，扶助基準の引き上げや家族単位原則の撤廃，調査活動によるプライバシー侵害への反対などであるが，これらは，アメリカを支配してきた自助の原理に対して，生存権の国家保障を求めていこうとする理念にもとづいたものであり，その実現に向けて法廷闘争やデモ行進，座り込みといった政府への直接抗議行動が行われていったのである。
>
> と同時に，当時の社会福祉専門職たちもまた，けっして公的扶助受給者たちの権利を擁護してくれる味方とは位置づけられなかった。さまざまな異議申し立てによって，変革を迫られた結果，アドボカシーが援助活動の中核にすえられていったのである。

や思いを表明する声は，片隅に追いやられることが多かった。だが，だからこそ，社会福祉の援助活動は，その過程のなかで本人の声を増幅し，広く社会に伝えていくことを使命として位置づけなければならないのである。アドボカシーとは，本人の願いや思いに対する最大の理解者となることが，社会福祉援助活動の根本にすえられるべきであることを思い起こさせる理念なのである。

図 23-1　QOL をめぐる理念的背景

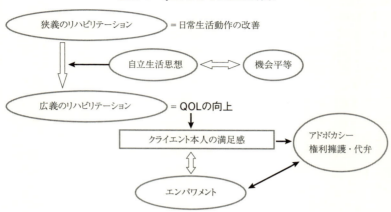

　だが，実際には，ソーシャルワーカーは，何らかの機関や施設に所属しており，そこでの利益や意向と，クライエントの利益や意向が相反してしまうような事態もけっして少なくない。あるいは，いくらクライエントの立場に立とうと努力しても，クライエントの気持ちや抱えるつらさを理解できないという不全感が残る場合もある。

　そこで，やはりクライエントこそが主人公として前面に立ち，自らの意向の実現に向けて，主体的に活動してもらうことを最優先すべきだということになる。そして，そのためには，まず，本人が自らの意思を表明する力をもつこと，あるいは，そのためのサポートが必要になる。そのような援助は，エンパワメントの理念のもとで行われている（図 23-1）。最後に，エンパワメントの理念について，見ておくことにしたい。

確 認 問 題

- [ ] **Check 1**　「狭義のリハビリテーション」に対する批判について説明しなさい。
- [ ] **Check 2**　ほかの理念には見られない QOL 概念の独自性を説明しなさい。

unit 24

エンパワメント
——終わりなき対話を生みだし続ける理念

　エンパワメントとは，もともと公民権運動やフェミニズム運動といった反差別運動の理念として用いられていた用語である。1970年代後半から社会福祉援助理論に導入され，クライエントからパワーを剥奪して無力な存在に追いやっている抑圧的な環境に対し，それを改善していく包括的な援助活動を根底で支える理念として位置づけられてきた。

　その後，エンパワメントという概念は，当事者運動をはじめとして，社会福祉や看護，教育や経営，発展途上国の開発にいたるまで，急速に，そして広範に普及してきている。ここでは，社会福祉援助理論の領域における援助理念としてのエンパワメントについて，その特徴と課題の整理を試みる。

運動理念から援助理念へ

　1955年，アメリカ合衆国南東部のアラバマ州で，黒人女性が市営バスの白人用座席に座り続けたとして逮捕される事件が発生した。この事件をきっかけに，キング牧師を指導者とする非暴力によるバス・ボイコット運動が大規模に起こり，人種差別条例などの撤廃を求める**公民権運動**（黒人解放運動）が一気に全米各地へと拡大した。

　この運動は，1968年の同牧師暗殺をもって実質的に終息することになるが，その間，社会的な差別や抑圧によってさまざまなパワーを奪われた黒人たちが，自らをコントロールするためのパワーを取り戻すプロセスという意味で，「エンパワメント」という言葉を運動理念として用いていた。

　また，公民権運動は，1960年代以降，フェミニズム運動や同性愛者解放運

動などにも大きな影響を与えたため，エンパワメントは，これら反差別・反抑圧運動のキーコンセプトとしても広く用いられるようになった。

このように，エンパワメントは，もともと，差別や抑圧を受けてきた人々がそうした状況に抵抗し変革を求めていく際の運動理念として位置づけられていた。これに対して，この概念を社会福祉援助の領域に導入し，援助理念として再規定したのがソロモン（B. Solomon）であった。ソロモンは，「黒人居住地域における社会福祉援助実践」と題する授業を担当しながら，援助専門職の実践に浸透している人種差別の問題に焦点をあて，エンパワメントを援助理念として位置づけるようになった。

ソロモンの定義によれば，エンパワメントとは，「差別されてきた集団に属しているという理由で経験してきた差別的な待遇によって，クライエントが無力な状態に陥っている場合に，そうした状態を改善する目的で行われる一連の活動に対して，援助者がクライエントとともに関与するプロセス」であるとされている。

また，「無力な状態」とは，「個人的あるいは集団的な目標を達成する際に，資源を獲得して活用することができないこと」と規定されている。こうした状態に陥るのは，マイノリティ・グループのメンバーであることを理由として，資源（たとえば高等教育）の利用から排除されてきた結果であって，そのために，社会的に価値のある役割を遂行して，個人的な満足感を得ることができなくなっているからなのであった。

このように，ソロモンは，否定的な評価にもとづく実際的な差別的待遇を改善していく援助活動の理念として，エンパワメントを位置づけた。そして，無力な状態におかれているのは，もちろん黒人のみならず，たとえば，高齢者や障害者，児童やホームレスの人々など，社会福祉援助がその援助対象としてきた人々もまた同様であった。そのため，エンパワメントは，1980年代以降，社会福祉の援助理念として，幅広く支持されていくようになり，中核的な位置を占めるまでになってきたのである。

4つの活動レベル

エンパワメントという援助理念は，そもそもある個人が無力な状態に陥って

いるとすれば，それは，その本人に原因があるというよりも，否定的な評価を投げつけてくる抑圧的な環境にこそ原因があるとする考え方にもとづいている。すなわち，これまでどちらかといえば，クライエントの個人的側面に問題原因の所在を求めがちであった社会福祉の援助理論に対して，明確に異議を申し立て，方向転換を企てたのである。このことは，エンパワメント概念のもつ大きな功績であるといえる。

　そして，こうした視点の変更によって，エンパワメントを志向する社会福祉の援助活動は，抑圧的な環境を変えていくために，これまで以上に包括的な活動として位置づけられることになった。その活動領域は，以下の4つのレベルに整理することができる。

　①個人レベル：クライエントとは，もともと無力な存在なのではない。差別的な待遇や否定的な評価がクライエントを無力にし，さらには，クライエント自身もまた自らを無力な存在として自己規定せざるをえない状況に追い込まれてきたのであった。そのため，まず援助者は，信頼関係のなかで，クライエントが本来有している対処能力をお互いに確認し，資源への接近や利用についての情報を提供するとともに，クライエントを無力な状態に陥れてきた継続的な政治経済的圧力に対する批判的な思考を，クライエント自身がもてるように支援していく必要がある。

　②集団レベル：エンパワメントでは，マイノリティ・グループのメンバーであることに対する否定的な評価がクライエントを無力化していると考えられていた。そのため，第2のレベルとしては，同様の状況におかれてきたクライエント同士をネットワーク化したり，さらには，グループ化することによって，「私個人の問題」を「私たち（マイノリティ・グループ）の問題」としてとらえなおす契機を提供することが必要とされる。

　また，こうしたグループでは，メンバーが体験を共有しているため，問題の相互理解が促進されるだけでなく，心理的な相互支援も発生する。そのため，これまで否定的評価を内在化させて自らを無力な存在ととらえてきたメンバーの自己認知を，より肯定的なものに変更する意識高揚が生じることも少なくない。

　③組織レベル：クライエントは，既存のサービスや資源についての知識や情

報を自ら入手していくだけでなく，既存のサービスで対応できないニーズについては，新たなサービスの開発を求めて意思決定機関へ参画したり，さらには，自分たちでNPO団体などを創設して，自らサービス提供者となることが求められることもあり，そうした活動への支援もまた重要となる。

④政治レベル：より広いレベルでは，社会政策の変革，制度の創設や改善，さまざまなサービスや資源の開発などに向けて政治的な活動を行うことも必要である。そのため，全国的な組織への参加をとおして，個人的な問題の政治的位置づけを明確化していくことの支援や，マイノリティ・グループによる政治的活動と協力していくことも求められる。

このように，エンパワメントを援助理念とする活動はかなり包括的であるため，人によって，政治的な活動を重視する立場から，感情や自己認識といった個人の内面を重視する立場，あるいは，両者の接点として，グループでの意識の高まりを強調する立場，組織活動を促進する立場まで，レベルの異なるさまざまな活動が展開されている。

パートナーシップ

援助理念としてのエンパワメントのもつ意義は，まず，クライエントからパワーを剥奪して無力な存在に追いやっている抑圧的な環境に焦点をあて，そこから包括的な活動領域へと社会福祉援助を解き放ったことであった。だが，この概念がもたらしたもう1つの功績は，抑圧的な環境のなかには，ほかならぬ援助専門職も含まれるのではないかという，自己批判的な視点を援助理論のなかに持ち込んだことである。

もともと，援助者とクライエントの間では，援助者の側に知識・技能があり，また，職務上一定の権限が与えられていることも多いことから，両者間の関係は，けっして対等なものではなく，不均衡であってもやむをえないとさえ考えられてきた。だが，こうした両者間の不均衡は，極論すれば，援助者の采配にクライエントの生活が依存していることをも示しており，クライエントから自分で対処する力を奪いかねないものにもなっている。

だが，だからこそ，社会福祉援助には，援助理念としてのエンパワメントが必要とされるのである。というのも，援助者とクライエントとの間におけるパ

ワーの非対称性や格差を少しでも是正するためには，エンパワメントによって，クライエント自身が自ら環境に対するコントロールを取り戻すよう援助しなければならないからである。

また，援助関係における不均衡を減じる方策は，**パワーの共有**とも呼ばれているが，その理想型においては，「クライエントをエンパワーすることが援助者自身をエンパワーすることになる」といった相互的かつ対等な関係性が生じることになる。そして，これらのパワーの共有や対等性，相互性といった理想的な特徴を含む援助の関係性が**パートナーシップ**なのである。

このように，エンパワメントの概念は，クライエントからパワーを剥奪する抑圧的な環境の１つとして援助者をとらえなおした。そして自己批判的な視点を導入して，援助者が独占しがちなパワーをクライエントとの間で共有することによってパートナーシップを実現することの必要性を強調したのであった。

🔲 エンパワメントの逆説

とはいえ，援助者がクライエントとの間にパートナーシップを実現していこうとする際には，大きな壁が立ちはだかっている。というのも，ある人がほかの人を意図的にエンパワーしようとすればするほど，エンパワーされた人は，自分で自分をエンパワーしていく力を失っていくからである。

これは，意図した結果と正反対の事態がもたらされるという逆説的な状況であるため，**エンパワメントの逆説（パラドックス）**とも呼ばれているが，誰かを力づけようとして支えれば支えるほど，支えられた人は，自分自身で支える力を失ってしまうことがあるということを示している。他人に支えられることで，結果的に，自律性の獲得に向けた基盤を失ってしまうことがあるということなのである。

このように，エンパワメントを援助理念として意図的に援助を提供しようとすると，逆にエンパワーされない，すなわち，クライエントからパワーを奪ってしまうという逆説が発生してしまう。これは，援助者の姿勢の問題でもなければ，技法上の問題でもなく，エンパワメントという理念に内包された，いわば本質的ともいえる逆説である。

ではなぜ，このような逆説が発生するのであろうか。

先に見てきたように，もともとエンパワメントは運動理念として提唱され，抑圧されてきた当事者たちが自らパワーを取り戻していくプロセスを意味していた。その際には，「自分たちが」「自分たちで」「自分たちの」パワーを獲得するといった主体性についての整合性が一貫して保たれていた。

　しかし，それが援助理念として位置づけられると，「援助者が」「クライエントに」パワーを「獲得させる」という奇妙な屈折が発生してしまうのである。つまり，援助者が主体となって，クライエントにパワーを付与すればするほど，クライエントとしては，パワーを付与「される」受け身な立場におかれ，その結果，自ら主体的にパワーを獲得していく力が弱くなってしまうということになったのである。

　援助理論というものがエンパワメントという概念を重視すればするほど，すなわち，ただ単に援助者がクライエントのおかれた状況を改善して「あげる」のではなく，クライエント自身が自らの力で自らのおかれた状況を改善できるようになることを援助の方向性として位置づければ位置づけるほど，その援助は，意図せざる逆説におびやかされることになる。自分たちが設定した目標に向けて努力すればするほど，その目標とは正反対の事態が実現してしまうという逆説を抱え込むことになるのである。

　ただ単にクライエントをエンパワーするだけでは，クライエントからパワーを奪いかねない危険性が潜んでいるというこの逆説が，援助者の側でどれほど真摯に受け止められているのかは定かではない。本来なら，クライエントの持てる力をしっかりと見きわめ，その力を奪い取ることがないように細心の注意を払いながら援助活動に携わるべきであるのだが，そうした心がけがどれほど浸透しているのかは心許ない。

　実際，あらゆる援助がただエンパワメントの名のもとに行われてしまっているかのような状況を目の当たりにすると，事実上，エンパワメントは，理念としては，積極的な意味内容をもたない空疎なお題目になってしまったといえるのかもしれない。だが，たとえそうだとしても，それはエンパワメントという理念に責任があるのではない。

　そこで，最後に，社会福祉援助活動は，エンパワメントの名のもとでどのように展開されるべきなのかを検討しておきたい。

> **コ ラ ム**
>
> **混乱したメッセージ**
>
> 本文で取り上げた「エンパワメントの逆説」とも少し関連するのだが，援助の場面では，混乱したメッセージといったものが見られることもある。
>
> たとえば，クライエントの自己決定を尊重しようとするあまりに，「自分で決めるように」とのメッセージを送ってしまうことがある。この場合，自己決定とは，本来自主的になされるべきものであるにもかかわらず，そのことを命令してしまっている。
>
> そのため，自主的であろうとすることは，命令に従うことだが，命令に従うことは自主的なことではなく，また，自主的でないようにしようとすることは，命令に背くことであって，自主的なことになってしまう。要するに，自主的でないようにすると自主的になり，自主的にしようとすると自主的でないことになる。いずれにせよ，一旦こうしたメッセージが発せられると，論理的な矛盾に陥らざるをえず，身動きがとれないことになってしまうのである。
>
> また，たとえば，ある程度強圧的な雰囲気のなかで，「あなたの好きなようにしなさい」というメッセージが発せられることもある。だが，ここでの「好きなように」は，メッセージを発した人の「許せる範囲内で」あるいは「望ましい範囲内で」という裏メッセージをともなっている。そのため，このメッセージは，「あなたは好きなようにしなければならない，ただし，私が許す範囲内で」ということになり，メッセージを受け取った側は，発した側の顔色をうかがい，許容範囲かどうかを読み取ってからでないと何も決められない。
>
> メッセージの発信に際しては，言語的な意味よりも非言語的な内容（表情，しぐさ，雰囲気など）のほうがより強力に伝わる。そのため，両者が両立できない場合（「愛している」といいながら顔を背けるような場合）には，メッセージの受け手を極度に混乱させる。そうした事態は，背反するメッセージによるダブルバインド（二重拘束）と呼ばれている。

「終わりなき対話」に向けて

あらためて確認しておくが，援助理念としてのエンパワメントが，クライエントの抱える無力さを本人の資質や責任に帰すのではなく，抑圧的な環境へと目線を向け変えたことの意義は高く評価されるべきである。また，そうした抑圧的な環境の一端を援助者もまた構成しているのではないかという自己批判を呼び起こし，「パワーの共有」や「パートナーシップ」の重要性を明示したの

も，エンパワメント理念のはかりしれない功績であるといってよい。

だが，そこには，クライエントをエンパワーしようとすればするほどに，クライエントをエンパワーすることができなくなるという逆説もまた潜んでいるのであった。そして，この逆説がエンパワメントという概念を運動理念から援助理念へと変更したことにともなって，必然的に発生したものであるとするならば，ここで求められているのは，パートナーシップの名のもとで，この逆説を看過したり，あるいは，乗り越えるなどといった安直な幻想をもつことではありえないことになる。

エンパワメントを援助理念の中核として位置づける限り，援助者は，逆説から逃れることはできない。ということは，援助の場面において，「こうすればよい」という一義的な正解を確定させることができないということでもある。エンパワメントを志向する限り，「こうすればよい」とされていたことがいつしか反転し，意図せざる結果が生みだされるという逆説をなくすことができないからである。

だとすれば，ここで求められているのは，何らかの「正解」をあらかじめ決めてしまうことではなく，逆説を見据えながら，その都度その都度手探りで，クライエントとともに対話を重ね，援助の方向性やあり方を，常に，互いに模索し続けていくことになる。

そこで行われるべき対話には終わりがない。というのも，正解が確定されれば，その段階で対話は不要になるのだが，エンパワメントを志向する援助では，その逆説によって「こうすればよい」という安定解のない状況が生みだされ続けるため，クライエントと援助者は，互いに**終わりなき対話**へと追い込まれていくからである。

エンパワメントとは，何よりもクライエントとの間に終わりなき対話を生みだし続ける理念なのである。そして，終わりなき対話のプロセスのなかにおいて，パートナーシップとは，静的な対等性を意味するのではなく，安定解のないなかで，一緒に考え迷い，にもかかわらず，少しでもよりよい方向性を求め続けていく動的な関係のあり方を指し示しているのだといえる。

エンパワメントの理念は，その逆説性によって，社会福祉の援助活動というものが単線的な論理や一片の正解によってはけっして語り尽くせない深みをも

270

> **重要ポイント**
>
> ### 社会的障壁と合理的な配慮
>
> エンパワメントは，社会的な抑圧を解消しようとする理念であったが，こうした抑圧的な環境を「社会的障壁」として位置づけなおしたのが，2006年，国連で採択された「障害者権利条約」であった。日本も翌年署名し，批准に向けて国内法の見直しを行った。そこで2011年に「障害者基本法」が改正され，「障害者」とは「障害及び社会的障壁により継続的に日常生活又は社会生活に相当な制限を受ける状態にあるもの」（第2条1号，傍点引用者）と定義されることになった。
>
> 社会的障壁とは，「日常生活又は社会生活を営む上で障壁となるような社会における事物，制度，慣行，観念その他一切のもの」（第2条2号）と非常に幅広く位置づけられているのだが，このことは，障害を本人の状態としてとらえる医学モデル（→unit 4）に加えて，社会が障害をつくりだしていると考える「社会モデル」が取り入れられたことを意味している。
>
> さらに，障害を理由とする差別を禁止することも明記され，「**社会的障壁**」を除去するよう努力し，「**合理的な配慮**」を行うことが求められた。「合理的な配慮」とは，障害者が困るようなことを少しでもなくしていくために，周囲の人々や会社などが無理のない（「負担が過重でない」）範囲で状況や規則の変更および調整を行うことである。
>
> たとえば，精神障害者への合理的な配慮としては，事業所などにおいて，面接に際して就労支援機関スタッフの同席を認める，通勤ラッシュをはずした出退勤時間を設定する，本人のプライバシーに配慮したうえで周囲に対して障害特性や必要な配慮について説明するなどといったことがあげられる。
>
> そして，差別を禁止し，「合理的な配慮」を義務化するため，2013年に成立したのが「障害者差別解消法」である。これら一連の流れは，1人ひとりのQOLを向上させることをめざして，エンパワメントが解消を求めていたさまざまな社会的障壁を可能な限り取り除いていこうという姿勢の表れであるといえる。

つ営為であることを垣間見せてくれているのである。

確認問題

□　*Check 1*　「エンパワメントの逆説」とはどのようなことをいうのか，説明しなさい。

□ ***Check 2*** 「対話」の意義と限界について説明しなさい。

文献案内

- □ ニィリエ，B.［2004］『ノーマライゼーションの原理』新訂版（河東田博ほか訳編）現代書館。

  ノーマライゼーション理念が全世界に広まるきっかけとなった論文をはじめ，25年間の歩みを振り返った論文までを収めている。

- □ 安積純子・岡原正幸・尾中文哉・立岩真也［2017］『生の技法』第3版，生活書院。

  日本で自立生活運動にかかわる障害当事者の半生記，自立生活思想をさまざまな角度から検討した論文，前史をも含めて運動の展開を整理した論文などを収めている。

- □ シャロック，R. L. 編［1994］『知的障害・発達障害を持つ人のQOL』（三谷嘉明・岩崎正子訳）医歯薬出版。

  障害当事者や家族の意見，サービスを提供する側からの問題提起，QOL評価や測定についての試み，概念としての課題など，多方面からの検討が収められている。

- □ グティエーレス，L. M.／R. J. パーソンズ／E. O. コックス編［2000］『ソーシャルワーク実践におけるエンパワーメント』（小松源助監訳）相川書房。

  エンパワーメントの基本的な解説をはじめ，障害者やホームレス，同性愛者などさまざまな人たちへの実践や多様な分野での活動が整理されている。

- □ 鷲田清一［2015］『「聴く」ことの力』ちくま学芸文庫。

  援助という行為のはるか手前で，他者の言葉に耳を傾けること，他者と向き合うこと，ただそばにいることなどのもつ力について思索した臨床哲学の試み。

KeyWords 8

- [ ] コミュニティ・ケア　247
- [ ] 脱施設化　247
- [ ] ノーマライゼーション　248
- [ ] バンク‐ミケルセン　249
- [ ] ニィリエ　249
- [ ] ヴォルフェンスベルガー　250
- [ ] 国際障害者年　250
- [ ] 障害者基本法　250
- [ ] セグリゲーション　251
- [ ] セパレーション　251
- [ ] インテグレーション　251
- [ ] インクルージョン　251
- [ ] バリアフリー　251
- [ ] ユニバーサル・デザイン　251
- [ ] QOL　254
- [ ] リハビリテーション　254

- [ ] 自立生活運動　255
- [ ] 機会平等　257
- [ ] 障害をもつアメリカ人法　258
- [ ] 有資格障害者　258
- [ ] 客観的 QOL　259
- [ ] 主観的 QOL　259
- [ ] アドボカシー　260
- [ ] 福祉権運動　260
- [ ] 公民権運動　263
- [ ] パワーの共有　267
- [ ] パートナーシップ　267
- [ ] エンパワメントの逆説（パラドックス）　267
- [ ] 終わりなき対話　270
- [ ] 社会的障壁　271
- [ ] 合理的な配慮　271

確認問題解答

第1章
unit 1

Check 1 もともと，「関係にもとづく援助」ではないということ，および，信頼関係の深まりが援助のあり方に大きな影響を及ぼすことなど。

Check 2 サービスやプログラム，制度や機関運営などの要素も対人援助の活動には含まれているから。

unit 2

Check 1 「人」と「環境」との両方を視野に収める必要性を強調したこと。

Check 2 クライエント1人ひとりの現実に対する主観的な受け取り方も重視しなければ，クライエントの意向に沿った援助ができないから。

unit 3

Check 1 本文28～29頁を参照して，「生命」「日々の暮らし」「人生」について整理すること。

Check 2 生活上の問題を1つの視点だけでとらえることはできないから。

第2章
unit 4

Check 1 クライエント本人のおかれている状況を否定すること。

Check 2 クライエント本人に否定が向かず，パートナーシップを実現しやすいこと。

unit 5

Check 1 物語と現実とが生活に支障をきたすほどに乖離している状況。

Check 2 知ったかぶりをせず，謙虚にクライエントの物語に耳を傾ける姿勢。

unit 6

Check 1 いずれも社会的に流通している物語であるが，偏見は，まず，語られる本人たちを傷つけるものであり，また，個別性をステレオタイプに決めつけてしまう特徴がある。

Check 2 いくら正論を振りかざしても，人々が耳を傾けてくれなければ意味がない

から。

unit 7
Check 1 　包括的な把握が必要であるが，客観的な把握だけでなく，本人や家族の意向にも配慮すること，また，マイナス面だけでなく，プラスの面も確認しておくこと。

Check 2 　「語る主体」だけでなく，「聴く主体」との間でこそ物語がつくられること。

第 3 章
unit 8
Check 1 　本文82〜85頁を参照して，「メンバー間の相互作用」「目的に応じた形成」「個別性の尊重」の3つについて説明すること。

Check 2 　メンバー同士の「ヨコの関係」を生みだし，活用していくこと。

unit 9
Check 1 　本文92頁を参照して，「集団の意義の確認」「援助関係づくり」「柔軟な姿勢」の3点について説明すること。

Check 2 　本文93〜95頁を参照して，「積極的介入者」「側面的援助者」「媒介的支援者」について説明すること。

unit 10
Check 1 　援助する人がもっとも援助を受けるという原則。102頁コラムを参照。

Check 2 　身辺自立や経済的自立ではなく，自己決定の行使を自立ととらえた。

第 4 章
unit 11
Check 1 　市場に対しては，規制により「市場の失敗」を防ぎ，社会サービスの給付により労働力の「脱商品化」や「商品化」を行っている。家族に対しては，規制により家族の生活支援機能に関する社会的責任を明確にし，社会サービスの給付により「脱家族化」を行い家族を支援している。

Check 2 　自由主義レジームでは，市場や家族の機能を残余的に補充するように位置づけられている。保守主義レジームでは，市場における地位や功績に連動するように位置づけられている。社会民主主義レジームでは，市場や家族とかかわりなく，社会的必要性（ニーズ）に応じて給付するように位置づけられている。

unit 12

Check 1 一般社会サービスに対しては，社会的必要性（ニーズ）があるにもかかわらず，一般社会サービスの支給対象とならない場合や支給量が不足している場合，または何らかの支援がなければその利用が困難な場合に代替的あるいは補足的に補充している。家族機能に対しては，家族機能の全部または一部が機能しないために，社会的必要性（ニーズ）が発生する場合，または家族機能そのものを強化する必要性がある場合に，代替的あるいは補強的に補充している。

Check 2 社会福祉は自らその費用を生みだすことができないため，社会的機能を明らかにできなければ費用を集めることができない。しかし社会的機能を示すだけで，福祉的機能を発揮できなければ，その社会的な存在価値はなくなってしまう。

第5章

unit 13

Check 1 第1に，教区ごとの自主的な運営から，全国統一的な救貧行政の運営基準を策定した。第2に，処遇水準を劣等処遇に定めた。第3に，在宅救済を禁止し，救済は労役場（ワークハウス）だけで行われた。

Check 2 ブースは，ロンドン市民の3割が貧困状況にあり，また貧困になった理由は社会的な要因が多いことを明らかにし，貧困が放置できない社会問題であることを認識させた。また，ロウントリーは，貧困線やライフサイクルと貧困との関係を明らかにし，貧困を科学的にとらえることに貢献した。

unit 14

Check 1 すべての国民が有している生活上のリスクを国家が関与して予防することにより，国民全体の効率を上げることができるから。

Check 2 ナショナル・ミニマム水準（それ以上でもそれ以下でもない）の給付を社会保険により行い，保険の問題点を補充する制度としては国民扶助，ミニマム以上の保障を必要とする人のためには任意保険，という3つの方法により実現した。

unit 15

Check 1 新自由主義者や新保守主義者は，福祉国家が，社会サービス活動を肥大化させて経済活動を制約した点，また官僚制を肥大化させて国家が規制を行う権限を強化した点を批判している。ネオ・マルクス主義者は，福祉国家が，資本と労働の双方にとって肯定的な機能と否定的な機能を両方有した不安定な体制であると批判

している。このほかにも，福祉国家から排除されたグループがその排除の構造を批判し，環境保護派は福祉国家が経済成長を前提としていることを批判している。

Check 2 　中央政府に集中した権限を地方に分権化し，コミュニティ・ケアを重視する方向性。サービス供給主体を多元化し，政府はサービス提供の条件整備に役割を限定する福祉多元主義の方向性。労働力の商品化政策を強化して，福祉サービス受給者に就労を強く促すワークフェア政策の方向性，など。

第 **6** 章
unit 16

Check 1 　欧米にくらべ短期間で産業化が進展し，それにともなう社会問題も発生したが，富国強兵を優先させたため，明治時代には社会福祉への国家の積極的な関与はほとんどなかった。また市民の権利の確立が弱かったため，国益の増進という観点から社会福祉事業が利用された。

Check 2 　政府は，感化救済事業の時代に，中央慈善協会を設立し民間社会福祉事業の統制を開始した。また天皇家からの財政的援助を行うことで，民間の事業を天皇の慈恵に収斂させた。さらに戦時厚生事業の時代になると，社会事業法を制定し，その統制を強め，すべての事業を「国防目的達成」に結びつけ，施設の統廃合を進めた。

unit 17

Check 1 　日本は1970年に高齢化社会となり，2005年には世界でもっとも高齢化率が高い国になった。このことから，他の先進諸国が社会サービスを徐々に充実させながら高齢化に対処できたのに対し，日本は，福祉サービスの基盤を急速に整備する必要に迫られた。しかし，1973年以降の経済成長の鈍化により国の財政が悪化した結果，財政再建と高齢化対策を両立させなければならなくなった。

Check 2 　高齢・児童・障害の各分野において計画的な福祉サービスの整備を行い，供給システムも措置制度から契約制度にほとんどが移行した。また社会福祉の基本法である社会福祉事業法を社会福祉法に改正し，契約制度にともなう利用者保護制度の創設を行った。

第 **7** 章
unit 18

Check 1 　第1に，市場における需要は，買い手の主観的かつ個別的な欲求であるが，社会福祉における社会的必要性（ニーズ）は，利用者の主観的な欲求ではなく社会

的な判断によって認定されるものである。第2に，需要は交換価値をもつ商品によって満たされるが，社会的必要性（ニーズ）は，使用価値をもつ資源によって満たされる。第3に，市場の需給調整は価格が行うが，社会的必要性（ニーズ）と供給の調整は裁量が行う。

Check 2　第1に，社会的必要性（ニーズ）を充足する資源がないからである。第2に，社会的必要性（ニーズ）を充足する資源の情報や利用資源が不足しているからである。第3に，社会的必要性（ニーズ）を表明することにスティグマ（恥辱の烙印）がともなうからである。

unit 19

Check 1　社会保険の利点は，被保険者の給付請求に対する権利意識が生まれやすい，国民の拠出に対する理解が得やすい，などである。限界としては，予測できない新たな生活上のリスクには対応できない，拠出をしていない者には支給されない，負担が勤労所得の見込まれる現役世代に集中するなどである。税の利点は，予測できない新たな社会的必要性（ニーズ）に対応することも可能であり，対象者が限定されない，などである。限界としては，逆に社会保険が有する利点をもてないことである。

Check 2　サービス供給システムに，市場原理を限定的に導入したものである。介護保険制度を例にあげれば，サービスを供給する事業者に民間営利企業の参入を認めたが，完全に自由化されたわけではなく，事業者は指定事業者に制限され，サービスの単価は，政府が一律に決定している。またサービスの費用負担の大部分は公的な介護保険により支給される。このように，現物給付と現金給付の特徴を併せもった仕組みといえる。

unit 20

Check 1　国の役割は，福祉サービスを実際に供給することよりも，社会福祉の供給にかかわる基本計画を策定し，関係省庁が連携しながら，その実施を支援することにある。こうした国の役割をさして，条件整備国家ともいわれる。

Check 2　社会福祉法第61条で事業経営の準則として，公の責任転嫁等の禁止，民間社会福祉事業の自主性の尊重，民間社会福祉事業の独立性の維持，の3つの原則を定めている。

unit 21

Check 1　政府は，その基本指針として「福祉人材確保指針」を定めている。また，

279

高齢者や障害者に関する計画でマンパワー整備の数値目標を定め，福祉人材センターや福利厚生センターを設置して，マンパワーの量的確保をはかっている。このほかにも，社会福祉従事者に関する資格制度を定め，マンパワーの質の向上をはかっている。

Check 2 資格の信用を失墜させるような行為や，業務に関して知りえた秘密を漏らすことを禁じている。なお，秘密保持義務違反に対しては，罰則が科せられる。

第8章

unit 22

Check 1 地域での受け皿がなければ，早晩行き場を失ってしまうから。

Check 2 既存のバリアを除去することと，はじめからバリアをつくらないように配慮することの違い。253頁重要ポイントを参照。

unit 23

Check 1 機能回復ができない人たちを排除すること，および，本人主導ではなかったことなどへの批判がある。

Check 2 本人の満足感を主観的QOLとしてとらえようとしていること。

unit 24

Check 1 パワーを付与しようとして援助することが，結果的に，パワーを奪ってしまうこと。

Check 2 本文269頁以下などを参照しながら，みんなで話し合ってください。

事 項 索 引

（太字数字は，KeyWords として表示されている語句の掲載頁を示す）

あ 行

アウトリーチ　69
朝日訴訟　182
アセスメント　**24**
新しい社会運動　156
アドボカシー　**260**
アフターケア　72
アルコホーリクス・アノニマス（AA）
　　103
5 つの巨人　**147**
イデオロギーの終焉　154
医療（医学）モデル　**42**
インクルージョン　161, **251**
インテグレーション　**251**
院内救済の原則　139
インフォーマルなサービス　71
インフォーマル部門　159
インフォームド・コンセント　43, 44
ウェルフェア（welfare）　4
運営適正化委員会　**226**
SST（社会生活技能訓練）　**88**
エピソード　51
絵文字（ピクトグラム）　253
エリザベス救貧法　**138**
援助課題　19
援助関係　16
援助計画　**70**
援助嗜癖　102
援助者　15
援助者役割　100
援助者利得　102
援助対象　18
援助に値する貧民　140
援助方法　14

援助目標　16
エンゼルプラン　186
エンパワメントの逆説　**267**
岡山孤児院　**170**
教えてもらう立場　58
終わりなき対話　**270**
恩賜財団済生会　170

か 行

外国人介護人材受け入れ　234
介護支援専門員（ケアマネージャー）　239
介護福祉士　**236**
介護保険法　186
介護離職ゼロ　234
回想法　88
外部的媒介　94
囲い込み　137
語りの空間　75
カテゴリー化　65
感化救済事業　171
環境的　30
環境的側面　32
環境モデル　**46**
関係にもとづく援助　2
完全雇用　150
感得されたニード　**201**
機会平等　**257**
機関委任事務　222
危険を冒す権利　**105**
規範的ニード　**201**
客観化の弊害　24
客観的　30
客観的 QOL　**259**
救護法　173
救護法実施促進運動　173

救世軍　**170**
QOL　**28, 254**
鏡映法　**88**
キングスレー館　**170**
クーポン　212
クライエント　**15**
グループワーク　**25**
傾聴　**73**
ケインズ主義的福祉国家　**152, 154**
ケースワーク　**25**
　　——の母　22
現金給付　**210**
現状肯定　48
現状否定　44
現物給付　**210**
権利擁護　260
権力　54
合意にもとづく政治　154
交互作用　24
更生　253
厚生省　174
公的部門　**159**
広報活動　**64**
公民権運動　**263**
公民権法　255
合理的な配慮　271
国際障害者年　250
『国富論』　138
国民皆保険皆年金体制　181
国民健康保険法　174, 181
国民年金法　182
国民扶助　148
国連・障害者の10年　250
個人的　29
個人的側面　31
個人の加算的総和　82
個人モデル　**42**
子ども・子育て応援プラン　186
コミュニティ・ケア　**157, 185, 247**

コミュニティワーク　**25**
米騒動　**171**
ゴールドプラン　185
ゴールドプラン21　186
コンサルテーション　**97**

さ 行

サイコドラマ（心理劇）　**88**
裁量　**200**
差別　66
産業化　136
産業的業績達成モデル　**119**
三位一体改革　**223**
残余的福祉モデル　**118**
ジェネリック　33
事業経営の準則　**225**
資源　198
自己実現　**85**
自己受容　52
市場　112
市場の失敗　115, 159
システム　23
施設ケア　247
慈善事業　**169**
慈善組織協会　**22, 140**
自然発生的な集団　83
持続可能な社会　**162**
児童委員　235
児童手当　150
児童福祉法　181
シーボーム報告　**158**
市民社会化　136
社会改良　142
社会救済に関する覚書（SCAPIN775号）
　　180
社会救済に関する三原則　**180**
社会構成主義　26, 57
社会サービス　**112**
社会事業　**172**

社会事業法　175
社会政策　115
社会的機能　129
社会的障壁　271
『社会的診断論』　22
社会的排除　128
社会的必要性（ニーズ）　198
　　潜在的な──　201
社会的包摂　162
社会投資国家　161
社会福祉
　　──に関する活動　216
　　──の固有性　125
　　──の補充性　121
　　──を目的とする事業　216
社会福祉運営管理　63
社会福祉基礎構造改革　185, 223
社会福祉計画法　63
社会福祉サービス　121
社会福祉士　236
社会福祉士及び介護福祉士法　21, 185
社会福祉事業　217
社会福祉従事者　232
社会福祉主事　237
社会福祉政策　115
社会福祉調査　63
社会福祉法　21, 181
社会福祉法人　224
社会保険　148, 205
社会保障　120
社会保障基金　205
社会保障給付費　207
社会民主主義レジーム　119
自由主義レジーム　117
集団援助の規定　85
集団の個別化　91
12ステップ　104
受益者負担　183
主客関係　43

主観的　30
主観的 QOL　259
恤救規則　169
主任ケアマネージャー　239
需　要　198
準（擬似）市場　159, 210
障害者基本法　250
障害者権利条約　271
障害者差別解消法　271
障害者自立支援法　187
障害者総合支援法　187
障害者プラン　187, 250
障害受容　52
障害をもつアメリカ人法　258
状況 - のなかの - 人間　23
条件整備国家　160
少子高齢化社会　177
少数派報告　147
商品化　115
自立生活運動　103, 255
自立生活技能プログラム　105
自立生活センター　104
新エンゼルプラン　186
新オレンジプラン　186
新救貧法　139
新経済社会 7 カ年計画　183
人口減少社会　178
『人口の原理』　138
新ゴールドプラン　186
新自由主義　155
新障害者プラン　187
身体障害者福祉法　181
診断主義　23
新保守主義　155
図記号　251
スティグマ（恥辱の烙印）　139, 196
スーパーバイザー　97
スーパービジョン　96
スペシフィック　33

税　205
生活保護法　180
精神分析理論　23
精神保健福祉士　187, 236
制度的再分配モデル　119
石油危機　182
セグリゲーション　251
積極的介入者　94
積極的傾聴　73
セツルメント　141
セパレーション　251
セルフヘルプ・グループ　62
全国自立生活センター協議会　105
全国的統一の原則　139
全国ボランティア活動振興センター　235
戦時厚生事業　174
全米ソーシャルワーカー協会　25
選別主義　149
専門職　238
相互支援グループ　100
相互主体的構成　74
側面的援助者　94
ソーシャル・アクション（社会活動法）
　63, 65
ソーシャルケア　113
『ソーシャル・ケース・ワークとは何か』
　22
ソーシャル・ロール・バロリゼーション
　250
ソーシャルワーカー　25
ソーシャルワーク　21
措置方式　223

🔲 た　行

第一種社会福祉事業　217
第三の道　161
対人援助の規定　18
対人社会サービス　113, 158
第二種社会福祉事業　217

代　弁　260
脱家族化　116
脱施設化　247
脱商品化　115
タテの関係　86
ダブルバインド　269
地域援助　63
地域共生社会　216
地域住民　216
地域包括ケア法　186
知的障害者福祉法　182
地方政府　205
中央慈善協会　170
中央政府　205
トインビー・ホール　141
当事者　99
当事者運動　61

🔲 な　行

内部的媒介　94
ナショナル・ヘルス・サービス（NHS）
　151
ナショナル・ミニマム　146
ナラティブ・アプローチ　26
ニーズ　→社会的必要性
日常生活自立支援事業　226
ニッポン一億総活躍プラン　234
日本型福祉社会　183
任意保険　148
任用資格　236
ネオ・マルクス主義　155
ノーマライゼーション　157, 248

🔲 は　行

媒介的支援者　94
バウチャー　212
パートナーシップ　47, 267
バリアフリー　251
パワーの共有　267

バーンアウト　102
反人種差別主義　156
ピア・カウンセリング　105
比較ニード　201
否定的な状況　14
「人」と「環境」　22
秘密保持義務　236
表明されたニード　201
貧困線　143
貧困に対する戦争　261
貧困の再発見　153, 261
フェビアン協会　146
フェミニズム　156
福祉活動参加指針　233
福祉関係八法改正　185
福祉元年　182
福祉権運動　260
福祉サービスの最低基準　219
福祉三法体制　181
福祉人材確保指針　233
福祉人材確保法　233
福祉人材センター　233
福祉多元主義　158
福祉的機能　129
福祉の社会的分業　184
福祉の生産システム　114
福祉レジーム　117
福祉六法体制　182
福利厚生センター　233
普遍主義　149
プロット　51
文化的側面　32
文化モデル　60
ベヴァリッジ報告　147
ヘルパー－セラピー原則　100
偏見　60
保育士　236
包括的な保健医療サービス　150
法定受託事務　222

方面委員制度　172
訪問介護員（ホームヘルパー）　239
保護司　235
母子及び父子並びに寡婦福祉法　182
ポジティブ・ウェルフェア　161
保守主義レジーム　118
保守的整合性　73
ボランティア元年　230
ボランティアセンター　230

ま　行

緑の党　157
民間営利部門　159
民間非営利部門　159
民生委員　235
無知の姿勢　56
名称独占資格　236
メンバー間の相互作用　82
メンバーの個別化　91
物語的側面　32
物語モデル　51
物語論的転回　53

や　行

役割交換法　88
友愛組合　141
友愛訪問　22
有資格障害者　258
ゆたかな社会　153
ユニバーサル・デザイン　251
要介護認定　25
ヨーク調査　143
ヨコの関係　86

ら　行

ライフの3側面　28
ライフモデル　24
ラポール　16
リッチモンドの定義　22

リハビリテーション　254
利用契約方法　223
倫理綱領　235
劣等処遇の原則　139
労役場（ワークハウス）　139
老人福祉法　182

ロンドン調査　143

わ　行

ワークフェア　160
割り当て　213
われわれ意識　101

人名索引

あ 行

石井十次　170
岩永マキ　170
ウェッブ夫妻（S. &B. Webb）　146
ヴォルヘンスベルガー（W. Wolfens-
　　berger）　**250**
エスピン-アンデルセン（G. Esping-
　　Andersen）　118
小河滋次郎　**172**
オッフェ（C. Offe）　156

か 行

片山潜　170
ギデンズ（A. Giddens）　161
キング牧師（M. L. King, Jr.）　263
ゴフ（I. Gough）　156

さ 行

サッチャー（M. H. Thatcher）　155
スミス（A. Smith）　138
ソロモン（B. Solomon）　264

た 行

ティトマス（R. M. Titmuss）　118

な 行

ニィリエ（B. Nirje）　**249**
野口幽香　170
ノージック（R. Nozick）　155

は 行

ハイエク（F. A. Hayek）　155
バイステック（F. P. Biestek）　**17**
バーネット夫妻（S. & H. Barnett）　141
原胤昭　170
バンク-ミケルセン（N. Bank-Mikkelsen）
　　249
ブース（C. Booth）　142
ブラッドショー（J. Bradshow）　201
フリードマン（M. Friedman）　155
フロイト（S. Freud）　**23**

ま 行

マルサス（T. R. Malthus）　138

や 行

山室軍平　170

ら 行

リースマン（F. Riessman）　102
リッチモンド（M. E. Richmond）　**22**
ローントリー（B. S. Rowntree）　143

■ 著者紹介

稲沢 公一（いなざわ　こういち）
東洋大学ライフデザイン学部教授

岩崎 晋也（いわさき　しんや）
法政大学現代福祉学部教授

社会福祉をつかむ〔第3版〕
The Essentials of Social Welfare, 3rd ed.

2008 年 2 月 15 日　初　版第 1 刷発行
2014 年 10 月 15 日　改訂版第 1 刷発行
2019 年 12 月 10 日　第 3 版第 1 刷発行
2021 年 1 月 20 日　第 3 版第 2 刷発行

著　者	稲沢　公一
	岩崎　晋也
発行者	江草　貞治
発行所	株式会社　有斐閣

郵便番号 101-0051
東京都千代田区神田神保町 2-17
電話　(03)3264-1315〔編集〕
　　　(03)3265-6811〔営業〕
http://www.yuhikaku.co.jp/

印刷・株式会社理想社／製本・牧製本印刷株式会社
© 2019, Koichi Inazawa, Shinya Iwasaki. Printed in Japan
落丁・乱丁本はお取替えいたします。
★定価はカバーに表示してあります。
ISBN 978-4-641-17727-7

[JCOPY] 本書の無断複写(コピー)は、著作権法上での例外を除き、禁じられています。複写される場合は、そのつど事前に(一社)出版者著作権管理機構(電話03-5244-5088, FAX03-5244-5089, e-mail:info@jcopy.or.jp)の許諾を得てください。